U0784703

当代中国人文大系

楚辞与原始宗教

过常宝 著

中国人民大学出版社
·北京·

“当代中国人文大系”出版说明

改革开放以来，中国社会的变革波澜壮阔，学术研究的发展自成一景。对当代学术成就加以梳理，对已出版的学术著作做一番披沙拣金、择优再版的工作，出版界责无旁贷。很多著作或因出版时日已久，学界无从寻觅；或在今天看来也许在主题、范式或研究方法上略显陈旧，但在学术发展史上不可或缺；或历时既久，在学界赢得口碑，渐显经典之相。它们至今都闪烁着智慧的光芒，有再版的价值。因此，把有价值的学术著作作为一个大的学术系列集中再版，让几代学者凝聚心血的研究成果得以再现，无论对于学术、学者还是学生，都是很有意义的事。

披沙拣金，说起来容易做起来难。俗话说，“文无第一，武无第二”。人文学科的学术著作没有绝对的评价标准，我们只能根据专家推荐意见、引用率等因素综合考量。我们不敢说，入选的著作都堪称经典，未入选的著作就价值不大。因为，不仅书目的推荐者见仁见智，更主要的是，为数不少公认一流的学术著作因无法获得版权而无缘纳入本系列。

“当代中国人文大系”分文学、史学、哲学等子系列。每个系列所选著作不求数量上相等，在体例上则尽可能一致。由于所选著作都是“旧作”，为全面呈现作者的研究成果和思想变化，我们一般要求作者提供若干篇后来发表过的相关论文作为附录，或提供一篇概述学术历程的“学术自述”，以便读者比较全面地了解作者的相关研究成果。至于有的作者希望出版修订后的作品，自然为我们所期盼。

“当代中国人文大系”是一套开放性的丛书，殷切期望新出现的或可获得版权的佳作加入。弘扬学术是一项崇高而艰辛的事业。中国人民大学出版社在学术出版园地上辛勤耕耘，收获颇丰，不仅得到读者的认可和褒扬，也得到作者的肯定和信任。我们将坚守自己的文化理念和出版使命，为中国的学术进展和文明传承继续做出贡献。

“当代中国人文大系”的策划和出版，得到了来自中国社会科学院、北京大学、清华大学、中国人民大学、北京师范大学、复旦大学、南京大学、南开大学等学术机构的学人的热情支持和帮助，谨此致谢！我们同样热切期待得到广大读者的支持与厚爱！

中国人民大学出版社

目　　录

第一章 楚文化概述

楚文化是一个复杂的概念。自有周以来，楚民族就一直居住在汉江以南，并且不断地向南方迁徙，最后稳定在长江流域，它和周朝虽然不断有交往，但山水相隔，必然会在中原文化和楚文化之间造成一定的差异。战国时代，楚国曾领有广袤的土地。《战国策·楚策一》云其“西有黔中、巫郡，东有夏州、海阳，南有洞庭、苍梧，北有汾泾之塞、郇阳”。在这“地方五千里”之内，既生活着芈姓的楚贵族，又先后或同时生活着三苗、九黎、百濮、百越等更为古老的土著部落，它们的文化发展是不均衡的。芈姓贵族虽然在政治上征服了当地的越、濮、巴、蛮等部落集团，但这些相对少数的民族大都聚居在江南的高山深水之间，和芈姓统治者是有隔离的。所以，楚民族只是一个非常笼统的概念，楚文化也不是铁板一块，它只是相对于中原文化简略言之。下面，我们将仔细梳理这些相关而又不同的文化团体之间的关系。

一、芈姓部落的迁徙及其文化渊源

《史记·楚世家》说芈姓源于祝融部落，祝融则源于颛顼，颛顼高阳氏。《离骚》开头就言“帝高阳之苗裔兮”，即宗高阳之意。祝融的故墟在今河南省新郑县一带，其后人分为八姓：己、董、彭、秃、妘、曹、斟、芈。《左传·昭公十二年》载楚灵王语：“昔我皇祖伯父昆吾，旧许是宅。”昆吾是己姓的后人，其祖先是芈姓的兄长，故楚灵王称其为伯父。楚祖先这一世系在各种史料上记载得很清楚，应该是没有问题的。“祝融八姓”除芈姓季连一支外，大抵都分布在河南、山东境内，属中原民族。徐旭生先生也不同意把楚祖先归于南方民族，他在《中国古史的传说时代》中说：

祝融后人的散居地，南边可到两湖接界处，北上到河南中部，再北到河南、河北、山东交界处，也有向西住到黄河北岸的。再东到山东东部。专从地理观点看，也就可以知道祝融八姓很难说成属于苗蛮集团的。①

徐先生所划的地域包括了后来成为楚人的芈姓。总的说来，祝融八姓作为一个较大的部族，原先是居于中原地带的。而芈姓季连一族，“其后中微，或在中国，或在蛮夷，弗能纪其世”（《史记·楚世家》）。可见后来流落到蛮夷之地的楚贵族，只是季连后裔的一部分。

既然芈姓贵族是从中原移居“蛮夷”的，它的传统文化应该和中原文化没什么两样。按照《史记》的说法，“祝融八姓”在夏时就已经存在了，“昆吾氏，夏之时尝为侯伯，桀之时汤灭之”《史记·楚世家》。夏代邈远，是否有侯伯之封很有问题。姜亮夫先生主张楚国属于夏文化②，更多的人主张楚属于商文化或周文化。

我认为，要判断楚芈姓贵族属于哪个时期的中原文化，主要应该看它是何时脱离中原迁楚的。司马迁对有商一代季连的后人们虽然“弗能纪其世”，但是对芈姓贵族迁楚的过程却写得很清楚，完成这一迁徙过程应该是在周初。根据《世本·居篇》：“楚鬻熊居丹阳，武王徙郢。”鬻熊为芈姓后裔，亦即楚贵族的先人，故后人撰《世本》称之为“楚鬻熊”。鬻熊和周文王的关系非常密切。《楚世家》说“鬻熊子事文王”，而班固在《汉书·艺文志》中注《鬻子》一书云：“名熊，为周师，自文王以下问焉。周封为楚祖。”这两则材料在谈到鬻熊和周文王之间的关系时虽有出入，但它们显然都认为鬻熊和周文王之间有着较为密切的关系。当时周文王居岐，在渭水以北。鬻熊既与之交往，当相距不会太远。如果此时的丹阳在汉水以南，和文王相隔两条大河，那么交往就会十分困难，所以，此时的丹阳至少应在汉水以北。那么，在文王时，也就是商末，芈姓部落仍未脱离中原。

芈姓成为楚人是在成王之时。据《史记·楚世家》：“熊绎当周成王之时，举文、武勤劳之后嗣，而封熊绎于楚蛮，封以子男之田，

① 徐旭生：《中国古史的传说时代》（增订本），66页，北京，文物出版社，1985。

② 参见姜亮夫：《三楚所传古史与齐鲁三晋异同辨》，见《楚辞学论文集》，上海，上海古籍出版社，1984。

姓芈氏，居丹阳。”有人认为当时熊绎已在“楚蛮”，然后才受封，也就是说鬻熊之时就可能处“楚蛮”之地了。事实上这是一种误解。楚灵王之时右尹子革曾说过：“昔我先王熊绎辟在荆山，筚路蓝缕以处草莽，跋涉山林以事天子。”（《左传·昭公十二年》）辟，或云开辟，或云避，皆是徙往他乡之意。可见熊绎到达封地之前，是经过一个艰难的迁徙过程的，而且所到之处甚为荒凉。这个丹阳显然不是先祖鬻熊所居的丹阳，不过是按照习惯用旧名来称呼新地罢了。关于丹阳的地域，有人认为是在今湖北省枝江县或河南省的淅川县，两地相距甚远，枝江县城在长江北岸，而淅川在汉水之北。那么，熊绎所居的丹阳到底在哪里呢？著名考古学家俞伟超先生根据实地考察，又据上引“辟在荆山”语，断定熊绎封在枝江，并通过分析楚疆域的扩大过程证实这一论点①，与我以上的推测相符，我认为是可信的。我们不妨提出这么一个假设：鬻熊之时，楚族居“丹淅之间”，丹阳即现在的淅川；至武王时迁郢，此郢今不知所在；至成王时，迁至枝江境，仍以丹阳名地，楚国正式成立。

也就是说，终有商一代，芈姓部落一直在中原居住。至周初，也就是在周公变革的前后，被封于荆蛮，与中原文化有了隔阂。那么，楚贵族的传统文化并不是周文化，而是夏商文化，尤以商文化为主。

二、周公变革与周楚文化差异

中原文化由夏而商，可以说是一以贯之，弥漫着浓烈的原始文化色彩，《礼记·表记》概括其特点为“率民以事神，先鬼而后礼”，可谓一语中的。现代出土的大量的甲骨史料表明，商代所存在的各种祭祀名目几近二百种②，恐怕这还不是全部。商代是人殉最为鼎盛的时期，据胡厚宣先生统计，“有关人祭的甲骨共有一三五〇片，卜辞一九九二条”③。已经发掘出的商代墓葬更是直接显示了当时人祭之风的惨烈，据孙森先生《夏商史稿》，河南安阳侯家庄 M1001 号商王墓中殉葬者就有四百多人，商代后期的山东益都苏埠屯一号大

① 参见俞伟超：《先秦两汉考古学论集》，215～216 页，北京，文物出版社，1985。
② 参见胡厚宣：《中国奴隶社会的人殉和人祭》（下篇），载《文物》，1974（8）。
③ 胡厚宣：《中国奴隶社会的人殉和人祭》（下篇），载《文物》，1974（8）。

墓殉人亦有48位。[1] 除了殉葬外，人牲出现于各种祭祀之中，如建筑房屋的奠基、置础竖柱、安门、落成仪式等各个过程中都有可能使用人牲。商代的劳动生产率还很低，劳动力应该是很宝贵的。如此大规模的毁灭生命，只能说明人们更看重神灵，只有威严的神明才能使人的生命变得渺小。因此，献身，是崇拜的极端形式，是宗教精神的最高体现。

此外，商代的政治生活也都是在神灵的名义下进行的。陈梦家先生在《商代的神话和巫术》一文中论述商代巫术时说："王者自己虽为政治领袖，同时仍为群巫之长。"而商代的神职人员，如史、祝、巫等，在政治生活中享有崇高的地位。据《尚书·盘庚上》载，盘庚迁殷，要靠"卜稽"来使人信任，要凭"天命"来稳定人心。周公在警诫商代遗民时，亦用"宁王遗我大宝龟"（《尚书·大诰》）等语施行恫吓。大量的甲骨卜辞所记录的既是占卜、祭祀，也是政治。

因此我们可以说，夏商文化的核心部分就是巫祭和鬼神，从国家大政到生活琐事，都要问诸鬼神，按鬼神的意旨行事。我们相信，当时位于中原的周、楚等小国也处于这种文化氛围之中。

由商而周，人们在轰轰烈烈的改朝换代的过程中，亲眼看到曾受天命的殷商王朝，却在一夜之间就分崩离析了。于是，有识之士发出了"宜鉴于殷"的呼吁，他们从这次革命中终于意识到了"天命靡常"（《诗经·文王》）、"天不可信"（《尚书·君奭》），一场文化总清算就在这样的一个背景下开始了，主持文化变革的据说是周公。《尚书大传》云周公居摄时曰："一年救乱，二年克殷，三年践奄，四年建侯卫，五年营成周，六年制礼作乐，七年致政成王。"其中，最值得重视的就是"制礼作乐"。所谓"礼乐"，在商朝基本都用于祭祀，但在周公这里，却赋予它以全新的内容。《左传·文公十八年》云："先君周公制《周礼》曰：'则以观德，德以处事，事以度功，功以食民……'"就是说周公制礼作乐已经完全偏离了商代的文化传统，而把礼乐、尤其是礼改造成有助于人们修身和建立事功的东西。礼乐从此成了政治生活和社会生活的最根本的标准，成了士人安身立命的前提。

周公变革的最主要的方法是"神道设教"，亦即是在尽可能保留前代各种巫祭仪式的前提下，赋予它们人事的内容。也只有如此，

---

[1] 孙淼：《夏商史稿》，528页，北京，文物出版社，1987。

才能使文化得到顺利的发展和接受。“制礼作乐”的具体措施已不可详知，但由后人所总结的一部《周礼》，却基本上能反映圣人“神道设教”的思想，它保留了大量曾经盛行于商代的祭祀名目和祭祀仪式，不过，这些仪式更多地服务于当时的政治和伦理道德。《礼记·祭统》说得明白：“夫祭有十伦焉：见事鬼神之道焉，见君臣之义焉，见父子之伦焉，见贵贱之等焉……”事鬼神只占到十分之一的分量，祭祀礼仪更多地成为圣人向人们灌输新的政治伦理思想的工具，成为“兹迪彝教”的一种有效方式。商代的祭祀礼仪，早已成为中原民族的社会习俗，它是不可能立刻被消灭的。因此，周公们采取了旧瓶装新酒的方法，这更容易为人们所接受，这对旧有的原始宗教文化来说，是一个非常明智的变革举措。周公礼乐和商代祭仪乐舞的区别就在于：前者强调敬人和自尊，后者强调对神的崇拜。

周公们没有公开也不可能摒弃商代的祭祀礼俗，这就使原始宗教在周代仍然有着巨大的社会影响，在春秋时期，人们仍然把祭祀活动看作是国家的第一大事。但是祭礼的政治和教化作用越来越受到人们的重视，很多人已经开始有意识地区分礼的政治功能和它的宗教形式，他们把后者称为“仪”，认为它次于“礼”；漠视或怀疑宗教祭祀意义的思想渐渐成为有周一代正统的思想。《礼记·表记》概括道：“周人尊礼尚施，事鬼敬神而远之。”极为精确地道出了这一重大的文化思潮的变化。下面几句摘自《左传》，从中可见当时社会的一般风气：

> 夫民，神之主也，是以圣王先成民而后致力于神。（桓公六年）
>
> 国将兴，听于民；将亡，听于神。（庄公三十二年）
>
> 鬼神非人实亲，惟德是依。故《周书》曰：“皇天无亲，惟德是辅。”又曰：“黍稷非馨，明德惟馨。”又曰：“民不易物，惟德繄物。”如是，则非德，民不和，神不享矣。神所冯依，将在德矣。（僖公五年）

后世孔子所说的“周监于二代，郁郁乎文哉”（《论语·八佾》），也可以理解为周礼是文饰夏商二代礼俗而成的。

总之，周公变革突破了夏商二代原始宗教文化，使得周代社会开始为理性的光芒所照耀，虽然这次变革还远非彻底，但是它的意义是极为重大的，正如王国维在《观堂集林·殷周制度论》中所论："殷周间之大变革，自异（按：当作其）表言之，不过一姓一家之兴亡与都邑之转移；自异（按：当作其）里言之，则旧制度废而新制度兴，旧文化废而新文化兴。"① 那么，这种文化变革的真正内涵是什么呢？显然，周公所进行的是一场人文主义的革命，它的最终目的是把人的理性从鬼神的桎梏中解放出来，从而使中原民族从蒙昧社会步入文明社会。

但遗憾的是，楚贵族因为地理位置和自身的原因，与这次文化变革擦身而过。

芈姓贵族在商末周初经过几番迁徙，终于到达丹阳（即今之湖北枝江），楚国正式建立。重重山水阻隔了它和中原的交往，它在名义上虽然还尊奉周天子为王，并未与周彻底断绝关系，但周楚一直处于一种相互戒备、相互敌视的状态之中。周昭王曾经率军讨伐过楚国，结果是"南征而不复"（《左传·僖公四年》）。熊渠时即擅改周室封号，到熊通则公然胁迫周王朝，《史记·楚世家》："我有敝甲，欲以观中国之政，请王室尊吾号。"而周王室对楚国亦无办法，周天子胙命楚成王说："镇尔南方夷越之乱，无侵中国。"也就是在只求自保的情况下，听任楚国对南方的征伐，结果是"楚地千里"。更值得注意的是，楚国不但在政治军事上和周朝相抗衡，在文化上，也有意识地和周朝拉开距离。《楚世家》中记录了楚两代国君先后对周人自称"蛮夷"：一是周夷王之时，楚王熊渠说："我蛮夷也，不与中国之号谥。"另一处是在周桓王之时，武王熊通也说："我蛮夷也。"所谓"蛮夷"，在春秋时已不仅是一个地域或民族的概念，更是一个文化概念，所谓"诸侯用夷礼则夷之，夷狄进于中国则中国之"（韩愈《原道》），所谓"杞用夷礼，杞即夷矣；子居九夷，夷不陋矣"（皇甫湜《东晋元魏正闰论》），皆是以文明的程度来区分夷夏的，而不是看重地域的差别。自称"蛮夷"也就是强调自己的社会习俗、政治传统有别于周室，可以不必用周朝的一套社会标准来衡量自己。这事实上也是对中原政治革新的疏远和抵抗。楚国在文化上和中原的隔阂，在当时似乎是个不争的事实。

《公羊传·僖公二十一年》记公子目夷的话说："楚，夷国也。"到战国时代，孟子骂许行为"南蛮鴂舌之人，非先王之道"，并且再

① 王国维：《观堂集林》，453页，北京，中华书局，1959。

次强调“用夏变夷”《孟子·滕文公上》，就是针对着许行的楚国背景所说的。

郭沫若先生曾在其《西周金文辞大系图录考辨》一书中说过，“徐、楚均商之同盟，自商之亡即与周为敌国”，“徐、楚实商文化之嫡系”①。胡厚宣先生亦著《楚民族源于东方考》断言：“楚国在文化方面是犹有殷之遗风。”② 上二位先生所依据的材料虽与我们不同，但在论断楚文化之不同于周文化这一点上却与本文相符。至此，我们可以断定，楚贵族由于没有经历周公的文化变革，在春秋时代确实有意无意地排斥周文化，保持着自己的文化传统；而楚贵族的文化传统，则主要是商代文化。

当然，楚国在春秋战国时期，并没有将自己完全地封闭起来，它和周王朝以及其他中原诸侯国的交往仍然在不断地进行，因此，它不可能不受到中原文化的影响，而且这种影响在一定时期还是相当大的，有很多材料可以说明这一点。但是，我们不能因此就说楚文化相当于或相近于中原文化了。首先，楚国没有经历过一个自觉的意识形态变革过程，它受到的影响不可能是深刻而彻底的；其次，外来的影响更多地集中在器物形态、政治外交等方面，而人的传统意识和社会习俗相对来说属于民族文化或区域文化的核心部分，比较稳定，很难动摇；再次，楚国君臣在一定程度上有意识地保留了自己的文化传统。因此，在谈论楚国的祭祀文化时，我们应该把它和周朝时的中原文化相区别开来。

三、楚地的土著文化

楚国境内，现在发掘有大溪文化和屈家岭文化遗址，证明很早就有土著民族生活在这里。史籍所记载的最早生活于此的民族是三苗。《战国策·魏策一》说禹之时，三苗的居地为“左彭蠡之波，右洞庭之水，文山在其南，而衡山在其北”（其中左、右两字当互易，后人多有订正）。《韩非子》亦有类似的说法。《史记·五帝本纪》说舜时，“三苗在江、淮、荆州，数为乱。”在舜和禹的时代，中原民

---

① 郭沫若：《周代金文图录及释文（三）》（增订本），4页，北京，大通书局，1974。

② 胡厚宣：《楚民族源于东方考》，载《史学论丛》，1934（1）。

族和三苗曾发生多次剧烈的战争，舜就死在征苗战争之中。三苗在中原势力的不懈地打击下，终于式微了。此后三苗不再见诸载录，最大的可能是，他们已经分散成诸多无组织的小部落散居在长江流域或江南的山水之间，无与中原事务，故为史家所忽略。

春秋战国时期，与楚国经常发生关系的土著民族主要有“濮”、“越”、“巴”、“蛮”等，其中，百濮部落和楚国发生的关系比较多。周宣王之时楚君熊霜之子叔堪曾“避难于濮”（《史记·楚世家》）；蚡冒时，楚国“始启濮”（《国语·郑语》），也就是开始侵夺骚扰附近的濮族；到了武王，“始开濮地而有之”（《史记·楚世家》），也就是占领了濮族的土地。濮人最先可能居住于江汉之间，后随着芈姓楚人的南迁而逐渐向南移。百濮部落分布甚广，据《左传·文公十六年》，楚庄王三年，“麇人率百濮聚于选，将伐楚”。选地，杨伯峻据《钦定春秋传说汇纂》推定为在现在湖北枝江县境。《左传·昭公十九年》说，楚平王时，又曾“为舟师以伐濮”，此时枝江已为楚境，楚地已大大开阔，而伐濮要用舟师必是在洞庭、沅水、湘水一带。江永《春秋地理考实》称“百濮当在湖北石首县南”，《史记·楚世家》正义引刘伯庄话云“濮在楚西南”，杜预《春秋释例》说“建宁郡南有濮夷”，大抵位置都差不多。濮地的总体范围虽不清楚，沅、湘之间，南郢之邑聚有大量濮人是可以肯定的。百越大部分分布在东南沿海及岭南地区，但据《楚世家》：“熊渠甚得江汉间民和，乃兴兵伐庸、杨粤，至于鄂。”杨粤，一般认为即杨越，而且鄂地亦为越人所居，刘向《说苑·善说》中记载鄂君子皙泛舟时，“榜枻越人拥揖而歌”，鄂在今武汉附近，可见长江中游也有越人居住。巴人进入南方也比楚人早得多，相对楚而言，可自称土著。楚国和巴人也是处在和和打打的状态之中，《左传·庄公十八年》载，楚文王“与巴人伐申而惊其师。巴人叛楚而伐那处，取之，遂门于楚。……冬，巴人因之以伐楚。十九年春，楚子御之，大败于津”。这样的例子，在《左传》中有不少。由于巴人处在楚国的西边，与本文所论楚辞的关系不大，但却能说明楚地文化的复杂性。“群蛮”和楚国也时常发生冲突，关系相当近。据《左传·哀公十七年》，楚武王时曾“大启群蛮”，而“蛮与罗子共败楚师，杀其将屈瑕”（《后汉书·南蛮西南夷列传》）。《左传》记载此事是卢戎与罗所为，杜注卢戎为南蛮。蛮与楚的另一次较量是在楚庄王三年，《左传·文公十六年》：“庸人帅群蛮以叛楚”，最后，“群蛮从楚子盟，遂灭庸”。总的看来，楚贵族一直试图兼并群蛮，而蛮族也不断地进行反抗，因此一直和楚保持着一种若即若离的关系，当然这一部分蛮族大概分布在长江以南，否则很难形成这种状态。及至楚悼王时，吴起为相，才“南并蛮越，遂有洞庭、苍梧”（《后汉书·南蛮西南夷列传》）。由此可见，群蛮和百越在洞庭、沅水流域都有分布。

现在我们可以肯定，周初时，汉水以南主要分布有濮、越、巴、蛮等土著民族，而随着楚民族的不断南迁，到战国时代，这些土著民族大都聚集在长江以南。其中“南郢之邑，沅湘之间”（王逸《九歌章句》）的土著居民，应该说是处在楚国政治势力的庇护之下，属于楚民，但是，除了直接生活在芈姓贵族统治之下的土著可能被楚文化同化以外，江南土著由于地理条件的制约，一般都能保持自己的文化传统。先秦时代，楚国开土甚广，但政治中心一直在江汉之间，对江南民族影响很小。《国语·吴语》曾提到一个例子：“（楚灵王）亲独行，屏营彷徨于山林之中……乃匍匐将入棘围。棘围不纳。”所谓“棘围”，就是用荆条等将居住地圈围起来的部落民族。这些部落聚居山林之中，对楚王毫不在乎，在相当大的程度上保持了自己的独立性。

那么，这些土著民族究竟处于一个什么样的文化层次上呢？他们既然被称为“群”、“百”，就意味着这些民族还没有形成国家，而是分散为各个部落。《左传·文公十六年》杜注曰：“濮夷无屯居，见难则散归。”《释例》云：“濮夷无君长总统，各以邑落自聚，故称百濮也。”这与《左传》原文中蒍贾所说的“百濮离居，将各走其邑”相符合，也就是说，百濮相当于一个松散的部落联盟，处于较为原始的氏族社会阶段，文化要比楚芈姓贵族落后得多。其他越、巴、蛮等社会结构也大抵与百濮的情形相似。

谈到这些土著部落的社会生活，班固《后汉书·地理志》云：“江南地广，或火耕水耨。民食鱼稻，以渔猎山伐为业，果蓏蠃蛤，食物常足。故呰窳偷生，而亡积聚，饮食还给，不忧冻饿，亦亡千金之家。信巫鬼，重淫祀。”所谓“亡积聚”、“不忧冻饿，亦亡千金之家”，说明了他们还没有进入阶级社会，这与我们上面的分析是相吻合的。在原始初民阶段，人们还没有足够的知识来理解环境和人本身，尤其是他们身处深山大林之中，慷慨而又莫测的大自然给他们的心灵带来很多的震撼，在这种情况下，难免要产生各种巫鬼崇拜。巫祭活动不仅是他们的心灵寄托，更制约着他们的日常生活方式。所以“信巫鬼，重淫祀”可以代表江南部落民族的主要文化习俗。这一现象不同于商代的宗教祭祀活动：它更少社会内容而多自然崇拜；它是部落公共事务而少等级之分；其祭祀方法是纵情的而缺乏庄严的气氛，等等。这一切在很多年以后似乎仍没有什么改变。《后汉书·宋均传》记宋均“调补辰阳长，其俗少学者而信巫鬼”；《后唐书·刘禹锡传》记刘禹锡“贬朗州司马，地居西南夷，士风僻陋，举目殊俗……蛮俗好巫，每淫祠鼓舞，必歌俚辞”。最为贴近的话当是王逸在《楚辞章句》中所记：“昔楚国南郢之邑，沅湘之间，其俗信鬼而好祠。其祠必作歌乐鼓舞以乐诸神。”王逸是南郡宜城人，自称“与屈原同土共国，悼伤之情与凡有异”《九歌章句》，应该了解当地的风俗。

土著文化虽然要低于楚贵族文化，但楚贵族自脱离中原后，一直压着土著民族向南迁移，和土著文化有着频繁的接触，因此，文化交融不可能不存在，也就是说，必然有一部分土著文化因素会进入到原楚文化中去。从物质文化形态来说，土著民族的青铜工艺、鼎鬲等陶器形态、各种纹饰图样等等，皆已融为楚文化的一部分，各种考古发掘材料和一些考古学家的见解都说明了这一点。而作为精神文化的土著民族的歌舞祭仪，也有很多为楚文化所吸收。战国时宋玉《对楚王问》有这样一个记载：“客有歌于郢中者，其始曰《下里巴人》，国中属而和者数千人。”《下里巴人》显然是巴族的歌谣，它居然成为楚国国都的流行歌曲，众人皆唱，可见楚国在文化上并没有关上自己的大门。另有一例关于巴文化的记载见于《左传·昭公十二年》，楚共王为了在五个宠子中选立子嗣，便“大有事于群望”，“既乃与巴姬密埋璧于大室之庭”，看哪个儿子能立在璧上便立为太子。商周文化中一般立长，亦有立幼的，即便需要神灵裁决，一般采取占卜的形式即可。楚共王所采取的方法虽然也是一种巫术手段，但却近乎于游戏，这一定与同时主持这一仪式的巴姬有关。巴姬既能参与立储的大事，则也有能力以自身的文化来影响楚文化。再比如说著名的《越人歌》，就是由楚人庄辛先翻译成楚语的，这说明它已经被楚文化所接纳。

四、楚文化与楚淫祀之风

到此，我们可以对楚文化这一概念作一简单的总结。楚贵族立足于夏商文化尤其是商文化，并在相当长的一段时期内保留着这一文化传统。春秋战国时期，在不断的交往过程中，中原周文化和土著文化逐渐影响、融入楚贵族文化。不过中原文化和土著文化对楚贵族文化的影响是不均衡的、各有侧重的，一般说来，中原周文化更多地作用于楚文化的政治、伦理、外交等理性的一面，而土著文化更多地作用于楚文化的艺术、宗教等感性的一面，当然这也不是绝对的。综合考虑政治、伦理、宗教、风俗、民族心理、语言、艺术等各种要素，我们认为，所谓楚文化，是以楚族的传统文化为主，以中原周文化为次，兼有其他土著民族文化而形成的一个综合体，它形成于春秋末期，并一直保留到战国结束。

那么，楚国保留着浓郁的巫鬼祭祀之风，则是毫不奇怪的了，它是夏商文化和土著文化相结合的产物，也是楚文化区别于中原文化的一个重要特征，因此，它受到了中原文化的猛烈抨击。《吕氏春秋·侈乐》云："宋之衰也，作为千钟；齐之衰也，作为大吕；楚之衰也，作为巫音。"独把"巫音"作为楚国政治衰败的原因，一方面见得中原文化对巫祭之风的摒弃，一方面也可见楚国宫廷确实盛行巫风。

从史料记载来看，当初熊绎立国之时，他们对周朝的义务就是"唯是桃弧、棘矢，以共御王事"（《左传·昭公十二年》）。桃弧、棘矢是用来攘除灾害的，《左传·昭公四年》载："桃弧、棘矢，以除其灾。"那么，楚王在名义上相当于周朝的执行祭祀的官员，参与周朝的祭祀活动，但地位不是很高。《国语·晋语八》载叔向的话云："昔成王盟诸侯于岐阳，楚为荆蛮，置茅蕝，设望表，与鲜牟守燎，故不与盟。"据韦注，望表即望祭山川，立木以为表：燎是庭燎，当是一种祭天的仪式。由此可见，楚国起初确实是把执行巫术祭祀活动当做自己对周联盟的职责或义务的，到后来，楚与周的关系渐渐拉开，楚国虽然不再参加周朝的祭祀，但似乎仍要向周朝供应祭祀物品，《左传·僖公四年》载齐侯伐楚的一条重要的理由就是楚国没有及时向周廷供应包茅，耽误了周王的祭祀活动。那么，巫术祭祀为楚最有代表性的文化是确信无疑的，而且这一点也被周朝所认可。当然，参加周朝会盟并为"守燎"的只能是楚王本人了。所以，张正明先生在《楚文化史》中说："熊绎这位国君实为酋长兼大巫。"①

① 张正明：《楚文化史》，20页，上海，上海人民出版社，1987。

楚国国君亲自主持祭祀和巫术活动，在历史上不乏记载，如前所举楚共王埋璧选嗣，即是其例。但最有代表性的当数楚灵王。据《新论·言体论》记载：

> 楚灵王骄逸轻下，简贤务鬼，信巫祝之道，斋戒洁鲜，以祀上帝，礼群神躬执羽绂，起舞坛前。吴人来攻，其国人告急，而灵王鼓舞自若，顾应之曰："寡人方祭上帝，乐明神，当蒙福佑焉，不敢赴救。"

如此的执迷狂热，简直到了难以理喻的程度，这在春秋时的中原各国是绝对不可能存在的，可见楚灵王本人也拥有大巫的身份，这无疑是商代的遗俗。

到了屈原时代，这种崇尚巫祭的风气仍然没有多大的改变。楚怀王兵败地削，不思自励，却将希望寄托在鬼神身上，与其先祖楚灵王没什么两样。《汉书·郊祀志》云："楚怀王隆祭祀，事鬼神，欲以获福助，却秦师。"董说《七国考·杂祀》引陆机《要览》云："楚怀王于国东起白马祠，岁沉白马，名飨楚邦河神，欲崇祭祀，拒秦师，卒破其国，天不佑之。"楚王既然如此嗜好祭祀鬼神，楚国上下也一定是巫风弥漫，此两者是互为因果的。现代出土的"卜筮记录"竹简证明了楚贵族中风行巫祭活动。这些竹简出自望山一号墓和天星观一号楚墓。其中望山一号墓的墓主卲固"是以悼为氏的楚国王族，而且是悼王的曾孙"[①]，天星观一号墓的墓主邸阳君番的爵位"当是楚国的上卿，官职可能在令尹、上柱国之列"[②] 两墓的年代在楚威王前后，相距屈原不远。从这些竹简上可以看出：首先，贞问决疑的范围十分广泛，包括一般日常生活，如问"侍王"是否顺利，问忧患、疾病的吉凶，问迁居新堂是否能"长居之"，等等。其次，祭祀的名目繁多，如望山一号墓藏竹简，"关于祷祝、祭祀的记载尤多。祷的名目又可分为遡祷、赛祷、罷祷、胸祷等等"[③]。再次，祭祷的对象很是广泛，包括山川天地之神及先王先公，如圣王、昭

---

① 陈振裕：《望山一号墓的年代与墓主》，见《中国考古学会第一次年会论文集》，北京，文物出版社，1979。

② 湖北省荆州地区博物馆：《江陵天星观1号楚墓》，载《考古学报》，1982（1）。

③ 中文系古文字研究室楚简整理小组：《战国楚竹简概述》，载《中山大学学报》，1978（4）。

王、東大王、卓公、惠公、大水、句土、司命、司祸、地宇、云君、东城夫人等等。

显然，人们指责楚国有淫祀之风不是凭空捏造的，而形成楚国淫祀风尚的又不仅仅是由于几个君王如灵王、怀王等昏庸的结果，因为楚国相对滞后的文化是这些巫祭之风得以生存的肥沃土壤。在这样一个文化背景中，在楚怀王这样一个国君的统治下，巫术祭祀和政治、军事乃至日常生活都牢牢地联系在一起了。

一代巫音把楚国的前程葬送得一干二净，但从它的废墟上却生长出一丛绚丽灿烂的鲜花——楚辞。楚辞，是现实理性思想和巫祭感性形式的美妙结合，如果我们不了解它那独特而复杂的文化背景，不了解那遥远而陌生的巫祭礼俗，我们就很难彻底地理解楚辞，尤其是它那流光溢彩、变幻莫测的艺术形式。

第二章　屈原的职掌与《天问》的性质

考察楚辞，光有楚文化背景是不够的，屈原个人的文化修养和他的经历也相当重要，它与楚辞有着更为直接的关系。有关屈原的生平，最早且较为详细的记录见于《史记·屈原贾生列传》，虽然在此之前没有更原始的材料被发现，但也没有更有力的证据能够否定这篇传记，所以仅仅指出这篇传记中的几个矛盾之处，就否定屈原其人其事，是一种典型的历史虚无主义立场，是不足取的。因此，我们如果希望对屈原有所了解，除了认真研究他的作品之外，还必须对司马迁所写的这篇传记给予足够的重视。下面我们从这篇文章中，列举出我们所感兴趣的有关屈原的基本事迹：

> 屈原者，名平，楚之同姓也。为楚怀王左徒。博闻强志，明于治乱，娴于辞令。入则与王图议国事，以出号令；出则接遇宾客，应对诸侯。王甚任之。
>
> 上官大夫与之同列，争宠而心害其能。怀王使屈原造为宪令，屈平属草稿未定。上官大夫见而欲夺之，屈平不与，因谗之曰："王使屈平为令，众莫不知，每一令出，平伐其功，以为'非我莫能为'也。"王怒而疏屈平。
>
> 屈平疾王听之不聪也，馋谄之蔽明也，邪曲之害公也，方正之不容也，故忧愁幽思而作《离骚》。
>
> 楚人既咎子兰以劝怀王入秦而不反也……
>
> 屈平既嫉之。令尹子兰闻之大怒，卒使上官大夫短屈原于顷襄王，顷襄王怒而迁之。

从以上的记载，我们知道如下几点：（1）屈原是楚王的宗族。（2）屈原曾任左徒，后引《渔父》又称其为三闾大夫。（3）屈原知识丰富，有较强的外交能力和政治能力。（4）屈原遭人陷害以至于流亡，至少有一次是流落在江南的汨罗江畔。显然，屈原是一个政治家，他谏怀王杀张仪和劝阻怀王入秦，都显示了他卓越的政治见识，这样一个人是完全可能也有条件接受中原文化中一些进步的哲学和政治思想，并以自己的地位和影响对楚国文化进行适当的改革的。屈原在楚辞中所透露出来的“美政”理想即其体现。

但文化是一个复杂的综合体，我们不能简单地认定某个人要么是唯心主义者，要么就是唯物主义者，而一个先进的政治家就一定是无神论者。我们相信，在楚文化背景中成长起来并且受到楚怀王重用的屈原，他的意识形态和文化修养中一定包含有较为浓郁的楚巫祭文化的特色。前文已经说过，对一个清醒的政治家而言，巫术祭祀更多作用于人的情感、习俗、艺术创造能力等方面，而不会太多地干扰他的政治理性。由于本文着重研究楚辞的艺术性，所以我们更加关注屈原在这一方面的文化储备。

一、“左徒”和“三间大夫”

按照《史记·屈原贾生列传》的记载，屈原曾任过“左徒”和“三间大夫”两种职务。由于缺少史料的说明，我们对这两种官职了解甚少。司马迁在说及“左徒”之后，称赞屈原“博闻强志，明于治乱，娴于辞令”，这几句话应该反映了“左徒”一职在个人修养方面的特点。“博闻强志”四个字表明这种职务要求能够熟悉“文献”，可以设想这些文献可能有两个部分：一是包括《诗经》在内的中原典籍，二是本族的历史文献。前者在春秋战国时是每一个贵族都可能有的修养，没有什么职业特点，可先不考虑。春秋战国时期非常重视本民族的历史，楚国当然也不能例外，那么，屈原的“博闻强志”不可能不包含楚史或其他楚文化方面的内容，因为，只有历史知识才能使人“明于治乱”，才能和楚王“图议国事”。今人姜亮夫先生以西汉时“太常”、王莽时“秩宗”来比喻“左徒”。[①] 所谓“秩宗”，约相当《周礼》之“宗伯”或《楚语》观射父所谓“祝、宗”，两者皆由巫史发展而来。《周礼》所描述的官制过于琐细，显然糅进了理想的因素，不可尽信，但其所述诸种事务和职掌的大抵分类应是早已存在的。我以为考虑“内宗”、“外宗”及诸“史”的职责，

① 参见姜亮夫：《史记屈原列传疏证》，见《楚辞学论文集》。

可以大略反映宗伯的职掌。总结《周礼》的内容来看，他们既要传习本民族历史，辨别昭穆，还要指导各种宗教礼俗，从事外交应对。观射父虽分言祝、宗，而其职掌之范围交错混淆，不能分别。概而言之，宗伯或祝、宗的职事主要包括两部分：宗族氏姓和祭祀礼仪，他们其实都是相当于负责王族之宗族事务和宗教事务的长官。

至于“三闾大夫”一职，王逸云：“三闾之职，掌王族三姓，曰昭、屈、景。屈原序其谱属，率其贤良，以厉国士。”（《离骚经章句》）这一节写得非常清楚，“掌王族三姓”分明言其为楚王族宗族长官，“序其谱属”就是传习、修撰宗族的历史、族谱，后二句是说还对宗族子弟负有教育的责任。姜亮夫先生以春秋时晋之“公族大夫”和汉官制之“宗正”喻之，并说：“王莽改太常为秩宗，而以宗正属之，莽制多模古，宗正可并太常，则左徒或即三闾大夫之主官，而三闾为其从属大夫专掌昭、屈等三姓者欤?”[1] 则“宗正”所掌不过是“秩宗”职务之一部分，在战国之楚国，官职并不能如《周礼》或汉莽时分别的如此之细，所以屈原统二者于一身是有可能的。而且，《史记·屈原贾生列传》称屈原任官“左徒”，而“三闾大夫”是屈原“行吟泽畔”时他人对他的称呼，也就是说，司马迁并未言及屈原改任之事，王逸《离骚经章句》只言屈原官“三闾大夫”，不及“左徒”。又据以上分析，“三闾大夫”和“左徒”之职掌相近，皆为王族宗族事务，那么，“三闾大夫”或者就是“左徒”的别称?不管如何，屈原的职掌是王族宗族长官，类似于《周礼》中之“宗伯”，应该是没有问题的。宗族长官，显然应由王室宗族成员来担任，屈原与楚王同宗，这一点史有明载。

“三闾大夫”除此之外，不见于史籍；“左徒”之名，史书仅一见，即《史记·楚世家》云：“楚使左徒侍太子于秦。……秋，顷襄王卒，太子熊元代立，是为考烈王。考烈王以左徒为令尹，封以吴，号春申君。”“左徒”因负有教育“国士”的义务，故可随侍太子于秦。春申君号“四公子”之一，《韩非子·奸劫弑臣》以其为楚庄王弟，当是王族无疑，故此例可为上说立一佐证。楚文化落后于中原，其官制亦多变，楚史除此而外无称“左徒”者。那么，此前它又称什么呢?

我认为春秋时“左史倚相”之职最为近之。《左传·昭公十二

---

① 姜亮夫：《史记屈原列传疏证》，见《楚辞学论文集》，6页。

年》曰：

> 左史倚相趋过。（楚灵）王曰：是良史也，子善视之。是能读《三坟》、《五典》、《八索》、《九丘》。

此言“左史倚相”是“良史”，并不推崇他的笔墨之功，而是看重他对“文献”的掌握。此处“读”当训作“诵”，“三坟”等“文献”是否以书籍的形式存在，仍是一个问题，因为能读懂文字的在楚国不应该只有“倚相”一人。关于“三坟”等内容，已无从考察了，但下面这一段话却对我们理解左史倚相的知识结构很有帮助：

> 楚之所宝者……又有左史倚相，能道训典以叙百物，以朝夕献善败于寡君，使寡君无忘先王之业，又能上下说于鬼神，顺道其欲恶，使神无有怨痛于楚国。（《国语·楚语下》）

顾颉刚先生就上两段引文评论道：“两文相较，知倚相所掌者实为训典。”[①] 或者说，所谓“训典”即是楚灵王所说的《三坟》、《五典》等文献。那么“训典”有些什么内容呢？据《国语·楚语上》申叔时言：“教之‘训典’，使知族类，行比义焉。”则知道“训典”的内容至少包括“族类”和“行义”两个部分，韦昭注曰：“族类，谓若惇序九族。”那么，“族类”相当于“谱属”，“行义”相当于各类礼仪，因此，顾颉刚先生分别将《帝系》和《周礼》比喻两者，应该是十分允当的。也就是说，“左史倚相”的职责也类似于周之“宗伯”。那么，“左史倚相”是否楚之宗族呢？《路史》认为是的[②]，《姓苑》亦谓其后人又有倚姓者。又《庄子·天下篇》云：“南方有倚人焉，曰黄缭，”倚人为倚相之后，其姓与楚“左徒”春申君黄歇同，自是楚之宗族无疑。

实际上，所谓“族类”、“《帝系》”，也就是“左徒”或“三闾大夫”所掌的“谱属”，则“左徒”和“左史”在所传习的“文献”内容方面是一样的。同时，“左史”也负有教育的责任。从申叔时的话

---

① 顾颉刚：《三坟五典》，载《中国历史文献研究》（一），武汉，华中师范大学出版社，1986。

② 参见何光岳：《楚源流史》，365页，长沙，湖南人民出版社，1989。

中，我们可以知道，“训典”也用于对太子的教育，而“训典”为“左史”一人所独掌，则教育太子实“左史”之职责。上文“以朝夕献善败于寡君，使寡君无忘先王之业”云云，说的就是对君王的教育；这一点又同于“左徒”或“三闾大夫”之“率其贤良”，即教育宗族子弟之事。这样，从知识结构和职掌来看，从其宗族出身来看，我们完全可以肯定：屈原之职掌与左史倚相之职掌是相同的。

二、屈原与楚国的巫史传统

我们再来看看《训典》可能有些什么内容。

上文引王孙圉的话说《训典》“能序百物”。“物”之古义为牛，牛在上古的文化含义主要是祭品，则“物”与神灵大有关系，甚或就直接指代各种神灵，用如“物怪”、“方物”等。《左传·宣公三年》载楚子问周鼎之大小轻重，王孙满对曰：“昔夏之方有德也，远方图物，贡金九牧，铸鼎象物，百物而为之备，使民知神奸。故民入川泽、山林，不逢不若。魑魅罔两，莫能逢之。用能协与上下以承天休。”此处所言“物”或“百物”指的就是刻在鼎上的各种鬼神图像，以供人识别“神奸（鬼）”，避开“魑魅罔两”的侵害。所谓“协与上下，以承天休”，就是与天地神灵搞好关系，以求得佑护。那么，《训典》所谓“能序百物”，显然是应该和周鼎的作用相同。换句话说，《训典》中包含有关于各种天地鬼神的知识，可想而知，它也包括祭祀的仪式和规则。只有如此，倚相才能“上下说于鬼神，顺道其欲恶，使神无有怨痛于楚国”，也就是负责楚国的国家祭祀。那么，所谓《训典》在某种程度上可以看作是祝宗主持国家祭祀所用的“工作手册”或“指南”等等。

《训典》的另一个内容是保留历史，主要是本民族的历史。所谓“历史”实可分为两个部分：一是王族谱系，祝宗所掌的“昭穆之世”、“氏姓之出”（《国语·楚语下》）即是这方面的内容。《训典》可“使知族类”，意即能使后世子孙，尤其是王族子弟能认识本族的宗祖神灵，知道氏族的传承情况。但是，《训典》中所保存的历史内容，一定还不限于此。春秋战国时代，巫史的政治意识和历史意识大为发展，即使在偏远的楚国也不能例外，史家对国家成败的经验教训很是看重，因此，在氏族谱属和宗教祭祀之外，又有另一内容，即本国或相关他国的兴亡事例。《训典》中肯定有这方面的内容，否则，左史倚相何以能“朝夕献善败于寡君，使寡君无忘先王之业”呢？

如此说来，《训典》是一种内容较为杂驳的文献，它既包括神鬼祭祀，又包括王族谱系，还有史实记录，我们很难把它归入文献中的某一类，它实际上是上古社会的“文化百科大全”。这只能说明，《训典》时代的“文化”方面的职能还没有像后代那样细致地区分为史、宗等等，或者说，《训典》至少反映、保留了古代巫史不分的文化状况。这也就是说，左史倚相的职责实际上是巫史一体，因此，他对民族文化的传承、执行和教育等负有责任，而《训典》是他全部职责在文献上的反映，是他履行职责的依据，也是他进行教育活动的课本。

巫史不分是人类文化史上一个必经的发展阶段，在人类的童年时期，巫师不但是天然的部落行政长官，同时也是唯一有资格传播部落文化的人。一些文化要传给部落子弟，一些文化则只能传给自己职位的继承人。摩尔根所著《古代社会》在描述易洛魁人的组织制度时，曾提到一种用各种颜色的贝珠所织成的有图案的带子，称为贝珠带，“其运用的原则就是把某一件特殊的事情同某一特殊的贝珠或某一特殊的图案联系起来”，这种贝珠带是由巫师所掌管的。摩尔根说：

> 这种贝珠绳和贝珠带是易洛魁人唯一可以目睹的史册；但是，它们需要一些训练有素的讲解人，那些讲解人能够根据各串或各种图案将其隐含的记录表白出来。鄂农达加部有一位首领被任职为“贝珠带的守护者”……这位巫师在讲解这些贝珠带和贝珠绳的时候，就把联盟形成的历史原原本本地讲出来了。他把历史传说从头到尾全部复述一遍，遇到其中重要的部分就要引用这些贝珠带中所包含的记录来加以证实。①

也就是说，“贝珠带”也是一种巫史“文献”，或说它们就是易洛魁人的《训典》。易洛魁人就是依靠这种巫史“文献”保留了本部落的历史和文化，它在推举新首领或首领就职仪式上由巫师来宣讲，一

① ［美］路易斯·亨利·摩尔根：《古代社会》，126页，北京，商务印书馆，1977。

以教导新就职的首领，一以教导民众，“使联盟的组织、原则及其形成的历史在易洛魁人的心中保持常新的概念”①。因此，巫史文献的意义不仅在于文化的保留和传播，同时也是对现实的制约和对部族成员的教育。我国当代民俗学者在对少数民族地区所进行的调查中，发现了大量的民族史诗，这些史诗实际上也是巫史经典，它们包含了神话、部族历史、宗教律令等等，是由巫师世代相传的。比如阿昌族巫师在讲述本族的史诗《遮帕麻与遮米麻》时，就这样表明道：“这是一个最古老的故事，也是一个真实的故事，它告诉我们人类的始祖遮帕麻和遮米麻造天织地、创造人类的经历。这个故事是天公遮帕麻亲口告诉我们阿昌的活袍（巫师），再由活袍世世代代传下来。”② 这些巫史经典是神圣的，它们通常在极重要的仪式上，由巫师庄严地咏唱，拥有认知、宗教、政治、教育等诸方面的社会功能。它虽然是由巫师们世代口传的，但在本质上却与“训典”等宗教文献没有什么区别，作为一种具有神秘意义和职业色彩的“文献”，就和巫师职务一样，在上古社会是不可或缺的。它也是巫史传统得以延续的根据。当然，我们不能把左史倚相、屈原和印第安部落、阿昌族的巫师完全等同，倚相、屈原所处的时代虽然大大早于后者，但当时楚国的理性文明却远比他们要高，宗教的地位和作用相对要差一些。尤其是屈原，他不可能是原始意义上的巫师，而仅仅是担任了管理有关宗族、宗教事务的职务，但是，我们不能否认这种职务与巫史传统的联系。所以，我们相信，当屈原继承了巫史的事业之时，他也必然继承了巫史的“文献”，否则无以序王族谱属，教育国士。

通过以上分析，我们应该说能够从文化的角度，对屈原有了更加深入的了解，这一点对我们是相当重要的。因为，我们只有从文化的角度才能对楚辞作出更加确切的、合乎实际的理解和评价。此外，对屈原的职掌和文化修养的了解，更有利于我们对《天问》这一篇奇文的性质和功用作出正确的判断，本书认为，在《天问》里就深刻着巫史文献的痕迹。

① ［美］路易斯·亨利·摩尔根：《古代社会》，126页，北京，商务印书馆，1977。
② 刘守华、陈建宏：《民间文学作品精选》，13页，武汉，华中师范大学出版社，2009。

三、《天问》中的巫史内容

《天问》是楚辞中最奇特的一部作品。就其诗体形式而言，它以四字句为主，而篇幅冗长，内容驳杂，又远非句式相似的《诗经》可以比拟，尤其是它一问到底的表达形式，更是十分罕见。司马迁的《史记·屈原贾生列传》云："余读《离骚》、《天问》、《招魂》、《哀郢》，悲其志。"则《天问》出于屈原应该可以确信无疑。王逸《楚辞章句》叙其缘起云："屈原放逐，忧心愁悴；彷徨山泽，经历陵陆。嗟号昊旻，仰天叹息。见楚有先王之庙，及公卿祠堂，图画天地山川神灵，琦玮僪佹，及古贤圣怪物行事。周流罢倦，休息其下，仰见图画，因书其壁，呵而问之，以渫愤懑，舒泻愁思。"从作品看来，《天问》中涉及一百七十多个关于天地万物的问题，至于"仰见图画"，实有可能，但要将如此长篇巨制"因书其壁"，实在难以使人相信。因此，王逸的说法是值得商讨的。

学者们普遍认为《天问》是一首创作诗歌，古代的学者认为本诗探讨了历史上朝代兴亡的原因，并表达了对当朝的批评。如王夫之在其《楚辞通释》中就说："篇内言虽旁薄，而要归之旨，则以有道而兴，无道而丧。黩武忌谏，耽乐淫色，疑贤信奸，为废兴存亡之本。"更有落实到屈原的身世之感，如林云铭在其《楚辞灯》中说："兹细味其立言之意，以三代之兴亡作骨，其所以兴在贤臣，所以亡在惑妇；惟其有惑妇，所以贤臣被斥，谗谄益张，全为自己抒胸中不平之恨耳。"古人的说法显然过于迂腐穿凿，因为"兴亡"的内容在《天问》中毕竟有限，还有大量的有关宇宙开辟、神话巫术的内容，无法得到解释。因此，现代的学者一般从《天问》的设问形式出发，认为它表现了屈原的怀疑精神和理性品质。如鲁迅在《摩罗诗力说》中说：

> 怀疑自遂古之初，直至百物之琐末，放言无惮，为前人所不敢言[①]。

① 《鲁迅全集》，第一卷，71页，北京，人民文学出版社，2005。

这一结论被当代的研究论文和教科书所普遍接受，影响极大。但是不是《天问》中所有的疑问句都表示一种怀疑和不满呢？也许我们可以说，针对那些社会、历史问题，问句本身就表明了屈原的态度；那么对天地开辟、神话巫术这些问题，屈原的疑问显示了什么态度呢？如果说是怀疑，那么是怀疑神话巫术本身的可信性呢，还是对神话中主人公的行为品质表示不满呢？也就是说，针对神话巫术，屈原是表现出一种哲学的批判呢，还是表现出一种历史的批判？这些问题恐怕很难从《天问》中找到答案。况且，《天问》在文章上确实如王逸所说“文义不次序”（《天问章句》），内容杂驳而指向不明，它和《离骚》等相比而论，风格相差不止天壤。所以，从创作论的角度，我们很难对这些问题给出一个令人信服的解释。但是，无视这些问题的存在显然是不明智的。

从《天问》中那些令人难以索解的问句形式中，我们似乎看到了一种对形式的过分迁就的倾向，这种倾向显然超出了一种风格的要求，它应该来自诗文以外的某种规范。但我们只能从某种特定的功用或某种顽强的传统上去寻找这种规范。换句话说，对形式的过分执著往往意味着一种职业性在诗文的背后起着作用。从这个角度进行思考，也许会给我们索解《天问》带来一线希望。

结合屈原的职掌和巫史传统，我们设想《天问》本来应该是屈原所熟悉的一种巫史文献，这种凭职业的延续来相传的巫史文献有着不确定性，尤其是传至某个有着强烈个性的人手里，通常会附加上表现传承者个性的东西。《天问》在屈原手里就碰到了这种情况。也可以说，屈原直接利用了自己所掌握的教育国士的巫史文献，并对其进行了自觉或不自觉的加工改造，使其能够在有限的程度上表达自己的思想和感情。因此，诗中保留了巫史文献中的基本素材和问句形式，但它的思想和情感显然有着屈原的个人特色。对此我们将从内容和形式两个方面来加以证实。

我们首先看看《天问》的内容。《天问》包括一百七十多问，涉及的内容十分驳杂，概括而言，一部分述神迹巫祭之事，一部分述传说历史。下面分言之。

“遂古之初”及其以下数十句，问及宇宙之形成并其构造；“女歧无合，夫焉取九子？”“女娲有体，孰制匠之？”问及人类先祖之诞生。各民族的史诗无一例外都要回答宇宙和人类起源的问题，故《天问》提出这些问题丝毫也不奇怪。《天问》还有问及鬼神者，如风神“伯强”、水神“康回”、日神“羲和”、雨师“屏号”等等，而以下这一大段则与《山海经》之描写十分相像，学者们也习惯引《山海经》来解释它：

何所冬暖？何所夏寒？焉有石林？何兽能言？焉有虬龙，负熊以游？雄虺九首，倏忽焉在？何所不死？长人何守？靡蓱九衢，枲华安居？一蛇吞象，厥大何如？黑水玄趾，三危安在？延年不死，寿何所止？鲮鱼何所？鬿堆焉处？羿焉彃日？乌焉解羽？

其中提到多种异鬼怪物。这些知识，正与上引王孙满所言“百物为之备”的内容相同，意在“使民知神奸”、“魑魅罔两，莫能逢之”，它显然是巫史知识的一个重要的部分，而且这些知识是需要传授给“国士”的。《天问》亦有问及祭祀仪式者，如“启棘宾商，九辩九歌。何勤子屠母，而死分竟地”、“何献蒸肉之膏，而后帝不若”等；有问及神话传说者，如“何射夫河伯，而妻彼雒嫔”、“化为黄熊，巫何活焉”等。以上几个方面相当于《训典》的“序百物”，是巫师所必备的知识。

在《天问》驳杂的内容中，更有一条史的线索贯穿其间。现将聂石樵先生的总结复述如下：自“禹之力献功，降省下土四方”至“何由并投，而鲧疾修盈”二十句问夏朝的史事；自“惟浇在户，何求于嫂”至“何条放至罚，而黎服大说”仍问夏朝史事，兼及商、周史事；自“会朝争盟，何践吾期”至“齐桓九合，卒然身杀”十六句问周朝史事；自“彼王纣之躬，孰使乱惑”至“何卒官汤，尊食宗绪”二十六句又问商、周兴衰的原因；自“勋阖梦生，少离散亡”至“易之以百两，卒无禄”十句仍杂问商、周史事；自“薄暮雷电，归何忧”至“何试上自予，忠名弥彰”十句，都是就楚国的历史和时事发问。[①] 这一历史线索，上自开天辟地，女娲有体，贯穿夏、商、周三朝，及至楚国之现实，是比较完整的。当然，其间可能有遗漏、错简之处，使其历史脉络稍有错乱，否则当更为清晰可观。

《天问》所论史事，有异于中原史籍，姜亮夫先生著《三楚所传

---

① 聂石樵：《屈原论稿》，152页，北京，人民文学出版社，1992。

古史与齐鲁三晋异同辨》文谓其“详于夏、殷，而略于两周”，且“夏、殷史实，又多（与齐鲁三晋所传）出入”，可见其渊源有自。据姜先生推断，楚史为三闾世掌之籍，“必本之《梼杌春秋》以为定也”。楚史官所可知者，左史倚相一人耳。倚相与屈原都位于巫史传统之中，因此，不如说屈原所述史实得之于左史倚相的世代相传更近情理。不过，《天问》中楚史稍嫌单薄，姜先生认为楚为夏后，而“屈子传夏史最具，亦楚旧史也”①。实际上，如本书第一章所论，在有周以前，楚族皆托足于中原，归于夏、商两朝，文化认同自会表现在历史观上，故又何妨将夏、商史皆视为“楚旧史”。楚史由此稍见丰满。

仅从文献的内容来看，《天问》实有似于《训典》，倚相能“朝夕献善败于寡君”，《天问》亦每每感叹历史上人事成败；而且，《天问》亦多叙神鬼物怪，有类于《训典》；再考虑屈原的巫史职务，我们完全可以就此推断，《天问》正是以屈原自己所掌握的巫史文献作为素材而创造出来的长篇诗歌。

四、《天问》的问句形式

确认《天问》得自巫史的职业文献固然可以较为顺畅地解释《天问》博杂的内容，但我们又如何解释《天问》中那一连串的问号呢？如果抛开成见，对文献的问句形式作一客观的研究，我们会发现，它也正是巫史文献的一个重要的特征。

中国过于发达的历史意识，使得后人倾向于把巫史文献完全历史化，它的宗教意识却淡薄而至于消失；而在世界其他地方，巫史文献却更多地成为宗教文献，比如印度的《吠陀》、伊斯兰的《火教经》、犹太的《旧约》等古老而著名的宗教文献莫不如此。在这些巫史文献中，我们发现普遍存在着问句的形式。著名学者饶宗颐先生在《〈天问〉文体的源流》一文中列举了这些经典中的问句形式，并把它们和《天问》作了比较。② 不过饶先生仍是在坚持传统观点的前提下，从文学修辞的角度论及《天问》的问句形式，这是笔者所不

① 姜亮夫：《三楚所传古史与齐鲁三晋异同辨》，见《楚辞学论文集》。

② 参见饶宗颐：《〈天问〉文体的源流》，载《饶宗颐史学论著选》，101～107页，上海，上海古籍出版社，1993。

敢苟同的，但其渊博的学识和勤力的征引，又给本书以启发。下面我们据此文用简要的形式将这些例子摘出。

《梨俱吠陀》：

> 太初无无，亦复无有。其间无元气，其上无苍穹。何所覆之？伊谁护之？何处非水，深不可测？（“创造之歌”第一章）
>
> 孰知其真？孰穷其故？何所自生？何因而作？明神继之，合此造化；是谁知之？孰施行之？（第六段）
>
> 初生之骨，谁实睹之？其无骨者，复孰致之？大地之我，命耶？血耶？何处有之？谁益智者，往而谘之？

《奥义书》：

> 由谁所驰，心思如射？由谁所勒，生气前适？由谁所策，作此言语？谁神所驱，耳目从役？（“由谁书”开端数句）

《火教经》：

> 谁为创造主，正义之祖？谁斡大钧，日星异路？谁藉畴力，致月盈亏？呜乎智人，我愿知之！谁分大地，下丽于天，以免其倾？水与植物，谁孳生之？谁役风云，周道是遵？呜乎智人，谁更启我善心？

《圣经·旧约》：

> 是谁定地的尺度；是谁把准绳拉在其上？地的根基安置在何处？地的角石是谁安放的？……光明从何而至？黑暗原来位于何所？

以上所摘皆源自世界上现存较为古老的宗教文献或曰巫史文献，在世界文化史中具有很高的代表性，因此，这几部文献中的问句形式就不是偶然的，应该也有着代表性意义。如果认为它们只是域外文明的特征，不足以说明《天问》的话，那么，我们还可以在中国古代，在《天问》之外，找到其他用问句形式表达的巫史文献。比如

《逸周书》中的《周祝解》，它应该是一篇典型的巫史文献，兹列如下：

> 故万物之所生也性于从；万物之所反也性于同。故恶姑幽？恶姑明？恶故阴阳？恶姑短长？恶姑刚柔？故海之大也而鱼何为可得？山之深也虎豹貔貅何为可服？人智之邃也奚何为可测？跂动哕息而奚为可牧？玉石之坚也奚可刻？阴阳之号也孰使之？牝牡之合也孰交之？君子不察福不来……

这也是连续不断地提出问题，整段都是用问号组成，形式很似《天问》。周祝，作为上通鬼神、下知民意的专职巫师，显然也是一朝的文化专家，对此是成竹在胸的，不能说是因为无知而发问的，这也像屈原。此外，《庄子·天下篇》中有一段记载，我们在前文已经提及，它也可作为本文的佐证：

> 南方有倚人焉曰黄缭，问天地所以不坠不陷，风雨雷霆之故。惠施不辞而应，不虑而对，遍为万物说。

从“倚人”二字看，此人为左史倚相之后；从“黄缭”的名字看，此人当与左徒春申君黄歇同族，由此可以断定，此人有条件出任“左史”或“左徒”这样的世袭职务。那么，他提到天地、风雨、雷霆等万物并且使用了问句的方式，就绝不是偶然的，恐怕也不是庄子莫须有的假设，必然有其为文的根据。可惜黄缭所问的原文，我们已无从见得，但他的特殊身份，以及他用问句来谈及天地万物的方式，已足以为本文增加一个很有意义的证据。

以上列举了众多的巫史文献，它们在陈述事物时，都使用了问句的形式。它们虽然不像《天问》那样通篇都是问句形式，但这些问句也是成段成段地出现的，它们完全可以发展为通篇皆是问句。因此，它们是可以与《天问》相比的。

那么，众多的巫史文献为什么要选择问句的形式来表达呢？推想其原因，大约有如下几端：（1）越是古老的文明，其巫史知识就越是过于浩繁，难以记诵，那么，用一个个问号将一些重要的问题串起来，前后有序，杂而不乱，极便于巫师的记诵，它无疑是一个较为简捷而有趣的方法。可以说，在初民时代，问号是将人类纷繁杂乱的经验知识化的一个最有效、也是最早的方法。(2)问句形式，既容易引起后来学者的兴趣，也便于为师者的讲释，显然是传播文献的一个好方法。这就难怪国外有学者把《天问》看作是一些“试题”了[①]，目的在于传播知识的民间儿歌就常常使用这种形式。(3)问句形式使得巫史文献本身更隐晦难解，它能够保证巫史知识在尽可能小的范围内传播，也使得巫史职业和巫史文献充满了神秘的意味等等。虽然不是所有的巫史文献都用问句形式来表达的，但以上任何一个理由都可以使巫史文献全部或部分地使用问句的形式。

认识到《天问》与巫史文献的关系，我们再回过头来看看王逸关于屈原“呵壁问天”的说法。将神灵物怪刻绘为图像，古来有之，所谓“远方图物”，所谓“铸鼎象物”，皆是。从更加广泛的意义上说，这些图画也是一种巫史文献，在巫史职责的范围之内，那么，自然可以想象这种图画文献中也包括古史的内容。而且，用图画所表现的巫史知识，必然要比它的文字形式更为古老，因此，当屈原在“先王之庙”和“公卿祠堂”等神圣的祭祀场所“仰见图画”时，当然也会感兴趣的。或者这些更加古老的“文献”引发了屈原对自己所掌握的巫史文献的追忆，或者是屈原有意将后者和壁画作一比较印证，总之，壁画和《天问》相同的性质，会使两者联系在一起，因此，王逸对《天问》源起的解释也不是毫无根据的。

从另一个角度来看，文化人类学家通过实地考察，发现世界各地的原始民族中普遍存在着“图腾绘画”，它们或是涂绘在岩洞、庙堂里，或是雕刻在柱子、石碑上，其内容包括各种或是写实的或是变形的动物或人的图像，表现有关本部族的神话传说。[②] 这些东西在中国也有大量的发现。显然，这些“图腾绘画”具有宗教意义，维系了全部族的信仰，对部族具有非凡的凝聚力，因此它们天然就具有了部族教育的意义，这样才会出现部落酋长常常面对着图腾柱讲说部落历史的场景。那么，是否可以假设《天问》和壁画的关系也正如“部族历史”和图腾柱的关系，或是此种文化形态的遗迹呢？

---

① 参见饶宗颐：《〈天问〉文体的源流》，见《饶宗颐史学论著选》，98页。

② 参见岑家梧：《图腾艺术史》，上海，学林出版社，1986。

五、《天问》所体现的屈原的思想和感情

屈原的职务与巫史传统有着不可分割的联系，《天问》的内容又与巫史典籍相吻合，问句形式又最常出现于巫史文献之中，那么，我们总可以得出结论了：《天问》是一部脱胎于巫史文献的作品。但是，屈原毕竟是一个充满了时代精神和浪漫气质的诗人，尤其是他个人的不幸经历，使得他对社会、历史有着深刻的反思。因此，他虽然是一个巫史文化的传承者，但他不可能是一个抱残守缺的社会落伍分子。可以说，屈原所掌握的巫史文献是楚文化的荟萃，它集中体现了楚文化的价值观和各种社会理念，因此，一旦这些价值观发生动摇，这些巫史文献就成了人们反思的绝好对象。屈原在载录这部巫史文献时，就必然要在其中表达出自己的世界观和对现实的态度，从而使《天问》成为一首饱含个性特征的长诗。司马迁说："余读《离骚》、《天问》……悲其志。"（《史记·屈原贾生列传》）也就是说，《天问》和《离骚》一样，包含了属于屈原个人的思想和感情，并且有着强烈的艺术感染力，使得二百年以后的司马迁都为之悲哀。不过，《天问》毕竟不是《离骚》，它是通过对旧有文献的巧妙处理来表达作者的思想和感情的。实际上，我们不难看出，在这一点上，《天问》和《史记》是何其相似！

那么，《天问》是在哪些方面区别于旧的巫史文献呢？换句话说，屈原的创造性，或者说《天问》的诗性特征表现在哪些方面呢？

下面我们对《天问》的个性特征作一简要的总结。

第一，《天问》表达了屈原对天意的怀疑。这一思想显然得自两个方面：一是战国时代的社会现实，一是他自己的切身体会。纷纷无义之战造成了弱肉强食的政治局面，征伐、占领不需要任何理由，一切都在赤裸裸的强权政治的控制之下，大国骄横跋扈，四处逞凶，小国则战战兢兢，唯求自保而不可得，天道的大旗被战车碾得黯然无光；尤其是楚国一直处在强秦的逼迫下，连续的大规模的死人和割地，使得有气节的楚人痛感羞辱并对前程充满了忧虑，这一切迫使屈原重新思考天道的意义。另一方面，屈原正道直行，却为楚王所疏远直至流放，对一个有抱负的政治家而言，有什么样的打击比这个更大呢？这又不能不使屈原深深地感到命运的不公正。即使在

神话传说中，屈原也能敏感地发现天道和上帝的不公正。比如鲧，他一心平治洪水，极有功劳，而结果却很悲惨。屈原问道："顺欲成功，帝何刑焉？"帝尧作为至上之神，却是如此的不分好歹！那么，在屈原看来，天道是不可信的："天命反侧，何罚何佑？"这句话中无疑包含了满腔的辛酸、悲哀甚至是愤怒。

第二，《天问》表达了屈原的历史观。屈原的用意十分明显，就是要通过历史兴亡的经验和教训来劝诫楚王，希望楚国能走上正轨。这一思想在《天问》中十分突出。楚国原有的巫史文献中一定有大量的历史记载，这是确信无疑的，但它的历史观不可能表现得如《天问》那样整齐和进步，这一点应该看作是屈原对巫史文献成功的改造。那么，屈原的历史观表现在哪些方面呢？首先，他认为历史的兴亡不在天命，而在能否实行仁政。楚怀王笃信鬼神，不思自励，却将楚国的命运交给冥冥中的鬼神，这不能不使屈原感到愤懑。他说："皇天集命，惟何戒之？受礼天下，又使至代之？"殷既然受天命而有天下，为什么又被周取代了呢？这里不仅是在说那遥远的古代，更流露了对楚国命运的担忧，它表达的是一种深沉的忧患意识，对楚王而言，是响亮的警钟。那么国家兴盛的主要原因是什么呢？屈原在《天问》中特别强调了举贤这一点，这显然又是与他自己的遭遇有关。而且楚国的现实也正是"王听不聪、谗谄蔽明、邪曲害公、方正不容"，屈原因此而受绌遭迁，对此不能不有切身之感受，亦深知其危害，故借史实特予发挥，实在是很正常的。

屈原的天命不佑的历史观和选贤任能的政治见解显然是进步的，它立足于春秋时代的中原文化，而又带有鲜明的战国色彩，因而是超出了楚文化的范围的。但《天问》中有些史实的表达与中原典籍不同，又显现了楚文化的独立性。从这一点上能看出《天问》中两种文化的交融。

第三，《天问》表达了屈原对楚国现实的批判。这一点主要见于《天问》的末段：

> 薄暮雷电，归何忧？厥严不奉，帝何求？伏匿穴处，爰何云？荆勋作师，夫何长先？悟过改更，我又何言？吴光争国，久予是胜？何环穿自闾社丘陵，爰出子文？吾告堵敖以不长。何试上自予，忠名弥彰？

据王逸注，“厥严”句是指楚王惑于谗佞，声誉日下，虽求神灵而无益；“荆勋”句是指楚王悍然挑起吴楚战争，结果得不偿失。文中一再表白了自己对待这些错误举措的态度，寄希望楚王能够幡然悔悟，痛改前非，语辞尤为诚恳、急切，充分表明了屈原爱国忠君的政治热情。林云铭说“末段转入楚事，一字一泪”（《楚辞灯》），体会得可谓深刻。

此外，《天问》的诗性特征还表现在它强烈的抒情性上。这种抒情性首先表现在它的问难句式上。客观地看，《天问》中大多数问句是平实的，只是一些简单的提问，或表明某种提示性，如关于神话、物怪部分的句子，就很难说它们是问难句式。这一部分问句体现了一些巫史文献的文体特征，正如我们上文所论。但《天问》中确有一些问难句式的存在，这种句式主要出现在那些能表现屈原个性思想的语句中。这些为数不多的问难句式非常重要，尤其是结尾的几句，它们浓郁的感情色彩，能够通过其急促而连续的问号迅速贯穿全篇，不但使得所有的问号都活跃起来，而且使得原有的感情变得更加强烈。这是一种非常独特的艺术效果，很具感染力。其次，文中还有作者直接抒发情感的句子，如上举“伏匿穴处，爰何云？”“悟过改更，我又何言？”等等，语句虽少，而其中弥漫的悲愤情绪却使人感到震撼，难以忘怀。《天问》的抒情性特征还表现在它的内容上，文中上探天庭，下穷幽冥，前追盘古，后及己身，境界极端缥缈奇特，营造出一种崎岖森然的气氛。这种具有浪漫色彩的神话或巫术图景，都属于情感和想象的世界，在本质上和文学是相通的。

总的说来，《天问》是屈原对所掌握的巫史文献所加工改造的产物，它在内容和问句形式上都保留了巫史文献的特点。也可以说，屈原是借助巫史文献来表达自己的一些思想和感情。为什么要这样做呢？一是可能对巫史文献所表达的理念有所怀疑或修正；二是可能巫史文献更容易为楚王所接受，便借它来进行讽谏，表达自己的政治主张。它虽然带有明显的个性色彩和诗性特征，但也不可把它看作是一篇纯粹的文学作品，它在本质上还是一部巫史文献。但又怎么理解其中的抒情性特征呢？蒋骥在其所著《山带阁注楚辞》中说：“其意念所结，每于国运兴废，贤才去留，谗臣女戎之构祸，感激徘徊，太息而不能自已。”也就是说，屈原本人时刻处在一种激愤的情绪之中，只要有机会，这种情绪就会通过一切尽可能的方法显现出来。而在原始巫史文献中，存在着屈原体会最深，感受最强烈的内容，如前所说的“天道”、“用贤”等内容，它们当然会激起屈原诗人的情感。因此，诗人咏叹至此，抒愤泄懑，再三致意，感情如决口的河流，使得千载以下的读者尚能产生强烈的共鸣，所以说，它又未尝不是诗。仅这一点，就足以确立《天问》在文学史上的地位。

第三章 《九歌》与南楚巫祭文化

除了楚辞《九歌》以外，我们从其他典籍甚至楚辞本身中可以知道，早在屈原之前，就存在着一种更为古老的“九歌”，我们姑且称之为“原始九歌”。原始“九歌”和楚辞《九歌》之间的关系，历来为楚辞学者所忽略，只有少数学者，如明代的黄文焕认可过两者之间的关系，他在《楚辞听直》中说：“余谓《九歌》之名，自古有之，非楚俗之歌也。稽原之溯古曰‘启九辩与九歌’，又曰‘奏九歌与舞韶’，又曰‘启棘宾商，《九辩》《九歌》’，固自明言之。”但他认为楚辞《九歌》乃是模拟之作，如后世之拟古乐府，把《九歌》看作是屈原个人的文学创作，就不对了。这个问题正逐渐引起现代学者的重视，人们期望从原始“九歌”身上发掘出楚辞《九歌》的奥秘，并做出了一些有益的尝试。本书也认为，既然屈原多次提到原始“九歌”，而楚辞《九歌》又经他整理记录，所以两者之间不可能没有关系，而这一关系对我们理解楚辞《九歌》又至关重要，因此，我们必须首先辨明原始“九歌”的真正面目，正本清源，方能理清《九歌》的脉络。

一、“九歌”溯源

典籍中对原始“九歌”莫衷一是的解释，使得“九歌”的含义变得极为复杂，这其中既有它原始意义的遗留，又有后人附加其上的时代痕迹，随着时世的推移，“九歌”的面目愈加模糊。这为我们的理解带来了很大的困难，但如果从文化发展的规律着手，我们还是可以逐层剥去附加其上的文化包装，还其本来的面目的。在此基础之上，我们还必须从历史性和地域性两方面去考虑楚辞《九歌》和原始“九歌”之间的传承和变异的特点。首先，原始“九歌”的起源可以上溯至虞夏时期，它的源起就决定了它的性质，战国时代之“九歌”既承之而来，自不能完全脱离原始“九歌”的性质和功用；其次，考虑到“九歌”所流传的地域是文化相对独立的南楚，则其必然沾染了更多的更浓烈的民族特性和地方色彩，而这里的地域文化显然要比当时中原的主流文化更富有原始意蕴。当然，我们也不能忽视屈原的作用，是他使得《九歌》的文化色彩变得复杂起来。

下面我们就从原始“九歌”着手，来探讨楚辞《九歌》的本质和功能。

1

据古籍的记载，“九歌”应始于虞夏之际。但在春秋迄至屈原时代，对古之“九歌”却有两种不同的认识：中原典籍认为“九歌”与圣人教化有关，如《左传》两次以“九歌”与“八风”、“七音”等并提（分见昭公二十年、二十五年），同书“文公七年”，郤缺引“夏书”曰：“戒之用休，董之用威，劝之以《九歌》，勿使坏。”这句话同样见于伪《尚书·大禹谟》，似乎“九歌”是一种用于教化的劝谕性文体，它的具体内容则不得而知。从这些记载中，我们看不出古“九歌”与楚辞《九歌》有什么关系。

不过，当我们确切相信原始“九歌”是产生于夏代时，我们就有理由对中原儒书的说法表示怀疑了。因为教化观念是在有周一朝文化革新过程中才出现的，此前的夏商时代，人们的一切意识形态都是以鬼神和巫术为核心的，因此，作为夏代的重要文献而流传下来的“九歌”，必然也包含了鬼神或祭祀的内容。从文化人类学的观点来看，春秋时代原典籍中的“九歌”只是一种“文化遗留”，如果不考虑附加其上的春秋教化思想，我们还是能推测出它的真实面目的。如和“九歌”并提的“八风”、“七音”，其原始意义皆与巫术祭祀有着不可分离的关系。“音”即“音乐”，古音乐就其起源和功用而言，都与宗教祭祀大有关系，此已是共识；至于“风”的原始含义，就是祭祀乐舞，本人于此有另文论及，则“九歌”也不能例外。下面一段引文为本文的观点提供了强有力的证据。《周礼·春官·大司乐》曰：

> 《九德》之歌，《九磬》之舞，于宗庙之中奏之，若乐九变，则人鬼可得而礼矣。

所谓“九德之歌”即“九歌”，郑玄注曰：“九德之歌……六府三事谓之九功，九功之德皆可歌也，谓之九歌。”就《周礼》而言，“九歌”仍是用于宗教祭祀的，虽然将其限定于宗庙祭仪之中，但庶几不离其根本。至于郑玄的解释，言“六府三事”，言“九功之德”，则分明是自觉地把“九歌”纳入儒家的政治思想体系之中去，文饰痕迹十分明显。

对原始“九歌”的另一种认识见于《山海经》和楚辞本身，其中，以《山海经·大荒西经》所记最为详细：

> 西南海之外，赤水之南，流沙之西，有人珥两青蛇，乘两龙，名曰夏后开。开上三嫔于天，得《九辩》与《九歌》以下。此天穆之野，高二千仞，开焉得始歌《九招》。

郭璞注曰：“嫔，妇也，言献美女于天帝。”所以“上三嫔于天”应指用人牲这一事实。那么，这该是一起祭祀事件。《竹书纪年》云：“十年，帝（夏后启）巡狩，舞九韶于天穆之野。”则“九招”即“九韶”。又《离骚》曰：“启九辩与九歌兮，夏康娱以自纵。……奏九歌而舞韶兮，聊假日以媮乐。”《天问》曰：“启棘宾商，《九辩》《九歌》。”朱骏声认为“商”乃“帝”字之讹。今人胡厚宣《甲骨学商史论丛》曰：“宾读为傧，《礼运》‘礼者所以傧鬼神’。盖有礼敬之意，祭名也。”① 在屈原看来，夏启的“九歌”，不但是祭祀“帝”的，而且还充满着人情的放纵。《墨子·非乐上》对夏启的野外自纵事件也有一段较为详细的记载：

> 启乃淫溢康乐，野于饮食，将将铭，苋磬以力，湛浊于酒，渝食于野，万舞翼翼，章闻于大。

“野”当指“天穆之野”，这一段所描述的应与《山海经》所记载的是同一事实。那么，在虞夏时代“万舞”与“九韶”的分别也不大，据《左传》所载，万舞具有诱惑异性的功能②，这是其原始祭祀风尚的遗留。综合以上材料，我们可以看出，夏启于天穆之野所主持的

① 胡厚宣：《甲骨学商史论丛初集》，302页，济南，齐鲁大学国学研究所，1944。

② 《左传·庄公二十八年》载：“楚令尹子元欲蛊文夫人，为馆于其宫侧，而振万焉。”可见万舞具有挑逗性。

“九歌”事件，应当是一次隆重而放肆的祭祀仪式。启是夏部落联盟的首领，按原始社会的普遍规律，他同时也领有大巫师的职位。与后世郊祀有所不同的是，这次祭祀是在广漠的原野上进行的。可以想见，在规模盛大的乐舞的刺激之下，不可能没有初民的亢奋狂欢的场面，所谓“一国之人皆若狂”（《礼记·杂记下》）即是其写照。楚辞所谓“康娱自纵”、“假日媮乐”，即泄露了此种狂欢的秘密，这与早期原始祭祀风俗是相适应的。

“九辩”、“九歌”、“九韶”得自天上的说法自然是神话，但可以相信的是，这三者是和祭祀仪式紧密联系在一起的，分而言之，则为巫乐、巫歌、巫舞。因其本身的神秘性质，故被后人神化为夏禹窃自天庭，成了“天帝乐名”。但屈原显然是明白原始“九歌”的真实含义的，只是他对原始祭祀的狂欢性质不能接受，故对夏禹颇多指责。而在中原，经过以“神道设教”为核心的文化革命，原始文化、风俗文化正逐渐被各种儒家理性文化所改造和代替，很多上古习俗被重新解释，有的甚至面目全非了，“九歌”就在其列。但我们现在可以确切地判断，原始“九歌”就是神圣的巫术祭祀歌谣，它产生于夏启时代，为夏启祭祀时所隆重使用。当夏启在儒家著作中成为圣人时，“九歌”也就成了“九德之歌”，或用于教化，或用于宗庙，绝无淫祀的痕迹。而地偏一隅的楚国，尤其是南楚的民间，仍然对原始“九歌”保留着记忆，《山海经》和楚辞即为证据。

2

那么，楚辞《九歌》又是如何产生的呢？在无新材料的情况之下，我们仍当以王逸的话为准：

> 《九歌》者，屈原之所作也。昔楚国南郢之邑、沅湘之间，其俗信鬼而好祠。其祠，必作歌乐鼓舞以乐诸神。屈原放逐，窜伏其域，怀忧苦毒，愁思沸郁。出见俗人祭祀之礼，歌舞之乐，其词鄙陋，因为作《九歌》之曲……（《九歌章句》）

以上所记《九歌》之流传和记录之基本事实都还清楚：其一，《九歌》原流传于楚之“南郢之邑，沅湘之间”；其二，《九歌》是当地土著祭祀乐歌；其三，现传《九歌》是经屈原改写、记录了的。我们相信，现传《九歌》并没有被太大的改变，因为按照王逸的说法，屈原的改动是为了“上陈事神之敬，下见己之冤结，托之以风谏”（《九歌章句》），而我们在《九歌》中并没有读出这些内容，所以我认为，屈原也许只是作了词句的加工，如朱熹《楚辞辨证》所言，楚俗之祭祀，“或以阴巫下阳神，或以阳主接阴鬼，则其辞之亵慢淫荒当有不可道者”。显然，现存《九歌》对此内容作了适当的删削，但也不是很干净，从祭祀湘神时所咏唱的“捐余袂兮江中，遗余褋兮澧浦”中，依然还有“亵慢淫荒”的暗示。因此，我们可以说，现存《九歌》基本保留了南楚原住民族祭祀乐歌的风貌。

具体而言，《九歌》所流传的地域实际上可能比王逸所说的要广大，还包括位于湘水和彭泽湖之间的鄂渚和汨罗水。因为屈原自叙其南放经历时，曾述及自己渡过长江、湘水、沅水，历经鄂渚、方林、枉陼、辰阳、溆浦等地，其中鄂渚在今长江南岸之鄂城市，位于洞庭湖和鄱阳湖之间；其他几个地名，如枉陼在沅水之上，即今之常德市以南；辰阳居沅水上游，即后世之辰溪；溆浦与辰阳相近，在溆水与沅水相交之处。这些地方大多位于楚云梦泽、洞庭湖之南，沅水和湘水之间的大三角地域，它的原住民在春秋战国时代是濮和越。《史记·楚世家》记濮在楚西南。楚悼王时，任吴起为相，“南并蛮越，遂有洞庭、苍梧”（《后汉书·南蛮西南夷列传》）。为了进一步证明《九歌》是濮越民族的祭祀歌谣，下面我们对保存下来的另一首濮越祭祀歌谣进行研究，并与《九歌》作一简单的比较。

《越人歌》，见于刘向《说苑》卷十一《善说》。文中引庄辛话曰：

> 君独不闻夫鄂君子晳之泛舟于新波之中也？乘青翰之舟，极⿱艹两芘，张翠盖，而㩉犀尾，班丽袿衽。会钟鼓之音毕，榜枻越人拥楫而歌。

歌辞译成楚语为：

> 今夕何夕兮搴舟中流？
> 今日何日兮得与王子同舟？
> 蒙羞被好兮不訾诟耻，
> 心几顽而不绝兮得知王子，
> 山有木兮木有枝，

心悦君兮君不知。

战国时鄂地在长江南岸今之鄂城市，洪兴祖补注曰：“鄂州，武昌县地是也。”（《楚辞补注》）当为鄂人所居，附近有梁子湖。据何光岳先生的《楚灭国考》考订：“梁子湖因鄂人迁居湖畔，故名鄂渚，即《楚辞》所指的鄂渚。”① 而楚在熊渠时，曾“兴兵伐庸、扬粤，至于鄂”，由此可知鄂人当是濮越民族之一支，故称“越人榜枻”。《越人歌》这一事件到底反映了什么呢？陆侃如先生认为这是一次祭祀活动②，我同意这一看法。舟船被如此装扮起来，并有钟鼓的演奏和众人的合唱，显然是为了仪式的目的。其实，在原始部落中，这样的仪式性的活动，无一不是为了娱神和祭神的，即是巫术祭祀活动。由此可以判断庄辛所描述的这一事实，实是由鄂君子晳主持的祭祀活动，祭祀的对象可以说是当地的水神，所谓“新波”即暗示了春水之解冻或涨起，此时正是祭祀水神的时光。其中“乘青翰之舟”数句，陆侃如先生说是写祭坛的陈设，恐怕不如仍说是写船为好，因为江南多水，濮越民族的祭祀活动很多是在水上举行的，尤其是在祭祀水神的时候。而竞渡的风俗在中原和江南都同样存在，其起源无一例外是为了祭祀求福。就《越人歌》来说，其实正是一首祭歌，它表达的是向往和恋爱的主题，这从最后一句看得尤为明显：“心悦君兮君不知！”如果说是越人表达对鄂君子晳的好感，又怎么解释这充满忧伤的“君不知”呢？我认为，这里的“王子”当是楚语的误译，它的本意似乎应是如《湘夫人》或《山鬼》中的“公子”，即是对神灵的称谓。而当时的鄂民恐怕还不能成为一个诸侯国，因此“王子”一词无从谈起。所以，《越人歌》仍然是祭歌，它符合当时南方民族在祭祀活动中表演以情招神、巫神恋爱的习俗。

越人的这次祭祀活动和《九歌》的相似之处是有目共睹的。陆侃如先生以《湘夫人》之“芷葺兮荷盖，缭之以杜衡”，《少司命》之“孔盖兮翠旍”，及古葛天氏之乐和“乘青翰之舟”数句相比较。台湾著名学者凌纯声先生又引“荪壁兮紫坛，播芳椒兮盈堂”（《湘夫人》），“緪瑟兮交鼓，箫钟兮瑶簴”（《东君》），“桂棹兮兰枻”

① 何光岳：《楚灭国考》，229页，上海，上海人民出版社，1990。

② 参见陆侃如：《越人歌补说》，载《文学年报》，1937（3）。

(《湘君》)等和越人歌相互发明，认为皆反映了濮越民族的祭祀情景。[①] 尤其明显的是，《湘夫人》有“沅有茝兮醴有兰，思公子兮未敢言”，《山鬼》有“风飒飒兮木萧萧，思公子兮徒离忧”，和《越人歌》末句在内容、句型、情调上都酷似，如出一辙。这些绝不是偶然的现象，最大可能是仪式性的套语，它使我们相信，《越人歌》和《九歌》有着相同或相类似的祭祀仪式，它们是出自同一个文化背景的。我们由此可以得出这样的结论：楚辞《九歌》与《越人歌》一样是濮越民族的祭祀歌谣。

值得注意的是，春秋战国时濮越民族所居之地正是古三苗的居住地。《山海经·大荒北经》云：“驩头生苗民。”即三苗是驩头（驩兜）的后代；而据《尚书·尧典》可知驩兜曾被放于崇山，孔颖达言此崇山位南裔，在衡山之南，正是沅湘之间。又根据《战国策·魏策一》所言三苗故地：“左彭蠡之波，右有洞庭之水，文山在其南，而衡山在其北。”即是以鄂渚为中心的地带。而沅湘之南即古苍梧之所在，舜死葬于苍梧，而舜之死正与三苗有关，即三苗和濮越民族先后在沅湘之间居住。那么，三苗和濮越有什么关系呢？

“三苗”这个词商周以下就湮灭无闻了，沅、湘之间和鄂渚一带的居民见于载籍的就只有蛮、濮、越等名称。《国语·周语上》引周大夫祭公谋父言曰：“夷蛮要服，戎狄荒服。”先秦史籍中常以蛮与濮、越等连用，称“濮蛮”或“蛮越”，而不以蛮为族名，则蛮是对南方少数民族的统称，在春秋战国时代应包括濮和越。可以相信，在夏末以后直到春秋时期，这一带居民再也没有受到北方强盛民族的攻逼，大规模的民族毁灭是不可能的。而濮越又如何陡然生出呢？因此，能否按常理推测，认定所谓“南蛮”之濮越民族正是“三苗”的后人呢？我认为是可以的。苗蛮一声之转，当有渊源关系；又《吕氏春秋·召类》云“尧战于丹水之浦以服南蛮”，而别的史籍在记述这件事时皆以“三苗”代替“南蛮”，那么，“南蛮”为“三苗”不为无证。则濮、越民族亦是三苗的后人，或者是以三苗为主体融合他族而成。不仅如此，濮、越之间亦有着错综复杂的系，“文献中记载居住在楚国南方的民族，有时称越，有时又称濮”[②]。今人江应樑先生据此认为濮、越本为一家，不为无见，它至少也可以说明濮、

① 参见凌纯声：《国殇礼魂与馘首祭枭》，见凌纯声：《中国边疆民族与环太平洋文化》，台北，台湾联经出版事业公司，1979。

② 江应樑：《说濮》，载《中国社会科学》，1980（5）。

越民族在文化上有着相同之处，它们应是皆自三苗发展而来，故被中原人或楚人混淆。

如此说来，屈原于南楚之沅湘之间所载录的《九歌》，为濮越民族的祭祀歌谣，而濮越民族又是一个十分古老的民族，它的先民可以追溯到虞夏之际的三苗。我们已知原始“九歌”正是产生于虞夏之时，如果它与后世楚辞《九歌》有什么关系的话，三苗之民就是必不可少的桥梁。

3

就屈原而言，他是非常清楚原始“九歌”的本来面目的，在这种情况下，他自己又亲自整理记录了属于南楚土著民族的《九歌》，如此不避名称的重复，使我们相信屈原是认可这两者之间的某种内在联系的。

潘啸龙先生认定原始“九歌”就是楚辞《九歌》。他认为，夏启得“九歌”之地“天穆之野”，就是后世之“沅湘之间”。因为据《山海经·海内经》记载，颛顼生于若水，《竹书纪年》又云：“（颛顼）产伯鲧，是维若阳，居天穆之阳。”也就是说，位于蜀中的若水即在“天穆之野”的南部。而鲧的封地在“崇”，故被称为“崇伯鲧”。帝尧亦曾“放驩兜于崇山”（《尚书·尧典》），据孔颖达《正义》推测，此崇山在南裔，即衡岭之南。因此，衡岭之南即帝鲧所居之“天穆之阳”，而衡岭之南又位于“沅湘之间”，则若水与“沅湘之间”皆旧之“天穆之野”。如此说来，前后两个“九歌”都出于一地，则两者决为一体。①

潘文纯从地名入手，证二“九歌”为一，发人所未见，确能予人以启发。两个“九歌”之间虽然相隔千年，但远古部族居民常常迁徙，地名如同家产，亦随之携往新地，故常有多地同名现象。但我们相信相同的地名之间一定会存在某种文化联系，因此潘文的论证是有意义的。此外，“天穆之野”与其说是一个具体的地名，还不如说是一个大概的方位，其地域是广大的，又如何能确认启之“九歌”所传即在沅湘之间呢？因此，对潘文的结论还需要作进一步的论证。

如要确认原始“九歌”即楚辞《九歌》，还必须弄清虞夏民族和

① 参见潘啸龙：《九歌六论》，载《中国社会科学》，1986（4）。

古三苗民族，也就是战国时被称为南蛮的濮越民族之间的关系，只有确认了这两个民族之间的关系能够为“九歌”祭祀礼仪的交往和传播提供可能，并且考虑到这种祭祀仪式在流传过程中的变异，才能对原始“九歌”和楚辞《九歌》的关系作出判断。下面我们就此进行进一步的论证。

古三苗应是居于中原一带稍南的地方，《吕氏春秋·召类》：“尧战于丹水之浦以服南蛮，舜却苗民，更易其俗。”丹水即今之丹江，在陕豫之间。又《史记·五帝本纪》说舜时，“三苗在江、淮、荆州，数为乱”，就是说三苗原与中原民族生活在一起，并且有了冲突。他们之所以受到驱逐，据郭璞《山海经·海外南经》注说是因为“尧以天下让舜，三苗之君非之，帝杀之。有苗之民，叛入南海，为三苗国”。皇甫谧《帝王世纪》所云“诸侯有苗氏处南蛮而不服”，也指的是此事。何光岳先生在他的著述《南蛮源流史》中推测说：“三苗与尧同是羌人，反对把权力让给东夷人舜，所以他们的首领被杀。”[①] 舜时尚为原始部落，“禅让”、“诸侯”云云皆不可信，但三苗被迫南徙确实是与虞舜等的打击大有关系。中原部落对三苗的政策是打击和改造同时并举：首先，把三苗看作是四凶之一，大加惩罚。尧、舜、禹皆曾亲自征讨，《大戴礼·五帝德》说帝尧“杀三苗于三危，以变西戎”，《尚书·舜典》中说“窜三苗于三危”；帝舜更是全力征伐三苗，他曾指责三苗云：“蠢兹有苗，昏迷不恭，侮慢自贤，反道败德。”（《尚书·大禹谟》）并命禹往征讨；《墨子·非攻下》更记载云：“昔者三苗大乱，天命殛之，日妖宵出，雨血三朝，龙生于庙，犬哭乎市，夏冰，地坼及泉，五谷变化，民乃大振。高阳乃命玄宫，禹亲把天之瑞令，以征有苗。四电诱祇，有神人面鸟身，若瑾以侍，搤矢有苗之祥，苗师大乱，后乃遂几。”可见尧、舜、禹对三苗的征伐是多么残酷。三苗在如此的高压之下，渐由中原退往江淮之间，又至南楚之邑、沅湘之间的深水高山之中，这才得以安顿下来。也有一部分更避至海边，甚至进入太平洋诸岛之中，而它在中原史籍中也湮没无闻了。直到春秋时期，他们以“南蛮”的名称再次出现，而此时，三苗已经分化、融合为百濮、百越等众多部落了。

其次，舜等对三苗还采取了怀柔、改造的手段，或云教化，总

---

① 何光岳：《南蛮源流史》，32页，南昌，江西教育出版社，1988。

之是要用自己的文化对三苗的风俗文化进行修正，使之在文化上服膺自己，这无疑是一种十分有效的统治方法。而这一点对本文更为重要。《韩非子·五蠹》云："当舜之时，有苗不服，禹将伐之，舜曰：'不可，上德不厚而行武，非道也。'乃修教三年，执干戚舞，有苗乃服。"关于舜行德三年而服三苗的说法，在先秦及汉代典籍如《战国策》、《荀子》、《吕氏春秋》、《淮南子》、《说苑》等中被广泛记载，此必有其依据。王充《论衡·率性》云："三苗之民，或贤或不肖，尧、舜齐之，恩教加也。"所谓恩教，除了自己修德外，一个主要的方法是舞干戚，《尚书·大禹谟》说舜"诞敷文德，舞干羽于两阶。七旬，有苗格"。教化的说法当然是后世儒者的发挥，但教化的存在，必以两者文化有高低之别为前提，那么，三苗受到打击的原因也许是其文化与虞舜所倡导的文化有着水火不容之处。而彼时的文化主要是巫术祭祀文化，一切意识形态的分歧都应表现在宗教观念上，因此，舜和有苗的文化差异应主要表现在祭祀对象和祭祀方法上。

事实正是如此。《尚书·吕刑》云："苗民弗用灵。"所谓"灵"即指神或巫，《说文解字·玉部》曰："灵，巫也。以玉事神，从玉，声。或从巫。"楚辞中"灵"字甚多，多数用如巫，如《九歌·东皇太一》之"灵偃蹇兮姣服"；也有用如神的，如《九歌·云中君》之"灵皇皇兮既降"等。"用灵"，可解释为膜拜神灵，或解释为使用巫来降神，皆是巫术的高级阶段的特征。文化人类学家通过调查确信，在有神灵崇拜和由巫师专职祭祀之前，还存在着更为低级的信仰形式，在这个阶段，还不存在具体的有特征的神灵，人们相信某种神秘而抽象的力量存在于万物之间，使得万物充满着灵性。这种力量被人们叫作瓦康、邪气、奥连达等等，至今仍能在一些原始部落中发现，它是万物有灵论信仰的一个阶段，在这一阶段中只有禁忌而无祭祀。[①] 可以相信，所谓"弗用灵"指的就是处于这一万物有灵论信仰阶段，它要比宗教信仰更为低级，故三苗之民不能为舜等所容。《国语·周语下》云："黎苗之王……上不象天，而下不仪地，中不和民，而方不顺时，不共神祇而蔑弃五则。"所谓不敬天地，不供神祇，指的就是这种有信仰而无祭祀状态。而《国语·楚语下》云："及少皞之衰也，九黎乱德，民神杂糅，不可方物。夫人作享，家为

① 参见［法］列维-布留尔：《原始思维》，121～130页，北京，商务印书馆，1987。

巫史，无有要质。”这里说的是在黎苗部落中，神还没有从人们的日常生活中分离出来，还不具有尊严，没有成为高高在上的统治者。同时，专职的巫师阶层还没有出现，也就是还没有形成真正的宗教崇拜。因此，它要比中原部落更为落后。徐旭生先生亦从“苗民弗用灵”一句感受到了这一点：

> 两方面的风俗习惯有显著的不同：南方集团用的是原始的巫教，或可以说是巫术。这从北方集团比较进步的，带有宗教性比较浓厚的巫教的观点来看，自然很不顺眼。①

因此他认为：“（舜等与三苗）冲突的表面原因是由于南方人民不肯采用北方的高级巫教，‘弗用灵’。”② 也就是说，两者冲突的真正原因是文化的差异，而解决这一矛盾的办法，一是进行文化隔离，即将苗民驱逐远方；一是进行文化同化，即推广自己的宗教祭祀形式。

事实上，舜等是十分重视改造三苗巫术祭祀的风俗的。上引《吕氏春秋·召类》云：“舜却苗民，更易其俗。”《墨子·非攻下》云：“禹既克有三苗，焉磨为山川，别物上下，卿制大极，而神民不违，天下乃静。则此禹之所以征有苗也。”这几则材料说得十分清楚，对三苗的文化改造是在攻伐的同时进行的，而这种改造又是由舜、禹等夏部落首领亲自进行的。当时的文化习俗最为重要的就是巫术祭祀仪式，因此，禹攻有三苗之后，首先要做的就是为三苗“别物上下”，亦即使苗民懂得天人、神民的上下等级之分，以达到“神民不违”，然后再示之或教之以祭祀仪式，这样才能使有苗进入自己的文化系统，从根本上服膺自己的统治。所谓“更易其俗”，指的也是这一点。那么，现在我们可以明白舜等为什么要舞干戚或干羽了：一般来说，上古时的舞干戚或干羽是典型的巫术祭祀仪式，按史籍的记载，舜等举行这种仪式不是为了祈求对三苗战争的胜利，而是要“齐”三苗之民，也就是说他们展示或举行这种仪式的目的意在影响、威慑、诱导三苗，最终使三苗接受以这种祭祀仪式为代表的虞夏文化，使三苗之民在文化上同一于自己。舞干戚或干羽的文化功能至此不是十分明显了吗？实际上，高级文化对低级文化的渗透和影响是十分容易的，近现代西方教士在世界各地，尤其是在

①② 徐旭生：《中国古代的传说时代》（增订本），107、108页，北京，文物出版社，1985。

原始部落传播基督教的成功，就说明了这一点。而舜等人的努力也得到了成功，或者说至少在祭祀仪式的传播上得到了成功，上引《韩非子·五蠹》、《尚书·大禹谟》中提到，在这些仪式举行后，“有苗乃服”、“有苗格”，以及《左传·昭公元年》所言之“虞有三苗”，皆表明了三苗事实上已经接受了夏部落的祭祀仪式，从而在巫术祭祀文化上得到了提高和突破。

而“干戚”、“干羽”之舞与上文所提到的“九歌”等又有什么关系呢？从字面上看，“九韶”之名称，重在表达舞蹈的节段；而“干戚”、“干羽”则强调舞蹈的饰物特点，因此，两者并不是相互独立、排斥的概念。后世把宗教舞蹈分为文舞和武舞，所谓文舞就是左执龠，右秉翟（羽毛）而舞，又称“羽舞”；而武舞则是左持干（盾），右执戚而舞，又称“干舞”或“万舞”。那么，“干戚”、“干羽”云云实是一切祭祀舞蹈的统称，则“九韶”也不能离开“干戚”或“干羽”。《墨子·非乐上》曾说夏启在天穆之野也表演了万舞，可知就是“干戚”之舞；而能体现这次祭祀活动之“淫溢”一面的，自然离不了那些执“干羽”而舞的女巫们。进一步来看楚辞《九歌》，其中既有执“干戚”而舞的《国殇》，也有“翾飞兮翠曾”（《䞓》）式的“羽舞”。就是说，无论是原始“九歌”还是楚辞《九歌》，它们的祭祀舞蹈中都包括了舜等所展示的“干戚”之舞和“干羽”之舞。

至此，我们已经看出，三苗部落不但与虞夏之间存在着文化上的交流，甚至可以说，三苗部落全盘接受了虞夏的文化，尤其是巫术祭祀文化。那么，原始“九歌”和楚辞《九歌》就都落在了同一个文化背景之上了，他们共同承继了舜的祭祀仪式（实际上，“九歌”仪式本身就是舜时产生的，详见下节所论），再考虑它们相同的“诞生”地点和相同的名称，则完全可以断定：原始“九歌”就是楚辞《九歌》。由于三苗遗民地处沅湘之间的深山大水之中，文化基本处于与外界隔绝状态，因此，古老的“九歌”才能历千余年而得以基本保留下来。只是千余年的时间跨度和地域环境的改变，会使得这首祭歌在形式上略有改变，但其基本的性质和内容应该依然如旧。

二、“东皇太一”为舜考

如前所证，楚辞《九歌》和原始“九歌”是在同一个文化背景上产生的，而且这两者又是在同一个地理区域出现的，因此，原始“九歌”和楚辞《九歌》之间必然有着渊源相继的关系，如果不考虑千余年来在流传过程中的局部变异，则可以说楚辞《九歌》即是夏启之“九歌”。可以相信，“九歌”的基本内容，即它的祭祀对象和方法不会有什么变化。而夏启和沅湘之间的三苗后裔所共同祭祀的“东皇太一”又能是谁呢？从楚辞看来，此“东皇太一”显然在三苗及其后裔中间享有很高的地位。由于三苗祭祀文化是属于外在移植而来的，因此很容易接受外来的神灵作为祭祀的对象。那么，三苗后裔和夏启都祭祀一个“东皇太一”完全是可能的，也就是说，“东皇太一”是两种文化相交叉的产物。从这一角度出发，本文大胆断定，此“东皇太一”就是大神舜，下面试为证之。

1

首先，大规模举行“九歌”祭礼的是夏启，但“九歌”祭仪却是早在禹时就有了。《史记·五帝本纪》和《说苑·修文》皆云：“禹乃兴九招（韶）之乐。”而“九韶”与“九歌”、“九辩”是三者一体的，则“九歌”亦出现于禹时。又据《吕氏春秋·古乐》：“帝舜乃令质修《九招》、《六列》、《六英》，以明帝德。”此质当与禹同时，应属于舜的下一辈人。就是说，“九招”不成自舜之手，而是由禹、质等完成的；但“九招”之祭仪又与舜有密切的关系，因此后人又称为“舜乐九招”（《汉书·礼乐志》）。此中关系颇耐人寻味，因为舜本人就是大巫师（详论见下），若要祭祀他神，自不必假手他人，唯一的一种可能是此“九招”之乐是祭祀舜本人的，故才有可能被称为“舜乐”，《吕氏春秋》“帝舜乃令……以明帝德”一句即泄露了其中的秘密。

其次，夏启要到“天穆之野”这一特定的地域举行“九歌”之祭，也能帮助我们认识帝舜在这一祭祀仪式中的重要地位。

夏启生于涂山，位于今淮河南岸，远离沅湘之间，他继大禹后成为部落联盟酋长。夏启时，中原部落对三苗之民的征服和文化改造已经完成，两者的冲突已经平息了，那么，夏启为何要远离帝都，来到僻远的“天穆之野”举行如此规模盛大的祭祀活动呢？《国语·鲁语上》云：“有虞氏禘黄帝而祖颛顼，郊尧而宗舜……商人禘舜而祖契。”尧和舜都曾被冠以帝号，成为“帝尧”、“帝舜”，此“帝”在上古有神圣的意味，可见他们在那时是受到隆重祭祀的；而对舜的隆祀一直延续到商代，足见其影响的深远。夏启是承尧舜而下的酋长，有祭祀大神舜的义务。那么，对舜的祭祀应当在何处举行呢？当然是舜死所葬之地最为适宜。传说中舜死葬于南方之苍梧之野。《山海经·海内南经》曰："兕在舜葬东，湘水南。……苍梧之山，帝舜葬于阳，帝丹朱葬于阴。"《大荒南经》曰："赤水之东，有苍梧之野，舜与叔均之所葬也。"《海内经》曰："南方苍梧之丘，苍梧之渊，其中有九嶷山，舜之所葬，在长沙零陵界中。"又《礼记·檀弓上》曰："舜葬于苍梧之野，盖二妃未之从也。"古今学者大多数对舜死葬苍梧之九嶷山无异议，而且，后人还在此设庙祭舜，则苍梧九嶷山是舜的圣地可得确认。《战国策·楚策》云："楚南有洞庭、苍梧。"汉代设苍梧郡，在今广西境内，不过这个苍梧恐怕较古苍梧偏南，此是国土向南扩展的必然结果。因此，可以认定苍梧地在沅湘流域至南的广大地域，而零陵在湘水上。那么，所谓苍梧之野与天穆之野至少在沅湘之间是重合的，也就是说，夏启实际上是在舜所死葬的地方，也就是舜的圣地举行"九歌"祭典的，而"九歌"又与舜乐"九招"实为一体。由此可知，启不远千里而来，以"舜乐"设祭，非为祭舜而何？还可以推想，夏启此次祭祀的目的，其一可能是如《鲁语》所云"郊尧而宗舜"，属于常祀；其二可能是启之创立宗法王朝，为历史上一大变革，在中原部落的经营初见规模的情况下，欲通过祭舜以威慑处于南方的三苗旧民，以求得天下归心；也有可能是为了纪念舜之征服三苗的文治武功，感激先人的开疆拓土之功。

由此可以相信，夏启在天穆之野所演练的"九歌"，也就是本文所说的原始"九歌"是为了祭祀大神舜的。

2

舜对于南方三苗之民来说，既是征服者、统治者，又是本族的文化英雄，故奉为大神亦是在所必然。

在三苗与中原的冲突之中，舜实是一个最为关键的人物。三苗和中原的冲突亦由舜始。《淮南子·齐俗训》云："当舜之时，有苗不服，于是舜修政偃兵，执干戚而舞之。"郭璞在其《山海经·海外南经》注中说得更是清楚："尧以天下让舜，三苗之君非之。帝杀之。有苗之民，叛入南海，为三苗国。"《帝王世纪》云："帝尧陶唐氏……诸侯有苗氏处南蛮而不服。"可见舜的入主中原实是"有苗不服”的根源。舜来自东夷，文化习俗与三苗有很大的差异，自然要受到三苗的抵制。而舜当然也不能容忍三苗对自己的不服和他们“弗用灵”的低级文化状态，于是对三苗的战争就是不可避免的。而更加重要的是，舜对三苗的征服并不仅仅限于武力，他更看重用自己的文化对三苗文化进行有效的渗透，从而把三苗纳入自己的文化共同圈，使之从根本上臣服自己。

舜对三苗之民的征战是不遗余力的。古籍之中多云“舜伐有苗”或“舜伐三苗”[①]，《尚书·舜典》云舜：“流共工于幽州，放驩兜于崇山，窜三苗于三危，殛鲧于羽山；四罪，而天下咸服。”《孟子·万章》中也有这段话；而《左传·文公十八年》曰：“舜臣尧，宾于四门，流四凶族浑敦、穷奇、梼杌、饕餮，投诸四裔，以御螭魅。”唐孔颖达作正义云：“此作所言说《虞书》之事。彼云四罪，谓共工、驩兜、三苗、鲧也。……检其事以识其人……自然饕餮是三苗矣。”可见舜确实对三苗部落发动过残酷的战争，并且将三苗之民从中原赶过江汉之间，一直到沅湘以南，至使“三苗服”。也就是说，舜通过征战使得自己成为天下的共主，《吕氏春秋·慎人》云“溥天之下，莫非王土；率土之滨，莫非王臣”之诗就是出自舜的自许。《尸子》说“舜南面而治天下，天下太平”，这些说法未必可信，但从中我们还是能看出，当时确实有很多部落是遵奉舜令的，而舜经营三苗最久，三苗自不能例外。

但三苗远离中原，舜实际上是不能对三苗进行有效的统治的。那么，《左传·昭公元年》云“虞有三苗”，《淮南子·原道训》云舜“能理三苗”，又作何解释呢？我认为舜对三苗其实是一种文化意义上的领有，也可以说是“教化”的成功。舜对三苗文化的更新、进步，使之脱离原始的“弗用灵”状态，都起着极为重要的作用。舜之所以热心于在三苗建立有神灵的宗教祭祀制度，因为他本身就是一个大巫师。史载，舜的父亲是瞽，而瞽直到周代还从事着巫的职业。《吕氏春秋·古乐》曰：“舜立，命延，乃拌瞽叟之所为瑟，益之八弦，以为二十三弦之瑟。”可见瞽和舜父子都掌握着音乐的本领，而原始音乐与祭祀有着不可分割的关系。《礼记·乐记》、《淮南子·泰族训》及《韩非子·外储说左上》说舜鼓五弦之琴，“以歌南风，而天下治”；《战国策·赵策二》云“舜舞有苗”，此是欲通过巫

① 见《荀子·议兵篇》、《战国策·秦策一》、《淮南子·兵略训》等。

舞来影响三苗。可见舜集乐、歌、舞于一身，当然是一个技术全面的大巫了。事实上，原始部落的大酋长的主要权力就是神权，他也只有在神的名义下，才能行使统治权，因此，大酋长必然是大巫师。那么，大巫师对其他部落的领有，首先必须使之服膺自己的信仰系统，并认可自己的巫术祭祀形式。舜的“有三苗”，实际正是这种意义上的领有。《吕氏春秋·召类》云：“舜却苗民，更易其俗。”《韩非子·五蠹》云：“当舜之时，有苗不服……乃修教三年，执干戚舞，有苗乃服。”也就是说，舜征伐三苗的主要手段还是在于改变它的祭祀制度，因此，舜一再地表演自己的祭祀仪式，“舞有苗”，意在“以变南夷”。显然，舜的这一目的已然达到，他也成了三苗祭祀文化的启蒙者，是三苗部族当然的文化英雄。

舜在南方的业绩，在很大程度上被人们看作是神话，然而如徐旭生先生所言：

> 神话也应当有它自己的来源，必须舜的声威在此地区异常地煊赫，而后关于他的神话在此地区内才能有发生的可能性。[①]

至少当地居民是相信这些事迹的。神话英雄和受祭神灵之间并无确实的界限，舜由此而成为三苗部落主要之大神，成为祭祀对象是势所必然的。

舜死后所葬的苍梧九嶷山，位于洞庭、沅湘之南，此地的三苗后裔在舜死后立庙祭祀，《水经·湘水注》云：“营水出营阳泠道县南山，西流经九疑山下……山南有舜庙，前有石碑，文字缺落，不可复识。”《述异记》云：“会稽山有虞舜巡狩台，台下有望陵祠，帝舜南巡，葬于九疑，民思之，立祠曰望陵祠。”清郝懿行《山海经笺疏》引罗含《湘中记》云：“衡山、九嶷皆有舜庙。”马王堆三号汉墓出土的《古地图》中绘有九嶷山，山西侧注有“帝舜”二字，图中“向南绘了九个柱状符号，向东绘了七个柱状符号”[②]，谭其骧先生撰文称“九条柱状物当系舜庙前的九块石碑”[③]，这是很有道理的。可见当地人民确实是把舜当作大神对待并经常举行祭祀活动的。

---

① 徐旭生：《中国古史的传说时代》，101页。

② 马王堆汉墓帛书整理小组：《长沙马王堆三号汉墓出土地图的整理》，载《文物》，1975（2）。

③ 谭其骧：《二千一百年前的一幅地图》，载《文物》，1975（2）。

舜成为沅湘之间三苗部落的大神在楚辞本身也有证明。《离骚》:“济沅湘以南征兮,就重华而陈词。”王逸注:“重华,舜名也。帝系曰:瞽叟生重华,是为舜帝,葬于九疑山,在于沅、湘之南。”屈原此次南征,对舜陈词,说明楚文化在和南方蛮夷文化的部分融合过程中,也认可了舜的大神身份。此外,楚辞中多处提到“九疑”,其中众神出没,一幅圣地的景象,暗示了舜在神灵之中的崇高地位,这与有关舜的神迹是相吻合的。

我们由此得出结论,沅湘之间、南楚之邑的三苗遗民,亦即当时之濮越民族是崇奉帝舜为大神的。由于舜在当地祭祀文化发展过程中的地位很重要,再加上夏启崇奉舜的影响,舜很可能成为该地区的主神。

3

现在我们可以得出结论:沅湘之间的《九歌》也是祭祀舜的。因为夏启在这一带举行的“九歌”祭仪是祭祀帝舜的,楚辞《九歌》和夏启“九歌”属于同一文化背景,两者一脉相承;更为重要的是,沅湘之间也是尊舜为大神的,则楚辞《九歌》必定是祭祀舜的。

从楚辞《九歌》本身来看,这一点似乎更不成问题,因为在陪祀众神中,赫然有“湘君”、“湘夫人”二神在其中,而此二神为舜妃的传说是早在屈原之前就广为人知的。《史记·五帝本纪》云:“舜年二十以孝闻。……于是尧乃以二女妻舜以观其内,使九男与处以观其外。”《尸子》云:“尧闻其(舜)贤……于是妻之以媓,媵之以娥,九子事之,而托天下焉。”《淮南子》和《吕氏春秋》都有“尧妻以二女”的记载。此二妃后来亦死于南方。《礼记·檀弓》云:“舜葬于苍梧之野,盖二妃未之从也。”《史记·秦始皇本纪》有一段人所熟知的记载很能说明问题:

> (秦始皇)乃西南渡淮水,之衡山、南郡,浮江,至湘山祠。逢大风,几不得渡。上问博士曰:“湘君神?”博士对曰:“闻之,尧女,舜之妻,而葬此。”

秦去战国未远,且又有意保留了方术祭祀类的书籍,博士所言岂能有错。《列女传》云:“舜陟方,死于苍梧,号曰重华。二妃死于江湘之间,俗谓之湘君。”《史记集解》引皇甫谧话云:“或曰二妃葬衡山。”据以上材料，则知舜之二妃大约随舜南征，后于江湘之间而死，后人因舜之故，亦以二妃为一方之神，并加以祭祀。人们还特为立庙，韩愈作《黄陵庙碑》称黄陵庙为古来祠舜之二妃者，而张守节《史记正义》中引《括地志》云：“黄陵庙在岳州湘阴县北五十七里，舜二妃之神。”人们为了博得帝舜的欢心，甚至把九嶷诸峰以二妃的名字命名，《名舆胜览》说九嶷山“有朱明、石城、石楼、娥皇、舜源、女英、箫韶、桂林、杞林九峰，又有舜峰，不在九峰之内”，此虽出自后人，但足见舜妃的传说影响之深远，而对舜之二妃的祭祀必不会太迟于舜。因此，王逸以《湘君》、《湘夫人》二篇为祭祀舜之二妃，甚确。《九歌》祭仪以舜之二妃置于陪祀诸神之列，则所主祭之神只能为舜。

我们已证得《九歌》为祭祀舜而作，则“东皇太一”当为舜。可是舜何以当得“东皇太一”的名号呢？下面就对此名号稍加考辨。

其中“太一”二字最为玄虚，人们殚精竭虑，多方探究，仍无法明了“太一”的神格。事实上，“太一”在汉以前从未被纳入神谱。它首先是以一个形容词而被当名词用的，表示的是“始而又始”、极致的意思，它是逻辑思维发展到一定程度的产物，因此与神并无关系。《老子》云：“有物混成，先天地生。……吾不知其名，字之曰道；强为之名，曰大。”据郭沫若研究，“大”后夺去“一”字，原作“大一”[①]，《老子》一书中出现了不少“大”或“一”的描述，合二者为“大一”实有可能。《庄子·天下篇》有“至大无外，谓之大一；至小无内，谓之小一”句，此“大一”即后之“太一”，可见“大一”之名全是老庄的发明，并非外借。“大一”演化为“太一”或“泰一”，也是人们为了求得概念更加玄妙，更加精致的结果，同样得益于哲学家们对宇宙本体的思考。《吕氏春秋·大乐》云：“太一出两仪，两仪出阴阳……万物所出，造于太一，化于阴阳。”《淮南子·本经训》云：“太一者，牢笼天地，弹压山川，含吐阴阳，伸曳四时，纪纲八极，经纬六合。”此“太一”仍为纯思辨意义上的概念，但是在社会思辨能力还不够发达，知识分类还不够明显的情况下，过于动态的描述，以及它的广为人知，使得“太一”一词极容易被人理解为具有神格。此外，星相学家在战国秦汉时期陡然兴起，他们除了神话人物外，还将一些祭名、自然现象和哲学

① 参见郭沫若：《先秦天道观之进展》，见《青铜时代》，37页，北京，科学出版社，1956。

名词也编入星系，如“五行”、“摄提”、“五括”等等，“太一”也赫然在其间，《史记·天官书》云“中宫天极星，其一明者，太一常居也”，即星相学家的产物，“太一”由此而有可能成为至尊神。但此时之“太一”仍没有具体的神格，如《史记·秦本纪》载王绾等奏曰：“古有天皇，有地皇，有泰皇，泰皇最贵。”此泰皇即相当于人皇，《封禅书》作“天一、地一、太一”；“天皇”、“天一”等名号显然得之于当时人的想象，并无具体神格可言，则“泰皇”、“太一”何能例外。及至汉武帝时，专制统治趋于稳定，从理论上不允许五帝并立，恰巧亳人谬忌奏祠太一方，曰：“天神贵者太一，太一佐曰五帝。古者天子以春秋祭太一东南郊，用太牢，七日，为坛开八通之鬼道。”（《史记·封禅书》）武帝依奏，太一遂成为至尊神。从当时的思维方式来看，“太一”由形容词而哲学概念、而星相、而上帝，也是“太一”本身的内涵和逻辑发展的必然，故并无人提出异议。

由此可知，《九歌》中的“太一”不可能拥有具体的神格，“太一”一词也不可能是自夏启流传下来的。“太一”被附在“东皇”之后，用的是它的“至大无外”的本意，也可以理解为“至尊”、“至上”，其实是为了尊崇、形容“东皇”的，它只有修辞上的意义，而无神话学的意义。老、庄都是楚人，故楚人对“太一”一词必是很熟悉的，后世传播者或整理者，也可能是屈原，为了突出“东皇”的地位而加上“太一”一词。所以，要了解“东皇太一”的神格，主要应考虑“东皇”二字。

舜之所以被称为“东皇”，首先就是由于舜是东夷之人而入主中原的。

《史记·五帝本纪》言舜为黄帝第九代孙，古今学者，如罗泌作《路史》、崔述作《唐虞考信录》等都辨其为非，可置之不论。从现有史料来看，可以将舜的世系追踪到虞幕，《左传·昭公八年》云：“自幕至于瞽瞍，无违命，舜重之以明德，置德于遂。”汉代刘耽《吕梁碑》谓“颛顼生幕，幕生穷蝉，穷蝉生敬康，敬康生乔牛，乔牛生瞽瞍”，则将颛顼视为舜祖；而《国语·鲁语上》云：“幕，能师颛顼者也，有虞氏报焉。”则以为虞幕与颛顼同时，故颛顼不可能为舜祖。有虞氏名号亦从虞幕而来，《国语·郑语》曰：“虞幕能听协风，以成乐物生者也。”此“听风”当是先人以风向辨时授时之意，东方季风明显，“听风”当自东方部落始，故东夷部落多有以风为图腾而姓风者。《左传·僖公二十一年》："任、宿、须句、颛臾，风姓也，实司太皞与有济之祀。"何光岳先生据此推断说："所谓'能听协风'，即能够使鸟夷各族的风部落听从指挥，则虞幕为鸟夷联盟部落酋长无疑。"① 这是极有见地的。舜祖为东夷人，舜亦然。《孟子·离娄下》云："舜生于诸冯，迁于负夏，卒于鸣条，东夷之人也。"诸冯，传说在今山东菏泽县南五十里。据刘藻《曹州府志》卷四《舆地志》记载："姚墟在濮州东南九十里，《援神契》曰：'舜生姚墟。'应劭曰：'姚墟与雷泽相近，后世称为姚城。'"② 濮州即今之河南濮阳，在菏泽西北不远，则姚墟即诸冯。《墨子·尚贤中》云："古者舜耕历山，陶河濒，渔雷泽，尧得之服泽之阳，举以为天子。"据《曹州府志》载："雷泽城，在（濮）州东南六十里，本汉成阳故城，古之郕伯国也。"则雷泽城在诸冯之北；《清一统志》卷一四四曹州府引《水经注》云："雷泽西南十里许有小山，孤立峻上，亭亭杰峙，谓之历山。"朱启凤作《辞通》以为服泽即孟子之负夏，因负、服同音，泽古写为臭，夏为之臭误。③ 负夏或为小湖，故又称夏泽，《尚书·禹贡》言"雷、夏既泽"，当是雷泽与夏泽紧连，今人谭其骧主编《中国历史地图集（战国·齐鲁宋）》于菏泽北绘"雷夏泽"，与历山相连，当是根据以上证据。今河南省最东边与山东省交界处之虞城县，秦汉时名虞县，通常被认为是有虞氏故地，也与上所说舜之故地相近。由此可知，舜早年活动的地方集中于今山东之西部，为东夷之地，则舜为东夷之人已无可怀疑。此后舜势力渐大，迁往中原，都蒲坂，再南下，一些地名也随之而他移，给后人正确辨别舜的发祥地带来不少麻烦，如《读史方舆纪要》就误以为舜生于山西垣曲县东北五十里之诸冯山。

舜的身份既为东夷之人，其入主中原后自然受到了很多部落的强烈的抵制，其中就有鲧、共工、三苗、驩兜等，舜在铲除了敌对势力后，举用了皋陶、伯夷、夔、益等东夷族众，终于奠定了东夷在中原的统治地位。因此，属于中原部落的禹或质受命为舜作九招之祭祀礼乐时，理所当然要尊崇其为"东皇"了。

---

① 参见何光岳：《东夷源流史》，134页，南昌，江西教育出版社，1990。

② 何光岳：《东夷源流史》，167页，南昌，江西教育出版社，1990。

③ 朱起凤：《辞通》，2565页，上海，上海古籍出版社，1982。

4

近有学者据“东皇”之方位特征，指出“东皇太一”实是春神之化身。此论不为无据，因为中国上古的节令概念实得之于季候风，亦即风向的变化，此种思维影响至为深远，后世之五行相配观念即由此而产生。因此，上古之春神通常由东方神统属或替代。如《礼记·月令》云：“孟春之月……其帝大昊，其神句芒。”大昊是东方部落或部落首领的名称，实为东方之神，《尚书大传·洪范》云：“东方之极，自碣石东至日出榑木之野，帝太皞神句芒司之。”如此，则《九歌》之“东皇”被认为是春神完全有可能。下面将对此作进一步的论证，以发凡“东皇”以及《九歌》的祭祀功能和神话学意义，并为“东皇舜说”提供更进一步的证据。

在传说中帝舜、帝喾、帝俊常常交织在一起，《山海经》特多其例，郭璞作注时就径称“俊亦舜字假借音也”，今人袁珂的《山海经校注》亦以三例以证舜即帝俊：

> 《大荒南经》“帝俊妻娥皇”同于舜妻娥皇，其据一也。《海内经》“帝俊生三身，三身生义均”，义均即舜子商均［《路史·后纪十一》：“女罃（女英）生义均，义均封于商，是为商均。”说虽晚出，要当亦有所本］，其据二也。《大荒北经》云：“（卫）丘方圆三百里，丘南帝俊竹林在焉，大可为舟。”而舜二妃亦有关于竹之神话传说，其据三也。①

此外，郭沫若作《中国古代社会研究》谓帝俊之妻娥皇、羲和、常羲，即《大戴礼祀·帝系》之舜妻女匽。《列女传》之女英，“古音英常同在阳部，匽与羲仪则歌元阴阳对转，是则帝俊与帝舜写为一人。”② 而王国维则根据《山海经》所记帝俊事迹证其为帝喾，《卜辞中所见先公先王考》：

> 《大荒车经》曰：“帝俊生仲容”，《南经》曰：“帝俊生季厘”，是即《左氏传》之“仲熊”、“季貍”，所谓“高辛氏之才子”也。《海内经》曰“帝俊有子八人，实始为歌舞。”即《左

① 袁珂：《山海经校注》，345页，上海，上海古籍出版社，1980。
② 郭沫若：《中国古代社会研究》，224页，北京，人民出版社，1982。

氏传》所谓“有才子八人”也。《大荒西经》：“帝俊妻常羲生月十有二。”又《传记》（按：即《帝王世纪》）所云“帝喾次妃诹訾氏女曰常仪，生帝挚”者是也。[①]

是帝俊在传说中又时常等同于帝喾。因此，帝舜在有些时候又和帝喾不能分别，如《礼记·祭法》云：“殷人禘喾而郊冥，祖契而宗汤。”而《国语·鲁语》则云：“殷人禘舜而祖契。”郭沫若先生又补充楚辞二例以说明帝舜为帝喾，并据上文诸说得出结论曰：“其在殷人则只知有上帝＝帝俊＝帝舜＝帝喾＝高祖夒而已。……由高祖夒一人乃化为帝俊、帝舜、帝喾三人。”[②]

据上所论，则可判断帝舜即是帝俊或帝喾。然而奇怪的是，它的反证同时也存在，就是说也有充足的理由可以认定此三者并非一人，如徐旭生先生作《中国古史的传说时代》就仍举《山海经》之例以证其非，同样使人信服。[③] 因此，我们是不是可以这样认为，舜并不就是帝俊或帝喾，三者各有其人，但舜在传说中却经常地、部分地和后二者相混，而这一现象显然不是偶然的，其中有着某种内在的规律。

那么如何解释这一现象呢？首先必须明白的是，这一现象不是一个历史或史料方面的问题，它应该是一个神话学的问题。

东方民族以鸟或风为图腾，后来此二者在神话中统一于“凤”之上，故中国凤鸟神话甚为发达，东方民族的主神应该是鸟形的。因此，其传说中的人物如太昊，《山海经·海内经》就说他生有“咸鸟”；在神话谱系中紧接其后的少皞，在其立位之时，“凤鸟适至，故纪于鸟，为鸟师而鸟名”（《左传·昭公十七年》）；至于受到后人公认的东方大神句芒，其形象为“鸟身，人面”（《山海经·海外东经》）或“鸟身，素服，玄纯，面状正方”（《墨子·明鬼篇》）；甚至远到商代的王亥，《山海经·大荒东经》载其“两手操鸟，方食其头”。这种现象如何解释呢？文化人类学家在搜集了大量原始材料的基础上，提出了“互渗”的概念，认为，在原始人的思维或曰神话思维中，他们会自觉认同于本族的图腾或其他神圣之物，有时甚至不能分别自己和所信奉的神物，这就是“互渗”。[④] 以上材料显示，

① 王国维：《观堂集林》，412～413页。
② 郭沫若：《中国古代社会》，226页。
③ 徐旭生：《中国古史的传说时代》（增订本），67～72页。
④ 参见［法］列维-布留尔：《互渗律》，见《原始思维》。

在先民眼里，东方部落酋长如太皞、少昊，甚至王亥也都与自己的鸟图腾发生了“互渗”，从而在后人的眼里，他们都成了鸟形东方大神。也就是说，在神话时代，这一东方大神并不是唯一的，它的神性在不同的时代可能由不同的人物分享。这些拥有东方大神神性的人，一般说来都是历代的部落酋长，他们在生前拥有祭祀部落主神的特权，因此他们在某些时候成了大神的代言人，或干脆就是大神本身。另一种原因可能是，他们在死后享受着后代的祭祀，并在神话传说中逐渐等同于东方大神，这与他们生前在人间的地位相应，因此，他们在传说中也有了前任大神的各种特征。

明乎此，我们再来看上文提到的喾、俊，他们显然也是不同时期的东方部落酋长，但在传说中他们也是东方大神。《初学记》引《帝王世纪》云：“帝喾生而神异，自言其名曰夋。”夋即帝俊之“俊”，俊之本意或为鸟，或为风。《山海经·大荒东经》：“东方曰折，来风曰俊。”《夏小正》：“正月，时有俊风。”四方风名在甲骨文中亦有表现，“风”被写作“凤”，甲骨文学家认为“风”义假借鸟形之“凤”来表达。此实是误解，风为一种常见而极为重要之自然现象，应该首先在文字中得到体现，不该假借一种鸟名。事实上，在商代或更早的时候，在人们的意识中，风不仅是一种自然现象，还带有神圣的意味，尤其是东方部落所认识的季风，它在指导人们的日常生活中有着极其重要的意义，因此被看作是一种神示或干脆就是神。于是，在东方鸟图腾部落中，风就和神圣之凤合为一体了。甲骨文“帝使凤”，按当时人的理解，说的既是神鸟，又是风，它们同是天帝的使者，并无区分它们的必要，这是符合原始思维的规则的。因此，“来风曰俊”也就是“来凤曰俊”，“夋”或“俊”是风名和鸟名的混合体。王逸注《楚辞·九叹·远游》之“从玄鹤与鷦明”云：“鷦明，俊鸟也。”俊鸟又作鵕鸟、鵔，《山海经·西山经》云：“鼓亦化为鵕鸟。”是说帝俊之名实含有东方鸟图腾和风图腾意味，也就是说，帝俊、帝喾亦曾被认为鸟形东方大神之化身。那么，当帝舜亦被认为是东方大神之时，在传说中他和与其前后为神的帝俊、帝喾发生“互渗”关系，就不难理解了，帝舜和他们在很多神迹上的相同，即是这种“互渗”的体现。不仅如此，舜还直接和鸟图腾之间发生“互渗”，在《山海经》、《尚书·益稷》等中，舜的出现通常和凤联系在一起，王嘉《拾遗记》卷一载：“舜葬苍梧之野，有鸟如丹雀，自丹洲而来，吐五色之气，氤氲如云，……此鸟能反形变色，集于峻林之上，在木则为禽，行地则为兽，变化无常。”如此，则舜领有东方大神之神格是毫无疑问的。

舜既和他的祖先太昊、句芒一样拥有神鸟的特征，并且和先代的东方大神俊、喾有了互渗的关系，也就是说，舜的事迹已经被认同为东方大神之神迹，被后人认为是东方大神，那么，以“东皇”的名义祭祀舜，并且也只有舜才能在沅湘之间领有“东皇”的神格，就是无可争辩的事实了。同样，由于东方在原始思维中还兼有春天的含义，“舜”之为训，“草也……蔓地连华”（《说文解字》），正如“重华”之名一样，皆是春天之象征，故亦可称舜为春神。

三、《九歌》祭仪杂考

关于《九歌》祭典的基本形式，历史上争论很多，形成了几种有代表性的观点。现在看来，除了“寄托说”和“汉人创作说”不能成立外，“民间祭歌说”和“楚郊祀歌”说都很有影响。本节在前文的基础上，首先对这一问题作进一步的申述，希望有助于问题的解决。

“民间祭歌说”实际仍是源于王逸的注释：

> 《九歌》者，屈原之所作也。昔楚国南之邑，沅、湘之间，其俗信鬼而好祠。其祠，必作歌乐鼓舞以乐诸神。屈原……出见俗人祭祀之礼，歌舞之乐，其词鄙陋，因为作《九歌》之曲。

对这段话的通达的理解，就是现存《九歌》原出于南郢民间，屈原对其作了加工和记录。宋代朱熹作《楚辞集注》就对此点作进一步的发挥，云：“蛮荆陋俗，词既鄙俚，而其阴阳人鬼之间，又或不能无亵慢淫荒之杂。原既放逐，见而感之，故颇为更定其词，去其泰甚……”他们虽过分强调了《九歌》的寄托观点，但基本上说来，还是认为《九歌》原是沅、湘之间民族的祭祀歌谣，屈原仅是作了词曲上的加工，无改于《九歌》的本来面目。这一观点在现代得到了充分的发挥，胡适先生的《读楚辞》在70年之前就断言：“《九歌》与屈原的传说绝无关系，细看内容，这九篇大概是最古之作，是当时湘江民族的宗教舞歌。”[1] 当代亦颇有一些学者从文化人类学、民俗学的角度，甚至通过田野调查的方法，认定《九歌》为民间的原始祭歌，这一说法的影响越来越大。

认为《九歌》为楚国王室郊祀歌的观点也有其难以否认的根据。清人林云铭作《楚辞灯》云：“余考《九歌》诸神，悉天地云日山川正神，国家之所常祀。”又清人吴景旭《历代诗话》中《楚辞·九歌》云：“详其旨趣，直是楚国祀典，如汉人乐府之类，而原更定之也。”所据大抵是《九歌》中所祀之神皆身份高贵，非楚王无由祭之。闻一多先生在此基础上，又比照汉代《郊祀歌》作《什么是九歌》宣布云：“根据纯宗教的立场，十一章应改称‘楚郊祀歌’，或更详明点，‘楚郊祀东皇太一乐歌’，而《九歌》这称号是只应限于中间的九章插曲。”[2] 嗣后孙作云作《九歌非民歌说》，继续阐发《九歌》与汉《郊祀歌》之间的关系，使得“楚郊祀歌”终成一家之说。今人颇有据楚之历史背景，具体推断《九歌》于何时为某事受楚王之命而作者，或详论《九歌》之具体结构，认定其创作之现实目的者，所论皆肇始于楚国家祭典或云楚郊祀歌之说。

以上两说影响既大，则自有其可以立论服人之证据，不该轻易置之不理。综合而言，“民间祭歌说”从《九歌》的祭祀形式、歌谣的语言特点出发，认定“亵慢淫荒”不符合当时的正式祭典；而国外文化人类学著作所提供的有关原始部落的调查材料也能说明“亵慢淫荒”是原始性的固有特征，两相参照从而认定《九歌》为原始的民间祭歌，自是在情理之中。国家祭典或“郊祀歌说”，主要从《九歌》诸神的身份和《九歌》整体结构出发，认为如此高规格的并且是十分完整有序的祭祀仪式，显示了某种严密的组织性，民间祭祀歌谣不可能具备这一特点，而汉《郊祀歌》又恰好提供了一个完美的范本，这使得此说更有说服力。有人认为汉《郊祀歌》是后人仿《九歌》所作，不应该作为论证《九歌》的证据；我认为，即使如此，也能说明《郊祀歌》的作者和它的使用者是认可《九歌》作为国家祭典的功用的。因此，上述两方面的论据都是无可辩驳的。但是，一个完美的解释必须对上述两种说法都要负责，也就是说，必须同时容纳两方面的证据，才能使人信服。

我认为，通过本章上两节的论述，这一问题已经基本得到了解

---

① 《胡适文集》，76页，北京：北京大学出版社，1998。

② 《闻一多全集》，第一卷，269页，北京，三联书店，1982。

决。也就是说，《九歌》从其起源和流传的过程而言，它首先是最高级别的祭典。因为它是在舜的授意之下，由禹或质编撰，最终通过夏启的运用而使之定型、流传的，故《九歌》在其成立之初，在规模上相当于后世的国家祭典。那么，它以祭祀东方至上神东皇即舜为主，辅之以其他“云日山川之神”，则自是必然。就其产生的时间而言，远在虞夏之际，整个社会事实上处于原始时期，是不可能从形式上区分“国家”祭典和民间祭典的，所以不能用春秋、战国时代的中原礼仪来加以衡量。就是说，处于夏启时代的《九歌》祭典不但可能是“亵慢淫荒”的，而且也必然是如此的，否则就无所谓社会发展了。其次，就《九歌》所流传的地域和民族而言，处于沅湘之间的三苗后裔直接从夏启那里继承了这一祭典，而较为封闭的自然环境，又为这一活化石的保留创造了良好的条件，使其能一直流传至战国时代。在这一绵延千年的流传过程中，《九歌》不可能不和当地的风俗习惯相融合，我们前文对《越人歌》等的分析说明了这一点。还可以进一步推测，楚南郢之邑、沅湘之间的濮越民族，即三苗后裔，他们的文化经过舜禹等的改造，所具有的风俗习惯与夏启时的中原应该没什么两样。经过商、周时期的文化发展，中原的风俗习惯已经面目全非，反视濮越等为他族陋俗，遂生出隔膜。也就是说，如果不考虑时间流逝可能会部分地改变祭祀仪式的话，沅湘之间的《九歌》祭祀形式，很可能如实地反映了夏启时的诸种特点。如此，从历史的眼光来看，《九歌》的同时具有“国家性”和民间性的特点，不是完全可以理解的吗？

鉴于以上的论述，我们可以明白，《九歌》中为什么会有祭祀“河伯”的篇章。楚昭王曰：“三代命祀，祭不越望，江、汉、睢、漳，楚之望也，祸福之至，不是过也。不谷虽不德，河非所获罪也。”（《左传·哀公六年》）说明楚国是不祭祀河神的。而地处楚之南的沅湘之间，更是远离黄河，也无理由祭祀河神。后人对此百般附会，却终究不得其解。今知《九歌》原是夏启祭祀帝舜之仪式，以虞夏和黄河的关系，用河神配祀东皇实属情理之中，则这个问题就可以迎刃而解了。此外，“湘君”、“湘夫人”的问题，我们前文已经论及，兹不赘说。

《九歌》之名，我们已知是得自虞夏时期，但其命名之法，已无从考察。后人多从“九”字着手，将其中两篇合为一篇，实为削足适履。比较而言，以闻一多先生的说法更为畅达。他认为，《九歌》

主祭东皇太一，《礼魂》为送神曲，中间九篇九神出场的目的是为了娱乐“东皇太一”的，而《九歌》就因此九神而得名。这里涉及“东皇太一”和其他诸神的关系，事关整个《九歌》的祭祀方式，我们在此略加讨论。

主神东皇的突出地位在《九歌》中是有所表现的。通过比较，我们发现《东皇太一》歌辞既短，且描写亦嫌空泛，内容主要铺陈祭祀场面庄重、繁华，丝毫不言及“东皇”的形象和神迹，以至有人认为《东皇太一》只是迎神曲而已。这一点最与其他诸篇不同，也足以说明“东皇”之不同于他神。根据《礼记·郊特牲》的记载，古人祭祀分为两个阶段，前一阶段在庙堂之上举行，后一阶段在庙门之外举行，前者谓之直祭，即正祭；后者谓之索祭，即配祭。关于庙堂云云当然有后世的文化因素，但其中必有前代之文化遗留。在未有庙堂之前，则丘、坛、台等小块高地皆为祭祀之圣地，相当于后世之庙堂，而大规模的狂欢性祭祀活动只能在丘下之开阔地域或河上举行。那么对主神的祭祀当在丘、坛、台等上进行，故有华美之陈设，其气氛自是庄重的，主祭者为大巫一人而已，形式则当以供奉礼器、荐馨、献飨、奠酒、祝祷为主，台下有众巫之安歌浩倡，致其礼敬之意。《东皇太一》云：

瑶席兮玉瑱，盍将把兮琼芳。
蕙肴蒸兮兰藉，奠桂酒兮椒浆。
扬枹兮拊鼓，疏缓节兮安歌，陈竽瑟兮浩倡。
灵偃蹇兮姣服，芳菲菲兮满堂。
五音纷兮繁会，君欣欣兮乐康。

正是反映了上述祭祀情形。就是说，《东皇太一》祭仪相当于后世之“直祭”，东皇是此次祭祀的主神。而且，东皇之后被人冠以“太一”名号，也说明当时的人是认可东皇在此次祭祀中的至尊地位，并有意以此来和他神区别开的。

那么，其他诸神的出现显然就意味着直祭之后的索祭。《礼记·郊特牲》云：“直祭祝于主，索祭祝于祊。不知神之所在，于彼乎于此乎？或诸远人乎？祭于祊，尚曰求诸远者与。”概括言之，所谓“索祭”，它实际是一种配祀形式，它所祀的鬼神的身份低于主神，还不能与主神共居一坛或一庙，故须在坛下或庙外祭祀；它们所居或远或近，因此祭祀者须到处寻找和迎接，所谓“路漫漫其修远兮，吾将上下而求索”一句，即反映了这种祭祀的情形。从《九歌》中可以看到，对其他九种鬼神的祭祀，有着明显不同于《东皇太一》的两个特点：一是都用迎祭的形式，朱熹《楚辞辨证》所概括的“或以阴巫下阳神，或以阳主接阴鬼”，就是《九歌》迎神的方法。于是就有巫觋扮装成神灵，远道而来；或是巫觋苦苦召唤，急切期待。而神灵稍一露面又匆匆远逝，因为他们只是来受飨而已，坛台内外并非他们久留之地。其二是祭祀内容的“亵慢淫荒”又与《东皇太一》不同。因其是在坛、台等圣地之下举行，有巫觋和众人的广泛参与，因此索祭有着明显的狂欢性，根据原始模拟巫术的逻辑，自然免不了“亵慢淫荒”之举。屈原因此指责曰：“启九辩与九歌兮，夏康娱以自纵。”（《离骚》）那么，当屈原接触到原始“九歌”并打算把它载录下来时，自然会因嫌其“鄙陋”而“去其泰甚”，致使《九歌》成了一首首哀婉优美的爱情歌谣。

《礼记·郊特牲》虽然晚近，但这种祭祀方法应该较为古老，并且曾是祭祀的普遍形式。周代严密社会等级，祭祀制度宗庙化，这种祭祀方式自然不再合适，于是“索祭”为配祀制度所代替，一神配祭一帝，或以祖神配天帝，带有明显的政治色彩。但在楚地，变化似乎没有如此之大，《高唐赋》云：“醮诸神，礼太一”①，仍以诸神与主神一同祭祀，且各有等级；至汉代作《郊祀歌》，“太一”被定格为最高天帝，与“东皇”等脱离关系，但祭祀形式仍是仿照《九歌》，邀请诸神“合好效欢虞太一”、“九歌毕奏斐然殊”，则诸神由索祭之对象，变成了“被请来助祭或助兴的陪客”②，其原始色彩已经荡然无存了。

1

《九歌》中最令人费解的要算是《国殇》一篇了。《国殇》中并无特别的神灵受到祭祀，通篇好像是在描写一场残酷的战争，因此，一般的学者从楚国的政治背景和屈原的忠爱之心出发，认为此篇是祭祀楚国的阵亡将士的。“祭祀阵亡将士”确实与《国殇》大有关

---

① 有人据“昔者楚襄王与宋玉游于云梦之台”一句，而否认《高唐赋》的作者是宋玉，理由似嫌不足，古人作文自称己名者往往有之，汉代赋作皆有主名，托名现象很罕见，因此，即使有人托宋玉之名为文，亦当在汉代初期，需熟知楚之传说与宋玉事迹。

② 闻一多：《〈九歌〉的结构》，载《中国社会科学》，1980（4）。

系，但这几个字还不能道尽此节祭祀的全部含义。

首先，《国殇》为什么恰好在全部祭祀仪式之末出现呢？《周礼·春官·大司乐》曰："《九德》之歌，《九磬》之舞，于宗庙之中奏之，若乐九变，则人鬼可得而礼矣。"所谓"九德之歌"就是古之"九歌"，也就是说，《周礼》所认识的"九歌"确有九个乐段，或说九个部分，而它的第九段是祭祀"人鬼"的。看来这是"九歌"祭祀的固有格式。那么，如前所论，"九歌"的得名正是来自除了东皇之外的九神，前八篇所祭皆是天地山川之神，《国殇》排在第九的位置，所祭又恰是人鬼。这些皆与《周礼》所言斑斑相合，实属仪式之固然，并非辑集者随意为之。

"殇"，洪兴祖补注引《小尔雅》曰："无主之鬼谓之殇。"又戴震《屈原赋注》云："殇之义二：男女未冠笄而死者，谓之殇；在外而死者，谓之殇。"戴说第一义源于孔子勿殇童子汪踦之事，依《左传》言，汪踦是公为之嬖童，随公为战死，大概家中没有亲人，而又算不得公为一族，故鲁人欲以无主之鬼祭之，即"殇之"。孔子为表彰汪踦为国而死之精神，以其为公为一族，曰"可无殇也"。故以殇义为未成年而死者实是误解，且未成年云云与《国殇》文意无涉。第二义亦无据，所谓"在外而死者"，即野死，而"无主之鬼"也可称野死。因此，"殇"义仍以《小尔雅》之说为好。

历来注家皆言"国殇"就是"死国事者"，这又是望文生义之论。"无主之鬼"在上古又称为"厉"或"厉鬼"，因为得不到后代的祭享，所以常常作祟于生人，成为社会的公害。《左传·成公十年》记载了一例厉鬼作祟之事：

> 晋侯梦大厉，被发及地，搏膺而踊。曰："杀余孙，不义。余得请于帝矣。"坏大门及寝门而入，公惧，入于室。又坏户。

"大厉"之孙被杀使得它得不到祭祀，成为"无主之鬼"，故出来向晋侯报复，晋侯竟无奈其何，险些被杀，可见其为害之烈。昭公七年，郑国又有死者伯有作祟，先后祟死仇人驷带、公叔段，使得国人大惧，子产立伯有之子良止为大夫后，伯有才停止作祟。伯有严格说来还算不得是"无主之鬼"，他之所以作祟大概是因为对他的祭祀规格不够标准，直到他的儿子以大夫之身份祭祀他时，他才满足。子产解释说："鬼有所归，乃不为厉，吾为之归也。"那么，那些因为没有后代祭祀而成为真正的“无主之鬼”，又如何使之“归”呢？那就是由社会对之进行公祀，使它不能为害社会。所以历代都很重视对“无主之鬼”的祭祀，特设有专门的祭祀制度。虞夏时如何，已不可得知了，仅就周代而言，据《礼记·祭法》，王为群姓所立七祀中有“泰厉”，诸侯为国所立五祀中有“公厉”，大夫所立三祀中有“族厉”。所谓“泰厉”就是指对普天下的厉鬼进行祭祀，“公厉”的范围在一国之内，“族厉”则仅限于本族之“无主之鬼”了。从这里可以看出，在各个等级的祭祀中，都有“无主之鬼”的位置，可见人们试图在祭祀之时不丢下一个“无主之鬼”，以保证社会的安宁。

“九歌”作为一个大型的祭祀仪式，是否也对“无主之鬼”进行祭祀呢？我认为是的。《礼记·郊特牲》关于索祭的解释可为我们提供一些暗示：“索祭祝于祊。不知神之所在，于彼乎于此乎？或诸远人乎？”所谓“远人”当是指不知所在的人鬼；又云：“合祭万物而索飨之”，“万物”也是指一切的鬼神，当然也包括“无主之鬼”。所以，在《九歌》中出现对“无主之鬼”的祭祀也是可能的。结合以上所论，我以为“国殇”的具体含义就是《礼记·祭法》之“泰厉”或“公厉”，属于国家祀典，它包括“死国者”，但又远远不限于“死国者”，它是要对一国之内所有无主之鬼进行公祭，所以称为“国殇”。这一祭祀形式一直在民间延续着，不过它既强调“无主之鬼”，也看重“横死之鬼”。如南通地区的僮子在做会的坛门外挂上十二道“孤魂”的牌位，表示祭祀或超度，内容包括历代社会各阶层的人物，从帝王将相至盲聋囚人，应有尽有。至于永康地区的醒感戏有《逝女殇》、《溺水殇》等“九殇”，其目的也是对这些孤魂野鬼进行公祀，免其作祟害人。① 民间祭祀结合佛教而成的目连戏，其宗教功能就主要是追荐亡魂和驱灾逐疫，它在民间一直有着很大的影响，目连戏的观念显然也是根源于“无主之鬼”能危害社会的意识，它是对古代“国殇”祭仪的发展。这些后代民俗反过来也能帮助我们理解《国殇》的性质。

那么，古代对“无主之鬼”的祭祀形式又是怎样的呢？驱攘厉鬼的巫术祭祀仪式在古代又叫“傩”，《礼记·月令》云：“季春之月，命国傩，九门磔攘，以毕春气。”郑玄注曰：“春傩，难阴气

① 参见姜彬主编：《吴越民间信仰民俗》，73页，上海，上海文艺出版社，1992。

也。……此月之中，日行历昴，昴有大陵积尸之气，气佚则为厉鬼，随而出行，命方相氏帅百隶索室驱疫以逐之。”所谓“国傩”就是“泰厉”，也是“国殇”。“磔攘”当作“磔禳”，即是将狗、鸡等牺牲刳剔干净，撑开腹腔，悬于城门之上，以禳灾避邪。这大概是一种普遍的习俗，还不是真正的“国傩”仪式。真正的“国傩”仪式应该是郑注所说的“方相氏帅百隶索室驱疫以逐之”，《周礼·夏官》对“方相氏”之仪式有较为详细的记载：

> 方相氏掌蒙熊皮，黄金四目，玄衣朱裳，执戈扬盾，帅百隶而时难（傩），以索室敺（驱）疫。大丧，先柩。及墓，入圹，以戈击四隅，敺（驱）方良。

“方相氏”在周代是掌驱厉的巫官，他戴着绘有四目的面具，蒙着熊皮，全副戎装，率领着人进行“傩”的表演。他戴的面具古人又叫“倛”或“倛头”，《说文解字》曰：“丑也，今逐疫有头。”现在出土有商代的铜面具，甲骨文中也有“倛”字，作戴面具之形。可见“傩”的来源很久，并不是周代才有的。此外，在近年发掘的曾侯乙墓的内棺两侧，各绘有六名头戴兽头面具，手执双戈戟的方相氏，因此知道《周礼·夏官》以“方相氏”仅为领祀之官并非当时的普遍情形，大约所有参加“傩”祭的巫觋都是方相氏。“索室驱疫”就是对室内的厉鬼进行索祭并驱赶。“大丧”云云指的是具体在出殡时的驱厉仪式，与本文无涉。

以狰狞之面具驱赶厉鬼，这是个在世界各地都通行的巫术仪式；而傩戏至今仍在我国南方的某些地区延续着，很有生命力。最使我们感兴趣的是方相氏舞傩的方式：他们既“执戈扬盾”，又有百余人之行列，因此他们在仪式中必然要表演某种战争情景。先秦时代的傩祭仪式虽已无法详考，但汉代的傩祭仪式却可以为我们提供足资参考的证据。张衡《东京赋》中就提及了当时的傩祭情形：

> 卒岁大傩，殴除群厉。方相秉钺，巫觋操茢。侲子万童，丹首玄制。桃弧棘矢，所发无臬。飞砾雨散，刚瘅必毙。煌火驰而星流，逐赤疫于四裔。

这一段精彩的描述准确无误地显示了汉代的傩祭的确是由方相氏、

巫觋并侲子们十分认真地模拟一场激烈的战争。战争是驱除敌人的最好的方法，也是唯一的方法，那么古人在祭祀凶恶的厉鬼时，模拟战争的形式，的确是顺理成章的。而且，对厉鬼的祭祀从来就是软硬两手并举的，既要用战争形式来恐吓厉鬼，同时又要对“亡者”进行安抚，以此来使所有的“无主之鬼”安宁下来。本此，我们再来理解《国殇》一文，不是可以豁然而通吗？

《国殇》对战争的描写是极为经典的，但《国殇》中的战争是一次祭祀事件，它仅是对战争的模拟，和方相氏的“执戈扬盾”与汉代“卒岁大傩”中的战争是毫无区别的，目的是安抚、驱逐厉鬼。可以看出，《国殇》所关心的不是敌我的胜负，不是战争的结果，它似乎是刻意在渲染勇士之死亡。也就是说它更感兴趣的是死者而不是生者，尤其是最后几句：

带长剑兮挟秦弓，首身离兮心不惩。
诚既勇兮又以武，终刚强兮不可凌。
身既死兮神以灵，子魂魄兮为鬼雄。

这简直是对鬼魂的赞歌，显然是对这些“无主之鬼”的安慰之词，以最终达到驱逐之的目的。就《国殇》而言，残酷的战争既是恐吓又是安抚，它的战争仪式是约定俗成的，总之，它是对“人鬼”尤其是对“无主”之厉鬼的公祭，是《九歌》索祭中的最后一个有机环节。

2

《九歌》之主要内容，以记录招神过程为主；而招神的方法，如朱熹所言，“或以阴巫下阳神，或以阳主接阴鬼”，亦即以男女之情相诱，苏雪林女士以“人神恋爱”① 概括之，颇为生动。这种招神方法显然是初民根据模拟巫术的思维方式，通过对自身经验的总结而创造出来的。我们还可以进一步推测，在美妙的爱情歌词之下，必然还掩盖着放荡和情欲，所谓“一国之人皆若狂”，即显示了祭祀季节的放纵情景。这种实在的爱情模拟是招神的一个重要方法，但不是唯一的方法，如乐舞表演在祭祀中也有着重要的作用。由于史籍材料的缺乏，前人对《九歌》中的仪式细节或其“表演”方式少有

① 参见苏雪林：《屈赋论丛》，台北，国立编译馆，1970。

论及。但不断发现的文物材料，尤其是刻绘精细的古代铜鼓，已经能够为这个问题提供一些佐证，我们对此作一简要的说明。

三苗受舜禹等逼迫，徙之江汉以南，从此便融为濮越民族。西周初年，楚在这一带立国，“开始与濮人进行长期的斗争，自此以后，濮人可能就开始了向四川、云南、贵州、湖南等地的迁徙”①。大部分人定居于沅湘之间，在汉代以后成了各种“蛮”；而其中一部分定居于夜郎和邛都一带，在魏晋时被称为獠族；迁至云南滇池、楚雄一带的又称为“滇濮”（《华阳国志·南阳志》），或“靡莫之属”（《史记·西南夷列传》）。一般民族学家都认可“滇濮”和江汉间濮人有着源流关系，如汪宁生先生就在《滇楚关系初探》一文中认为：“既然同称为濮，应该说在种族上应有共同的渊源。”② 与中原文化发生冲突是“滇濮”迁徙的主要原因，而在迁徙的途中又没有更强有力的文化能够影响他们，所以，在迁徙过程中，他们必然顽固地保留自己的文化。因此，我们可以肯定，位于云南之“滇濮”与“沅湘之间”的濮越民族在文化上是一脉相承的，尤其是位于文化最深层的祭祀风俗就更是如此。这样的话，在沅湘之间缺乏足够实证材料的情况下，引用出自“滇濮”的出土材料也一样能够说明问题。

于云南发现的滇濮民族所使用的铜鼓，最早约产生于公元前8至7世纪，此外据史料记载，在沅江流域的麻阳和湘江流域的岳阳都分别发现过铜鼓。应该说，铜鼓上所镂刻的图纹是能反映春秋战国时期的濮人的习俗的。

从出土铜鼓的图纹来看，“这种民族重鬼巫，喜歌舞，有些仪式由妇女主持”③。这些妇女即是女巫，在中原和楚贵族文化中，女性主持祭祀活动越来越少见，而《九歌》中却不乏“阴巫下阳神”的场面。图纹中既有执兵器的武舞，如晋宁石寨山鼓，就是巫觋一手持盾（干），一手执戚（或钺），列对而舞，这些可能与《国殇》中所表现的战争场面有关。（见图3—1）又有执羽毛的文舞，而大都将羽毛作为头饰，也有将头饰作成鸟形的，翩翩起舞，显然也是自羽毛变化而来，这就印证了“翾飞兮翠曾，灵之来兮蔽日”的描述。铜鼓图纹中还有大量的行船场面，不少船纹的首尾都有饰物，船上

① 参见童恩正：《古代的巴蜀》，43页，成都，四川人民出版社，1979。

② 汪宁生：《滇楚关系初探》，载《民族研究》，1982（1）。

③ 童恩正：《从出土文物看楚文化与南方诸民族的关系》，见《中国西南民族考古论文集》，201页，北京，文物出版社，1990。

人物头上大都有极夸张的羽饰或者鸟首状饰物，有擂鼓者，可见是祭祀水神或行竞渡仪式。（见图 3—2）由此可以判断在河中舟上进行巫术祭祀活动，正是濮人的习俗，与《九歌》中的《湘君》、《湘夫人》、《河伯》等相合。

图 3—1

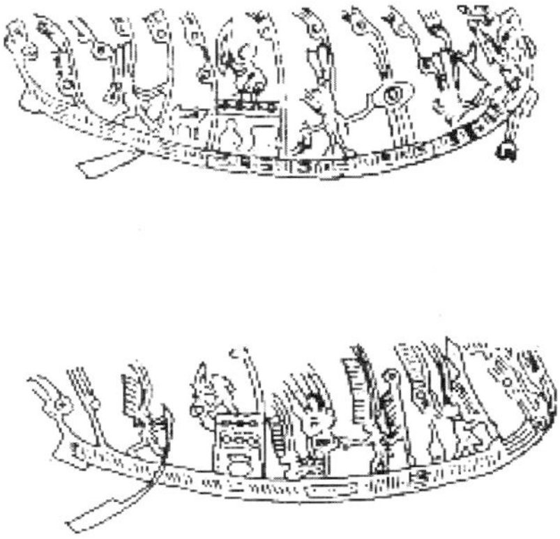

图 3—2

至于主祭的场面，在铜鼓图纹中也有显示。如自晋宁石寨山出土的 M12：205 号铜鼓形贮贝器纹中有这样的描绘：女人们“从鼓形釜中舀出祭肴”，乐人为男性，“且鼓且唱”，还有“十五名屈肘、张臂、翘掌的舞人，舞人之间置有花朵或高足酒杯”[①]。（见图 3—3）

庄礼伦先生认为这一场景反映了《东皇太一》的诗句：“瑶席兮玉瑱，盍将把兮琼芳，蕙肴蒸兮兰藉，奠桂酒兮椒浆。扬枹兮拊鼓，

① 庄礼伦：《浅谈古代铜鼓的乐舞图象》，见《中国铜鼓研究会第二次学术讨论会论文集》，272 页，北京，文物出版社，1986。

图 3—3

缓疏节兮安歌，陈竽瑟兮浩倡。”[①] 我认为很有道理。此外，经过对各种乐舞图纹的仔细研究，凌纯声先生一一寻出了《东君》中的乐器：“緪瑟兮交鼓，箫钟兮瑶簴，鸣篪兮吹竽。”[②] 我们在晋宁石寨山M12所出的铜鼓形贮贝器上能看到羽人手持芭蕉叶跳舞的情景，童恩正先生认为即是《九歌》所谓的“传芭兮代舞”。[③] 另图纹中还有很多举着弓箭仰天上射的武士夹在人群之中，应该是“举长矢兮射天狼”的情景，虽然我们不太明白此举的宗教意义，但它的存在则是毋庸置疑的。

这些出土文物所显示的图像，为我们保留了古代濮人的社会习俗，尤其是祭祀习俗。《九歌》的内容，如以情娱神，华丽的船饰及水上祭仪，美丽而活跃的女巫，奉献祭肴，羽毛和鸟形头饰，持芭蕉叶而舞，乐器等等，都与濮越祭祀习俗一一相符如契。它首先能使我们确信《九歌》的传播者，正是我国古代南方的濮越民族，以

---

① 庄礼伦：《浅谈古代铜鼓的乐舞图象》，见《中国铜鼓研究会第二次学术讨论会论文集》，272～273页。

② 参见凌纯声：《东南亚铜鼓装饰纹样的新解释》，石钟健译，载《贵州社会科学》，1984（4）。

③ 童恩正：《从出土文物看楚文化与南方诸民族的关系》，见《中国西南民族考古论文集》，202页，北京，文物出版社，1990。

上所列种种祭祀特征都带有很浓厚的原始气氛，在战国时楚贵族和中原文化中很难发现。此外，借助这些图纹，我们还可以推测出原始祭仪中的“鄙陋”之处至少还包括如下两个方面的内容：一是祭枭。铜鼓图纹中反映人祭的场面很多，如“杀人祭铜柱场面盖虎耳细腰铜贮贝器”、“杀人祭铜鼓场面盖铜贮贝器”所显示的图像。凌纯声先生根据古籍和民俗资料，断定这是獠越族“馘首祭枭”的习俗。① 楚贵族只有在十分重大的献俘或“告执”祭典中才用人祭，而土著动辄祭头，自然不能为屈原所容忍，屈原“更定”《九歌》应该有这方面的内容。二是两性的放肆。李伟卿先生在《滇池地区铜鼓纹饰所反映的社会内容》一文中说：“在石寨山出土文物的‘社坛’一角，有男女交合的图像，江川李家山也有类似之物。”② 再次证明楚南之云梦是“男女所属而观”的地方，则《九歌》祭典中不能无此内容，湘神所谓“捐余袂兮江中，遗余褋兮澧浦”即隐藏了“亵慢淫荒”的情节。而经屈原所载录的《九歌》为我们所留下的，只是一首首感人的情歌，其中自有刀削。

以上只是对铜鼓图纹中与《九歌》有关的内容作一初步的印证，对铜鼓图像的更进一步的研究，一定能帮助我们更加细致、深入地理解《九歌》，解开一些千古之谜。

四、《九歌》与屈原

屈原作为“楚之同姓”，曾任左徒、三闾大夫等职，在政治见解上，和中原先进人物不相上下。像这样一个追随进步文化，并且还曾指责过夏启“九歌”康娱、自纵的人，又为什么和沅湘之间的土著祭歌发生如此密切的关系呢？王逸认为屈原“作《九歌》之曲”，是为了“托之以讽谏”，亦即“上陈事神之敬，下见己之冤结”（《九歌章句》）。历代学者总是在这个寄托说上兜圈子，前人赞成的多，今人反对的多。赞成者固然时时难以自圆其说，反对者也没能完满地解释这一事实。那么，我们应该怎样看待这一问题呢？我认为，屈原能为土著祭歌“更定其词”，至少有两个方面的原因：一是他的

① 参见凌纯声：《东南亚铜鼓装饰纹样的新解释》，载《贵州社会科学》，1984（4）。

② 李伟卿：《滇池地区铜鼓纹饰所反映的社会内容》，见云南省博物馆：《云南青铜文化论集》。414页，昆明，云南人民出版社，1991。

职业习惯。前文已经说过，三闾大夫的职责中包含有宗教祭祀的内容，因此，屈原无疑对楚文化中的祭祀一套是十分熟悉的。当他在沅湘之间看见巫术祭祀之礼时，一方面感到了亲切，一方面又不能满意他们的“亵慢淫荒”，当然他会觉得有责任对《九歌》进行加工改造，两种文化的交融由此而产生。另一个原因应该是出自屈原的情感上的需要和创作的冲动，是一种自慰活动。下面我们着重分析后一个原因。

我们必须首先充分认识到屈原当时的心态。屈原由于一腔忠诚和满怀抱负，而遭群小嫉恨，被昏庸的楚王放逐到“南郢之邑，沅湘之间”。此时，屈原面对的是双重的流放，一是与政治，也就是与君王相隔绝；二是远离了自己的文化传统，在这举目殊俗的荒蛮之地，他不能不感到自己在精神上也被流放了。这对一个文明人来说，是一件十分痛苦的事。无论是政治上的不得意还是自己的孤寂情怀，都必须要找到宣泄的途径，而对屈原来说，文学创作无疑是一个很有效的方法。司马迁指出屈原“忧愁幽思而作《离骚》”，深得诗人之旨。同样，记录改造《九歌》也是他文学创作的一部分。凭着自己的职业和激愤的情感，他的想象力很容易突破理性与非理性以及不同文化的界限而进入斑斓的土著祭歌的世界。从另一个方面来说，巫术祭仪在本质上也是想象的产物，它除了被初民用以“控制”自然外，也是他们面对着自然世界的莫测和恐惧所采取的一种自慰形式。文学靠想象和创作来激发和宣泄情感，巫术活动靠仪式和参与来激发和宣泄情感，两者极容易产生共鸣，而想象是连接两者的桥梁。那么，屈原热心于土著巫术祭歌不是很正常吗？我们说屈原和《九歌》发生关系，是因为当时的心态与巫术祭歌有了共鸣，当然，还基于以下三方面的原因。

第一，《九歌》祭祀中所表现出来的人神交接之艰难，及其苦苦追求的悲剧气氛，与屈原的不遇心态相切合。

《史记》载屈原被放逐以后，“眷顾楚国，系心怀王，不忘欲反，冀幸君之一悟，俗之一改也。”他的政治成败，与他和楚王的关系紧密相连，当“王甚任之”时，他就能在外交内政上大展才能，推行“美政”；而一旦“谗人间之”，遭怀王和襄王疏远时，他的满腔热忱遂为泡影。所以，在他看来，他和楚王的离合，就是他生命意义的所在，因此，深深萦绕屈原的，就是那种离而不返的被抛弃的悲哀。这一点，在《离骚》中表现得更为明显和突出。

《礼记·祭义》云："乐以迎来，哀以送往。"任何巫术祭祀的目的，都在于人神之间的沟通，强调人对神灵的依赖和亲近，使冥冥中的神灵感染到怜悯、感激、欢悦等情绪，从而答应人类的恳求。但无数次祭祀活动之后，人们依然不能掌握自然的规律，就会觉得人神交接是如此艰难，而越是艰难越是要苦苦追索的精神就通过巫术活动表现出来。祭祀中，对那些高高在上、尤其是那些转瞬即逝的陪祀诸神，人们的心情总是表现为赞美和离别的惋惜，在戏剧性的原始宗教中，人神的交接被模拟为男女的相爱，这与人的日常生活体验是相通的。而就在这些凄艳哀婉的爱情故事中，一种浓烈的悲剧气氛被表现得淋漓尽致。《九歌》之中，就充满了这种生离死别、相逢恨短的哀怨之情；也正是这种感情唤起了屈原的身世之感，使他产生了共鸣。

《九歌》中除《国殇》一篇属招魂类外，《东皇太一》、《云中君》、《大司命》、《少司命》和《东君》五篇是祭祀天神的，《湘君》、《湘夫人》、《河伯》和《山鬼》四篇是祭祀地祇的。这两类祭歌在祭祀态度上稍见庄严和轻肆之别，已经不能得知是原本如此，还是经屈原改编所致。但在祭祀方法上，人神交接的途径都是"或以阴巫下阳神，或以阳主接阴鬼"，通过模拟恋爱过程来完成祭祀仪式。我们现在看祭祀天神的几篇中已经没有什么"亵慢淫荒"之处了，但其中的依恋之情依然存在。如《东君》："长太息兮将上，心低徊兮顾怀。"《大司命》："结桂枝兮延伫，羌愈思兮愁人。"温柔敦厚之中仍掩盖不了恋爱的痕迹。再如《少司命》，表白暧昧之情的就更为明显："满堂兮美人，忽独与余兮目成。悲莫悲兮生别离，乐莫乐兮新相知。"其中失意之情溢于言表。在祭祀地祇的四篇祭歌中，全篇都在描写着动人而哀怨的爱情故事，人神双方都陷入爱情的漩涡，一发而不可收。《湘君》："横流涕兮潺湲，隐思君兮陫侧。"《湘夫人》："沅有茝兮澧有兰，思公子兮未敢言。"《河伯》："子交手兮东行，送美人兮南浦。"《山鬼》："风飒飒兮木萧萧，思公子兮徒离忧。"这些艳词的大量铺陈，完全可以读作一首首缠绵的爱情诗。可是，这些爱情诗里无不透露出一种十分孤寂的悲剧情调，无论是对天神还是对地祇，都是如此。在《云中君》中，歌者悲叹："思夫君兮太息，极劳心兮忡忡。"可见交接恨短；湘君、湘夫人更是不见所思，望眼欲穿。《大司命》中"折疏麻兮瑶华，将以遗兮离居"，《少司命》中"悲莫悲兮生别离"，以及《河伯》中的"送美人兮南浦"，等等，都给诗歌蒙上了一层惆怅的哀怨之情。孤独之感，于《山鬼》为最，直使人为之下泪。这些仪式一方面表现了人神交接的艰难，一方面又于困顿无望中仍执著地追求，使得悲剧气氛更加浓烈、感人。先民们顽强地发泄着这种生别死离的伤感，借以赢得神灵的同情，实现祭祀的目的；同时也使他们在充满神秘、恐怖的生活中，满足心理上宣泄、松弛的需要。人在大哭一场后，往往会觉得轻松，正于此理相同。而且，正是这一离别的悲剧和孜孜不懈的追求精神，契合了屈原的身世和心理，导致了他对巫术祭歌的认同。

第二，巫者神圣的事业及其光辉灿烂的形象，与屈原的自我形象相互映照。

屈原在楚国的职掌，与宗教祭祀有很大的关系。我们看他在《离骚》中一再提到彭咸，彭和咸都是楚文化中的大巫，《山海经·大荒西经》、《淮南子·地形训》中都记录了彭为灵山十巫之一，而《海外西经》载："女子国在巫咸北，两女子居，水周之。"可见咸亦是巫。"从彭咸之所居"，也就是撇开政治活动，投身于巫术宗教中去。这当然是诗的语言，但却说明了在屈原的意识里，巫术宗教还是占有很重要的地位，这也是他事业的一部分，巫者的形象是很神圣的。所以，当屈原来到"南郢之邑"这个文化原始丛林之际，凭着职业的敏感，自然要对当地巫术发生兴趣。是对冥冥之中的神灵的共同信念，把他和当地巫术联系在一起了。

从《九歌》中，我们可以看到表演中的巫觋除了因其情感真挚使其显得虔诚外，他（她）们还刻意修饰自己的服饰、车乘，使自己显得圣洁。最能表现这一点的，是大量香草的运用。如《东皇太一》中灵巫"盍将把兮琼芳"；祭祀云中君时，她们"浴兰汤兮沐芳，华采衣兮若英"；湘神的"飞龙"和水中之堂室，都是百草缭绕，芳香四溢；《少司命》中的秋兰、麋芜、荷衣、蕙带；河伯"乘水车兮荷盖"，还有"披薜荔兮带女罗"的山鬼等等。无论是神还是巫都在这百草的辉映下，显得如此的高尚而圣洁，尤其是在苦苦的追求之中，他（她）们这份圣洁愈显得光彩照人，屈原从他们身上看到了自己的形象。

屈原的品质是由两方面组成的：一是他的治国才能，他凭着这些才能，"入则与王图议国事，以出号令；出则接遇宾客，应对诸侯"；另一方面就是他的忠贞不载贰，"正道直行，竭忠尽智以事其君"（《史记·屈原贾生列传》）。屈原对自己这些"内美"、"修能"

是充满了自信的，他越是遭到不幸，就越是坚信自己的品质。当他看到那些圣洁的灵巫和自己一样也遭受到交接艰难的感情折磨时，他从他（她）们身上看到了自己。因此，他在《离骚》中唱道：“纷吾既有此内美兮，又重之以修能。扈江蓠与辟芷兮，纫秋兰以为佩。”他“朝搴木兰”、“夕揽宿莽”，他“朝饮木兰之坠露兮，夕餐秋菊之落英”，“木根以结茝兮，贯薜荔之落蕊……”，等等，这一切都是要表明自己“昭质未亏”，“冀幸君之一悟”。从这一点来看，屈原和那些灵巫有着很多的相同之处，自然能产生共鸣。

第三，原始宗教虽然是一种功利色彩很强的社会活动，但它同时又是一剂慰藉心灵的灵丹妙药。

当屈原在痛苦之中接受了《九歌》之时，他就成了那些大喜大悲的灵巫中的一员，他不但发泄了自己的怨悱之情，也从中感受到了希望和安慰。我们知道，巫术祭祀对初民的意义就在于通过某种象征活动，达到心理上对自然的控制。因为他们相信，在人和自然之间存在着交互感应的关系。很显然，《九歌》正是这一思维的产物，它要通过和神灵的交接来征服自然。虽然这些巫歌里充满了哀怨的气氛，但山鬼的求偶无望，并不妨碍人们在想象中完成对山林的控制，它的结果将是樵夫猎人的平安和收获。所以，随着巫歌一支支地表演，屈原也在这种情绪的感染下试图完成这种征服。显然，他的征服只是心理情绪上模糊的征服，是一种自慰行动，虽不能说是“以事神之心，寄吾忠君爱国缱绻不忘之意”（蒋之翘《七十二家评楚辞》），但也绝不是“篇中皆求神语，与时事绝不相涉”（张京元《删注楚辞》），它们在心理情绪上是相通的。这种征服欲望的满足，补偿了屈原在现实中的失败，使他的心灵得到了暂时的平衡。

由于以上的诸种原因，一个秉有先进文化的逐臣和土著祭歌联系在一起了。通过屈原的记录、删改，并以自己的经历加以充实，这些祭歌变得更加富于时代色彩，更贴近现代人的心灵，也更易为人接受了。因此，从某种程度上来说，我们也可以认为《九歌》中是有所寄托的，但这种寄托绝不是那种用史实一一来指证的寄托，而是屈原整个心态的和情感的寄托。

《九歌》不但拯救了悲愤中的屈原，更创造了一个文学传统，一个源远流长的香草美人的文学传统，它以同样的精神魅力庇护了一代代的落魄文人，而它最初的力量就是催生了一部光辉灿烂的诗歌杰作——《离骚》。

第四章 《离骚》的祭歌模式研究

《离骚》是楚辞中最重要、同时也是最动人的一首长诗。学者们对楚辞中的大部分作品的著作权都有过争论，唯独对这一首诗却少有异议，除了少数持屈原否定论的极端观点，大多数人认为此诗是屈原出于个人抒情发愤的目的而独立创作出的文学作品。

但是，屈原是如何在一个缺乏文学观念与传统的时代独立创作出如此辉煌的诗篇，又由此突然把诗歌艺术推上了一个顶峰的呢？不少人对此作了探讨。他们认为，《诗经》是屈原进行诗歌创作的源头活水，如王逸《离骚经章句》所云："《离骚》之文，依《诗》取兴，引类譬谕，故善鸟香草，以配忠贞……"这一观点被后人广泛接受，现代学者虽然不太迷信《离骚》的比兴寄托，但一般也认为《离骚》继承并发扬了《诗经》的艺术手法。但是，我认为王逸对屈原有很多曲解之处。王逸处在一个膜拜儒家经典、摒斥异端的时代，楚辞中所显现出的忠诚和坚贞显然会受到儒家学者的欢迎，但楚辞的祭祀形式又与儒家思想相背离。王逸或是由于不理解屈原的文化背景而产生误解，或是出于保存楚辞的目的而有意曲解，致使楚辞失去了本来的面貌。但是，也只有掩盖了楚辞的本来面目，楚辞才能受到推崇和得以流传，因此，王逸的解释只是一个特定时代的特殊文化现象，未可尽信。

春秋战国时代，《诗经》的功用只局限于祭祀和外交等正式的场合，有见识的人从他人所咏之诗中可以推断此人或某事的吉凶祸福，并且应验不爽。如《左传·襄公二十七年》载：

> 郑伯享赵孟于垂陇，子展、伯有、子西、子产、子大叔、二子石从。赵孟曰："七子从君，以宠武也。请皆赋，以卒君贶，武亦以观七子之志。"子展赋《草虫》。赵孟曰："善哉，民之主也！抑武也，不足以当之。"伯有赋《鹑之贲贲》。赵孟曰："床笫之言不逾阈，况在野乎？非使人之所得闻也。"子西赋

《黍苗》之四章。赵孟曰："寡君在，武何能焉？"子产赋《隰桑》。赵孟曰："武请受其卒章。"子大叔赋《野有蔓草》。赵孟曰："吾子之惠也。"印段赋《蟋蟀》。赵孟曰："善哉，保家之主也！吾有望矣。"公孙段赋《桑扈》。赵孟曰："'匪交匪敖'，福将焉往？若保是言也，欲辞福禄，得乎？"卒享，文子告叔向曰："伯有将为戮矣。诗以言志，志诬其上而公怨之，以为宾荣，其能久乎？幸而后亡。"叔向曰："然，已侈！所谓不及五稔者，夫子之谓矣。"文子曰："其余皆数世之主也。子展其后亡者也，在上不忘降。印氏其次也，乐而不荒。乐以安民，不淫以使之，后亡，不亦可乎！"

赵孟、叔向都是当时的贤人，他们根据伯有等人在郑伯的宴会上所赋的《诗经》篇目，判断他们的品行，并由此推导他们此身以及此后数世的命运，不但他们本人对此确信无疑，并且事实上也都神奇地应验了。由此看来，《诗经》在当时是被当作某种具有神圣启示性的经典来看待的。此外，《诗经》还是一种仪式，是用于诸侯朝聘宴享中的常礼，在特定的场合使用特定的诗乐，有着严格的规定性。如《仪礼·乡饮酒礼》所载：

……设席于堂廉，东上……工歌《鹿鸣》、《四牡》、《皇皇者华》。卒歌，主人献工。……笙入堂下，磬南，北面立。乐《南陔》、《白华》、《华黍》。……乃间歌《鱼丽》，笙《由庚》；歌《南有嘉鱼》，笙《崇丘》；歌《南山有台》，笙《由仪》。乃合乐，《周南》：《关雎》、《葛覃》、《卷耳》；《召南》：《鹊巢》、《采蘩》、《采蘋》。

即使是孔子所认识的《诗经》，也在于它的"可以言"，也就是可以正式地表达自己，这与《诗经》的外交用处是一致的。此外还有《诗经》中的兴、观、群、怨，也重在它的教化功能、认识功能和政治功能。人们并未自觉认识到《诗经》的抒情功能。也就是说，《诗经》在屈原时代不能构成一个文学传统，它并非是供人欣赏、感叹的文学作品，因此对它进行模仿和改造都是不可想象的。如果《离骚》确实是在《诗经》的启发和影响之下产生的，那么首先应该在形式上表现出来，但事实上，《离骚》在句式、复沓、用韵以及篇幅上都与《诗经》有很大的差异，因此，它和《诗经》不可能有先后的承继关系。

有鉴于此，有一些学者把楚地存在的歌谣，如《越人歌》、《楚狂接舆歌》、《孺子歌》等看作是《离骚》的先声。但这几首歌谣传播的范围有限，而且与《离骚》的艺术水平和思想内容都相差很远，不可能仅仅通过对这几首歌谣的学习就产生出像《离骚》这样的巨制来。

那么，《离骚》又是如何出现的呢？它应该有着自己的传统，否则就像一个空中楼阁。我们知道文学艺术的主要功能是抒情，一个现代人可能在情感盈怀时选择诗歌作为宣泄和表现的手段，但是对于一个缺乏纯文学修养的人呢？有一种观点值得我们重视。他们认为，在《离骚》之前，楚地存在着一个抒情传统，这一传统就是以《九歌》为代表的巫术祭歌。聂石樵先生在他的著作《先秦两汉文学史稿》中云："屈原采取楚地之声调，将民间祭歌加工、修润成《九歌》，又由《九歌》演变成《离骚》、《天问》等宏篇巨制。"[①] 认为《离骚》是屈原在借鉴《九歌》等的基础上创作的，这是一种十分通达的见解。考虑到屈原所处的时代文化背景，从楚怀王"隆祭祀，事鬼神"（《汉书·郊祀志》），到楚之江南民间"信巫鬼，重淫祀"（《汉书·地理志》），可谓巫术祭祀之风大盛；再考虑屈原三闾大夫一职的宗教性质，我们相信，他会很自然地对在这一带有浓烈感情色彩的民间祭歌发生兴趣，并借助那种宗教情绪抒发自己的感情，找到精神的寄托和安慰的。我们知道，世世代代的巫歌演唱，使得祭祀歌谣得到发展，它为后世的诗歌创作在形式上奠定了基础，这正如希腊悲剧诞生于酒神庆典一样。希腊悲剧是祭仪到文学的一个过渡，这也正同于《离骚》。从《九歌》的形态来看，它作为诗歌已经相当成熟，极具抒情魅力，有很高的艺术感染力，而屈原本人对以《九歌》为代表的楚地祭歌的熟悉又是毫无疑问的。更为重要的是，屈原显然也同样习惯于借助宗教仪式来表达个人的思想感情。因此，不管是有意还是无意，屈原在抒情感怀时，一定会向祭歌靠拢，并受到它们的强烈影响的。这样，巫术祭歌理所当然地成为影响屈原创作的第一要素。

本章将对《离骚》的内在结构、意象、语言等进行详尽的分析，

① 聂石樵：《先秦两汉文学史稿·先秦卷》，451页，北京，北京师范大学出版社，1994。

指出它们与祭歌的相同或相近之处，并期望能藉此揭示原始祭祀歌谣是如何影响屈原的抒情感怀的，尤其期望能够指出此种创作方法所隐含的文化意蕴或美学意义。

一、《离骚》的祭歌结构

《离骚》作为一首长篇抒情诗，它表达了屈原远大的政治抱负以及怀才不遇的悲哀和愤怒，感情异常强烈。而文中所体现的内容也是十分驳杂的，既载录了大量的历史人物和历史事件，也提及一些巫术祭祀和神话传说。这些现象一方面显示了屈原的情意郁结，不可自拔，一方面也可得见屈原的文化背景和知识修养。但是，这种风云变幻、古今杂陈、人所莫测的诗歌结构却使后人大费踌躇，一般学者皆以“汗漫横肆”（周用《楚辞注略·自序》）说之。如明人汪瑗在《离骚蒙引·焦竑序》中云：“《离骚》惊采绝艳，独步古今，其奥雅闳深，难以遽测。自昔溯风而入味，沿波而得奇者，虽间有之，未有能阙其全者也。”清人吴世尚以《离骚》为写梦之作，他说：“此千古第一写梦之极笔也。而中间颠倒杂乱，脱离复叠，恍恍惚惚，杳杳冥冥，无往而非梦景矣！”（《楚辞疏》）也就是说，在汪瑗和吴世尚看来，《离骚》的笔法极为神奇，以至人们摸不清脉络。后人有感这一问题的存在，作了大量的研究工作，提出了多种段落划分方案，但仍无最后的结论。

显然，从内容或修辞的手法来确定《离骚》的层次段落是比较困难的。我们认为，《离骚》的结构绝不是杂乱无章的，它存在着一种内在的结构，这一结构与巫术祭歌是相同的，也可以说是与巫祭的仪式平行的。但文化的隔膜使我们忽视了这一点，从这一角度出发，我们可以看到《离骚》有着完整而严密的逻辑性。

《离骚》的抒情主人公是屈原本人，诗中除了抒情外，还描写了抒情主人公的行为，从而构成了一个简单的情节。从这个情节的发展来看，《离骚》显然有三个阶段：第一阶段从开头到“芳与泽其杂糅兮，唯昭质其犹未亏”，第二阶段从“忽反顾以游目兮，将往观乎四荒”到“揽茹蕙以掩涕兮，沾余襟之浪浪”，余下为第三阶段。就情节而言，第二段为济沅湘南征，向重华陈词；第三段为神游求女；至于第一段的情节，将在下文详述。这种划分虽嫌简单，但线索应该还是清楚的，每一段都包括这么一个抒情过程：（1）征引三代成败之例；（2）陈述现实的不公；（3）表白自己的情志。下面简略列出代表性的诗句：

第一阶段：

（1）昔三后之纯粹兮，固众芳之所在。
……
（2）荃不察余之中情兮，反信谗以齌怒。
……
（3）怨灵修之浩荡兮，终不察夫民心。
……
宁溘死以流亡兮，余不忍为此态也。
……
伏清白以死直兮，固前圣之所厚。

第二阶段：

（1）启《九辨》与《九歌》兮，夏康娱以自纵。
……
夫维圣哲以茂行兮，苟得用此下土。
（2）、（3）阽余身而危死兮，览余初其犹未悔。
不量凿而正枘兮，固前修以菹醢。
曾歔欷余郁邑兮，哀朕时之不当。

第三阶段：

（1）汤禹严而求合兮，挚咎繇而能调。
……
宁戚之讴歌兮，齐桓闻以该辅。
（2）何琼佩之偃蹇兮，众薆然而蔽之？
惟此党人之不谅兮，恐嫉妒而折之。
（3）惟兹佩之可贵兮，委厥美而历兹。
芳菲菲而难亏兮，芬至今犹未沫。

每一段都是一个相对完整的抒情过程，因此，它们在抒情达意这一点上是相对独立，各自完整的。那么，这三段式结构的内在根据是什么呢？我认为，这种结构得自于民间祭歌，是屈原自觉或不自觉地模仿了民间祭歌的结构。下面我们将逐一证之。

1

《离骚》三段的情节性语句在后二段表现得比较明显，它们或直接或隐约地提到祭祀仪式，这一般不难理解。那么，第一段与祭祀仪式有什么关系呢？我们来看《离骚》开头的几句：

> 帝高阳之苗裔兮，朕皇考曰伯庸。
> 摄提贞于孟陬兮，惟庚寅吾以降。
> 皇览揆余于初度兮，肇锡余以嘉名。
> 名余曰正则兮，字余曰灵均。

自古以来，对这几句的解释最为繁多，叠床架屋，使得其变得面目全非。因此，我们必须对此作一些清理工作，才能显示出其真实面目。

一般认为，这几句是屈原自叙出身，属于传记性的情节。这一结论得自王逸。但这一结论很难说是可靠的，它存在好几处漏洞，皆不能自补，古今都不断有人指出来，现总结如下：

（1）关于“皇考”。王逸从“皇考”二字断言，“伯庸”是屈原父亲的字。洪兴祖不同意这一观点，说：“原为人子，忍斥其父名乎？”（《楚辞补注》）理由过于单薄，未能广为接受。王逸的根据是《礼记·曲礼》中所言的“祭王父曰皇祖考，王母曰皇祖妣，父曰皇考，母曰皇妣……”以及“生曰父，曰母，曰妻。死曰考，曰妣，曰嫔”二句。但此二句并非确解。同书《祭法》篇亦有“皇考”的记载：“王立七庙……曰考庙，曰王考庙，曰皇考庙，曰显考庙，曰祖考庙……”依次而推，这里的“皇考”应是曾祖父之称。故宋人叶梦得据此称：“父没称皇考，于《礼》本无见。”（《石林燕语》）父死单称“考”是有的，而《离骚》所言乃“皇考”，从《礼记》和先秦其他典籍如《诗经》来看，“皇考”连用已经成为习惯，有其特殊的意义，是不能等同于“考”的，因此，王逸把“皇”字释为“美也”。单独拈出一个“考”字，说是屈原的父亲显然是不对的。王闿运作《离骚释》曰："皇考，大夫祖庙之名，即太祖也。"闻一多举《诗经·周颂·雝》例云："鲁韩毛三家皆以为禘太祖之乐章，而诗曰'假哉皇考'，此古称太祖为皇考之明征。"① 此类例子还有《周颂·闵予小子》和《周颂·访落》等。此外，《小雅·信南山》以"皇祖"和"祖考"并立，皆可说明"皇"所表明的先人即是祖先。饶宗颐先生也很看重这一"皇"字，他在《楚辞地理考》中认为："金文颂辞屡用'皇祖'，'皇父'，'皇叔'，诗书有'烈考'，'文考'与'皇考'义并同。'皇考'即'太祖'。"② 丁山先生的《中国古代宗教神话考》亦云："周人宠神其祖若考，曰'皇祖'、曰'皇考'。杜伯盨所谓'用言孝于皇神祖考'，是其本谊。"又云："帝、皇两字，字异而其涵谊则一。"③ 此就西周晚期金文再举两例，《番生簋》："显皇考穆穆克哲厥德，严在上。"《虢叔旅钟》："皇考严在上，翼在下。"此所谓"在上"，根据陈梦家《殷墟卜辞综述》的解释即是"宾帝"，在帝左右的意思④；而有权利"宾帝"的是"先公先王"，即先祖，并不专指亡父。此外，人们通常以"皇妣"与"皇考"相对而言，但"皇妣"亦非亡母之意。《国语·周语下》记载周景王与伶州鸠关于音乐的对话，其中伶州鸠言及"我皇妣大姜之姪，伯陵之后……"，此处的"皇妣"指的是太王之妃姜氏，与伶州鸠的辈分相差甚远，而且亲戚关系亦不是很明显。如果"皇妣"不能确言是亡母，则"皇考"亦非亡父可知。

(2) 关于"贞"。王逸释"贞"为"正"，此甚为不当。"贞"的最初的含义即占卜，《说文解字》云："贞，卜问也。从卜贝以为贽。一曰：鼎省声。"徐中舒编《甲骨文字典》释"贞"字流变曰："等本象鼎形，卜辞中常借以表示卜问之义。鼎形锲刻不易，逐渐简化为形。或增卜作（），以明其字用为卜问。金文多以为鼎。又与（贝）形近，故后世鼑渐讹为从卜从贝之贞。"⑤ 自今所见之甲骨文、金文看来，莫不都以"贞"意为占卜，这也是一般文献中"贞"字最常见的用法。《周礼·春官·大卜》云："凡国大贞，卜立君，卜大封。"此"贞"意为"卜"十分明显。至于演化为

① 闻一多：《闻一多全集》，第二卷，294页，北京，三联书店，1982。
② 饶宗颐：《楚辞地理考》卷上7页，上海，商务印书馆，1946。
③ 丁山：《中国古代宗教与神话考》，179～180页，上海，龙门联合书局，1961。
④ 陈梦家：《殷墟卜辞综述》，581页，北京，中华书局，1988。
⑤ 徐中舒：《甲骨文字典》，350～351页，成都，四川辞书出版社，1990。

"正"、"当"意，既为迟后，且又少见。至于本文中之"贞"，我以为仍宜释为占卜之意。

（3）关于"降"。"惟庚寅吾以降"之"降"字，王逸曲解最为明显，当今学者对此多有力之辩驳，下面略为申述。考诸先秦史籍，无一例"降"意为"下母之体而生"《离骚经章句》。甲骨文即有"降"，皆是自天而下意，或神自降，或降灾祸，或降雨雪。当然，可以设想，巫觋下神也可以称之为"降"。至春秋以后，"降"意有所扩大，如用为贬抑，用为降伏等，但所用最多的仍然是它的本意，如《诗·商颂·鸩》"天命玄鸟，降而生商"，即言神鸟自天而降；《诗·大雅·崧高》："维岳降神，生甫及申"，其意更为明显。而且从这两例中，我们还可以看到，"降"和"生"是有区别的，不可混用，言神自天而下或显示于庙，或巫觋下神，则曰"降"，言人"下母之体而生"则曰"生"，亦有用"育"的，即便贵如商祖契、吕侯、申伯都无例外：《诗经》中言姜嫄，"不康禋祀，居然生子"（《大雅·生民》），"弥月不迟，是生后稷"（《鲁颂·閟宫》），可见周人奉之若神的始祖稷，出世也称"生"而不是"降"。即使从楚辞本身中，我们也可以得到内证，足以驳倒王逸的说法：

巫咸将夕降兮（《离骚》）
百神翳其备降兮（《离骚》）
灵皇皇兮既降（《九歌·东皇太一》）
帝子降兮北渚（《九歌·湘夫人》）

以上是从《离骚》、《九歌》两篇诗中择出的全部有关"降"的例子，从这些例子中可以看出，楚辞中的"降"字都不用如"下母之体而生"，它们的主语都是神灵或祭祀对象，表示自天而降之意，"降"在此处用如降神意。

（4）关于屈原的名和字。屈原既有自己的名和字，为什么又要另求一套名、字呢？王逸、洪兴祖、朱熹等几乎所有的研究者，都承认并不存在两套名字，各家解释虽有差异，但把"正则"、"灵均"看作是屈原本名的隐喻却是一致的。且不说他们的解释是如何牵强附会，就常理而言，人的名字属专名，虽可通过名字表达各种意愿，但名字一经取定，是不能用同义的字词来取代的，即便是文学性的描述，也是不可思议的。常理如此，古籍中亦绝无其例。所以，认为“正则”、“灵均”是屈原的名字，是殊难令人相信的。其次，古人名和字非取自同时。名是初生而取，字依《礼记》所说却要等到“既冠”之后，即岁时才能命取。《仪礼·士冠礼》言既冠之后，有人诵“字辞”：“礼仪既备，令月吉日，昭告尔字。爰字孔嘉，髦士攸宜。宜之于假，永受保之，曰伯某甫。”即按排行，依次用伯、仲、叔、季取字，似乎字甚至不由父亲而由“宾”来取。那么，说屈原刚出生之时，就由父亲为他取了名和字是不可信的。

这些难以自圆的疑点说明，屈原自述的说法是值得怀疑的。如果换一个视角，参照屈原所熟悉的祭歌的形式，这一问题就简单了。本文认为，这几句实际是在吁请神的降临。

2

“帝高阳之苗裔兮，朕皇考曰伯庸。”这一句所言的对象到底是谁呢？一般的理解认为即是屈原。除了王逸的解释外，汪瑗另有一读，他在《楚辞集释》中说：“详其文势，盖谓帝高阳之苗裔者，乃吾皇考之伯庸也。”也就是说，他认为这里叙述的主人公应是“伯庸”，可以译为：伯庸啊，您是大神高阳的后人，是我屈原的“皇考”。从语法上看，这样说并无不可，而且更符合人们的表达习惯，但是，如果认为《离骚》前几句是屈原在向“伯庸”诉说的话，那么伯庸又是谁呢？前文已经说过，伯庸不是屈原的父亲，而是屈原或说是楚族的祖先。我们发现刘向似乎是赞成祖先说的，其仿《离骚》之作《九叹·逢纷》云：“伊伯庸之末胄兮，谅皇直之屈原。”又《九叹·愍命》“昔皇考之嘉志兮，喜登能而亮贤”一段，亦以“皇考伯庸”为屈原之祖。刘向早于王逸，应比王逸可信。实际上，“伯庸”即是楚祖祝融。下面试为证之。

古“融”与“庸”相通。《方言》：“融，长也。宋、卫、荆、吴之间曰融又为庸。”王国维《观堂集林·邾公钟跋》：“䵷字，从口，蚰，𩫖声。（𩫖，古墉字。）[①]”而郭沫若言：“䵷即融字，陆融也即是祝融。”又认为“𩫖可释为庸字。”[②] 则古“融”字与“庸”不仅读音相同，字形亦相近。史料中多有两者互用的，如《帝王世纪》云：“祝诵氏，一曰祝和氏，是为祝融氏。”《路史前记八》罗苹注：“且高辛时黎为祝融，黎死，吴回代之。而黄帝时，庸光亦为祝融，何

---

① 王国维：《观堂集林》，894页。

② 郭沫若：《殷墟粹编》，521～522页，北京，科学出版社，1965。

得指为黎哉?”《路史后记四》:“炎帝生器,器生巨及伯陵、祝庸……祝庸为黄帝司徒,徙于江水,生术器。”注中引《山海经》:“器生祝庸。”《汉武梁祠堂画像碑》云:“祝诵氏无所造为。”“祝诵”即“祝融”,“诵”与“庸”字形、读音相近,可通。以上种种证据都说明,“融”和“庸”相通是没有问题的。既然楚族的先祖没有叫“庸”的,那么这里的“庸”显然就是指祝融。楚族把祝融当做祖先来祭祀,是由来已久的。《世本·帝系篇》云:“黄帝生昌意,昌意生高阳,是为帝顼。……颛顼……产老童……生重黎及吴回。吴回氏产陆终……是生六子……六曰季连,是为芈姓者。芈姓者,楚是也。”即楚是重黎、吴回的后人。《大戴礼记》和《史记》皆本此为说,此世系虽有过分清晰的嫌疑,颛顼以上恐怕有“大一统”思想的影响,但此下世系除楚人外,别无他族冒认,应是得之于楚人的口传。《史记·楚世家》云:“重黎为帝喾高辛居火正,甚有功,能光融天下,帝喾命曰祝融。共工氏作乱,帝喾使重黎诛之而不尽。帝乃以庚寅日诛重黎,而以其弟吴回为重黎后,复居火正,为祝融。”在这段记载中,“祝融”既像是一种荣誉称号,又仿佛是一种职务,与火正相同。后世楚王亦为“火正”,《国语·晋语》:“昔成王盟诸侯于岐阳,楚为荆蛮……与鲜卑守燎,故不与盟。”所谓“守燎”,即是掌管祭祀仪式中的火堆,大约仍是“火正”之职掌。然此时楚王已不称“祝融”。《国语·郑语》言“祝融”也不指其为重黎或为吴回,似乎这中间尚有不确定之处,不过“祝融”为芈姓楚人之祖确凿无疑。楚人也认同这一点,《左传·僖公二十六年》载:“夔子不祀祝融与鬻熊,楚人让之……秋,楚成得臣、斗宜申帅师灭夔,以夔子归。”夔人亦芈姓,此时为楚之附属国,按理当奉楚为宗国,祭楚祖,故楚人不能容忍他们不祭祀楚祖祝融和楚开国君王鬻熊,不惜率兵灭之。1987年出土的包山楚简中,有这样的记载:“罷祷楚先老僮、祝融、媸酓各一牂,角攻解于不辜。”[①] 亦是将祝融认为楚祖。所以,“惟庚寅吾以降”所言当是请祖神祝融降临之事,《国语·周语上》云:“昔夏之兴也,融降于崇山”,注曰:“融,祝融也。”可见祝融降而显灵,古有传说。

那么,为什么要在庚寅日祭祀祝融呢?庚寅日降神的原因,其一可能如古人所言,庚寅为吉日,于此吉日祭祀祖先,也在情理之

① 湖北省荆沙铁路考古队:《包山楚简》,34页,北京,文物出版社,1991。

中。而另一个可能的重要原因，我认为应该考虑庚寅日与所祀之神祝融的特殊关系。上引《史记·楚世家》提到，重黎和吴回先后连任祝融，“共工氏作乱，帝喾使重黎诛之而不尽。帝乃以庚寅日诛重黎，而以其弟吴回为重黎后，复居火正，为祝融。”按司马迁的说法，庚寅日为第一个祝融的忌日，为第二个祝融的任命日，与两个祝融皆有着重大的关系。不过，丁山先生认为《史记》中的这一段话，是“糅合了郑语、世本及大戴礼帝系成文”，凭空“添出吴回来”①，即人物关系较乱。实际上，《国语》、《左传》都只言重黎为祝融，不言吴回；《山海经·海内经》曰：“戏器生祝融，祝融降处于江水，生共工。”似乎祝融只是一人；袁珂先生则认为重黎与吴回为同一人，他引《潜夫论·志氏姓》云：“夫黎，颛顼氏裔子吴回也。”又引高诱注《淮南子·时则篇》：“祝融，颛顼之孙，老童之子吴回也；一名黎，为高辛氏火正，号为祝融。”② 这就是说，事实上只存在一个祝融，而“帝以庚寅日诛重黎”，那么，庚寅日则为祝融忌日无疑，其意义相当重大，在其忌日进行祭祀则是必然的，合于常规。退一步说，如楚确以重黎、吴回为二人，并以吴回为祖，则吴回可能于庚寅日接位，对祝融，此日亦是一个有意义的纪念日，在此日对祝融进行祭祀，也无不可。

“摄提”，王逸注引《尔雅》：“太岁在寅曰摄提格。”即是说，“摄提”指的是寅年。而朱熹则认为“摄提”非摄提格而是岁星名，如此则“月日虽寅，而岁则未必寅也”（《楚辞辩证》）。似乎朱熹的话更为简洁易解，今人汤炳正先生亦持此看法。汤先生通过对周初“利簋”铭文进行辨析，指出铭文中的“岁贞克”即是“岁贞辜”，而《尔雅·释天》曰“十一月为辜”，故可用“摄提贞于孟陬兮”与“岁贞辜”相比而读。他说：“以屈赋例之，铭文可以引申为‘摄提贞于仲辜’；以铭文例之，屈赋也可以简化为‘岁贞陬’。”③ 这一判断应该是极富启发性的。据唐兰、于省吾、赵诚、郭沫若（见黄盛璋文）、王宇信等先生的考释，“利簋铭文”所记乃商末周初武王伐商之事，所谓“岁贞……”云云，即为武王伐商前之贞卜行为，故释“贞”为卜，当为确解。此外，“岁”既可为星名，又可作祭名。关于“岁祭”的材料，我们现在掌握无多，但它曾多次在甲骨卜辞

① 丁山：《中国古代宗教神话考》，50页，上海，上海文艺出版社，1988。

② 参见袁珂：《山海经校注》，412页，上海，上海古籍出版社，1980。

③ 汤炳正：《屈赋新探》，31页，济南，齐鲁书社，1984。

和其他文献中出现过。于省吾列举出三条甲骨文材料证明，商代即有“岁卜”、“岁贞”，而且不与“年谷之占”相同。[①] 徐中舒认为“岁祭”即自祭祀岁星发展而来，在周初仍然盛行，《尚书·洛诰》曰：“王在新邑烝，祭岁，文王骍牛一，武王骍牛一。”此是成王用“岁祭”之礼祭文王和武王之例。徐先生据此推断：“商周之际的岁祭，都是各以特牲祭其父祖。”黄盛璋先生亦认为“岁祭乃是祭祀祖先”，并举《墨子·明鬼》语“岁于祖考，以延年寿”证之，当是无可怀疑的。这一点相当重要，应特别予以注意。[②]

由此，我们可以知道，所谓“岁贞……”，即是行岁祭并贞问，而岁祭又常用于祭祀祖考，因此可以相信，岁祭与岁星有着密切的关系。徐先生认为“利簋铭文”中的岁，“本是岁星之名，古代名物不别，故岁祭亦为岁”[③]。也就是说，“摄提”既然训为岁星，那么它也有可能就是岁祭，尤其是当它和“贞”连用，并且按照汤先生所说，将“摄提贞于孟陬”简化为“岁贞陬”时，我们就可以参照“利簋铭文”，完全确定此处的“摄提”即是岁祭，即是祭祖。而且，这一较为古老的祭祀一定会在楚文化中得以保存。总之，依上文所述，可证“摄提贞于孟陬”句与商周之间的一般祭祖程式、语气并无区别，而并非如王逸所言，是屈原自叙生年、月。

因此，我们有理由认为，《离骚》第一、二两句，实为屈原对其先祖祝融的呼唤。至于“皇考伯庸”，是典型的降神之辞，《周礼·春官》言“大祝”之职有“辨六号”，即“神号”、“鬼号”、“示号”等六种名号，郑玄注曰：“号，谓尊其名，更为美称焉。神号，若云皇天上帝。鬼号，若云皇祖伯某。祇号，若云后土地祇……”结合大祝的祭祀职掌，可知“号”即是在祭祀中对鬼神的呼号，既为大祝专掌，自不可用于祭祀之外。“皇考”即“皇祖”，“伯庸”犹“伯某”，可见《离骚》首句为唤神之辞确无可疑。第二句言祭祀前的贞卜。“摄提”或为某种祭祖仪式，“庚寅”于楚祖祝融有着特殊的意义，故为祝融祭日。则此二句应该是说孟陬之月，为祭祀祖先事进行贞卜，并宣言自己将于庚寅日降神。降神之前进行贞问，是祭仪的常规，甲骨文和古籍中多有其例，《东皇太一》首句云：“吉日兮良辰，穆将愉兮上皇。”正与“惟庚寅吾以降”意思相仿。

---

① 于省吾：《利簋铭文考释》，载《文物》，1977（8）。
② 锺凤年等：《关于利簋铭文考释的讨论》，载《文物》，1978（6）。
③ 锺凤年等：《关于利簋铭文考释的讨论》，载《文物》，1978（6）。

3

以上对《离骚》前两句的考释，已经证明了这几句与祭祖有关。当然，《离骚》毕竟不是祭祀仪式的详细记录，它不可能详细地叙说祭祀的每一个环节。但在这里，我仍想对最后一个比较重要的疑问，即关于“名字”的问题作一探讨，希望能得到指正。

祭祀之前当先贞问，贞问即有结果。我以为以下两句，皆对此而言。

“初度”之“度”，前人解释甚为勉强，或云时节，或云气象，皆非度之本意，更与本文无涉。“度”亦可释为“咨”，《左传·襄公四年》穆叔曰：“臣闻之，访问于善为咨，咨亲为询，咨礼为度，咨事为诹，咨难为谋。”上古之礼大多由祭礼发展而来，则对祭礼的卜问亦可称为“咨礼”，即“度”。那么，“初度”即祭祀之前的占卜。

“肇锡余以嘉名”，闻一多《离骚解诂》云：“案肇兆古通，《诗·大雅·生民》‘后稷肇祀’，《礼记·表记》作‘兆’，《商颂·烈祖》‘肇域彼四海’，《笺》曰‘肇当作兆’，是其证。此肇字刘向正读为兆。”① 换句话说，此处的“肇”正是前文所谓的“贞”，因此刘向将“名余曰正则兮，字余曰灵均”二句诠释演绎为：“兆出名曰正则兮，卦发字曰灵均。”（《九叹·离世》）如此，前后四句文意就以贞卜一事，一线贯之。明人陈第《屈宋古音义》，今人陈直《楚辞拾遗》皆以“肇”为“兆”。

因此，我们必须重新考虑这里的“名”和“字”的意思。《说文通训定声》谓“名，假借为明”，即使人明了。此“使人明了”主要是通过刻划或文字的手段，故“名”又同“铭”，或释为“字”。《周礼·春官·外史》：“掌达书名于四方。”郑玄注云：“古曰名，今曰字。”《周礼·秋官·大行人》：“九岁属瞽史，谕书名，听声音。”郑注曰：“书名，书之字也，古曰名。”《仪礼·聘礼》：“百名以上书于策，不及百名书于方。”郑注曰：“名，书文也，今谓之字。”杜预注《春秋公羊传·定公六年》“讥二名”曰：“一字为名。”《管子·君臣》之“书同名，车同轨”，也是以“名”为“字”。以上例子皆可证明，“名”在古时通“字”，而“字”不过是表义符号。那么，在《离骚》中，我们可以简单地把“兆出名……卦发字……”理解为兆

① 《闻一多全集》，第二卷，294页。

卜显示出如此的字义，兆卜符号当然不是文字，但专职人员一定可以从中读出意思，并将其翻译成简要的文字来，故可用“名”来表示。所谓“嘉名”就是吉祥而令人满意的占卜结果，也就是后文所谓“欲从灵氛之吉占”中的“吉占”、“吉故”。诗中的“名”和“字”是互文对举，是出于诗歌修辞的需要，我认为这样的解释更为简明，更贴近原意。

下面我们再来谈谈“名”的另一义：铭。《集韵·青韵》曰：“铭，或作名。”《说文解字段注》曰：“《周礼·小祝》古文书作铭，今书或作名。《士丧礼》古文作铭，今文皆作名。”《列子·汤问》句“伯益知而名之”，注为“铭”。显然，“铭”与“字”的意思有重叠之处，或者说，两者有着阶段性的区别，因为最早的“字”是铭刻在龟甲、兽骨上的，可称为“铭”。“字”本意为孳乳，当其稍后指代一切文字时，“铭”的意思也有所衍变。不过，最早的铭文所记的都是贞卜的内容和结果，这是确切无疑的。依此推断，则“名”之古义与贞卜之记录有不解之缘，而这一义项或许仍然保留在战国时期的楚文化中，并为屈原所用。这一说法可和上一段相辅证，但尚缺乏足够的古代材料来证明，因此本文只是把它作为一个假设提出，以求教于方家。

那么，由贞卜而得出的“正则”和“灵均”又是什么意思呢？按王逸、洪兴祖、朱熹、戴震等人的解释，这两个词不过是分别影射了屈原的名字“平”和“原”，其牵强附会处十分明显；后人不满，有以“平”和“原”对调的，有以“正则”、“灵均”为小名、小字的，亦有以“正则”、“灵均”为平、原之切音的，此皆难以服人。姜亮夫先生在《楚辞通故》中感叹道：“此为屈子一生大事，而数千年所得，不过如此，恐终无以逾于此者乎。”[①] 但姜先生提出屈原改名而仕的说法，亦是纡曲难通。也有人认为这两个词是屈原任巫职时另获得的一对名和字，此名和字都显示了巫的职业特点。[②] 巫师是否在俗名之外另有职名，此亦不见于史料和民俗材料，因此不能肯定。倘我们另换个思路，不再坚持“正则”、“灵均”为屈原的名和字，也许会使原文稍显通畅。根据上文的论证，这两个词不过

① 姜亮夫：《姜亮夫全集、楚辞通故》，第2辑，406页，昆明，云南人民出版社，2002。

② 参见彭仲铎：《屈原为巫考》，载《学艺》，1935（9）；吴郁芳：《屈原职业考》，载《江汉论坛》，1982（11）；路士良：《屈原身世析疑》，载《求索》，1984（4）。

是贞卜的结果，即是神灵对屈原贞卜的答复。除了“灵”字外，“正”、“则”、“均”都是判定是非、均裁正误的意思，《诗经·大雅·文王有声》曰：“维龟正之，武王成之。”此“正”字即言通过龟卜得以考定、判别；《左传·桓公六年》随国季梁说：“祝史正辞，信也。”此当理解成“正”与“辞”为并言之，“正”也是“辞”的一种，祭祀时由主祭者向神灵陈述；《离骚》“指九天以为正”、《惜诵》“指苍天以为正”，其中“正”字在言者则为求得证明、肯定，在“天”则为裁决、判断，《九歌·少司命》颂神辞有“荪独宜兮为民正”，此句尤能说明问题，“为民正”即为民持掌公正，驱邪助善，少司命为所祭之神，可见人们确实认为神灵能为民做主，公正裁决；而且人们也习惯于向神灵请求“正则”。《离骚》“正”字出于兆卜，则表示神已答允为之裁决做主，且《诗经》之例亦表明“正”用于龟卜是常例。“则”为法则，用以衡量是非高下，为裁决之标准，自可通于“正”意；“均”义为均裁更不用多言。“灵”在楚辞中或指巫、或指神，无一例外；言灵均，不过指均裁出于神意，因此，这四个字表达的只是一个意思：即神灵愿意为屈原所受的不公而裁决。扬雄作《反离骚》缘“正则”二字道：“正皇天之清则兮，度后土之方贞。”就是说，要皇天判正他的清则，要后土揣度他的贞洁，可见他也不以“正则”为屈原之名，而以“正”为天神之权力。扬雄为西汉人，距屈原不远，说当可信。“灵均”义同“正则”，之所以要分而言之，亦是出于诗歌偶句修辞的目的。

4

屈原在吁降楚祖祝融之后，就开始了一番泣诉，仍意犹未尽，继续往“四荒”寻找神灵，最后来到重华面前，开始了另一次祭祀和陈词抒情：

> 依前圣以节中兮，喟凭心而历兹。
> 济沅湘以南征兮，就重华而陈词。

所谓“前圣”指的就是前次祭祀的祝融，“节中”就是裁正、正则。重华，即舜，是南楚的大神，我们在前面研究《九歌》时已经作了充分的论证，而且一般人对舜的大神身份也不否认。舜是沅湘之间土著文化中的最高神，与屈原关系不大，不过屈原既然身处南楚，当然也可以顺便对这位神灵表达自己的感情。此下的抒情诗句，除了篇幅短小外，几乎和第一段无区别，且情形比较明显，似乎不用过多的解释。

接下来是两次神游，我们把它划分为第三段。这一段除了神游外，同样也征引了历史上大量的君臣际合的事例，抒发了自己被离弃的哀愁，表达了对故国和君王的依恋之情。至于两次神游的情节，一般学者皆从神话的角度来看它，但我觉得从祭歌或祭仪的角度来看会更好。

神游求女的情节亦见于《九歌》。如《云中君》："览冀州兮有余，横四海兮焉穷。思夫君兮太息，极劳心兮忡忡。"《湘君》："望涔阳兮极浦，横大江兮扬灵。扬灵兮未极，女婵媛兮为余太息。"除了《东皇太一》外，几乎是无篇不有。而且《九歌》神游求女还有个特点，就是悲剧性很强。《离骚》中的求女是完全的失败，也是悲剧性的，与《九歌》稍有不同的是，《离骚》中的求女是屈原的一厢情愿，显然，这里有屈原现实生活的投影。《九歌》中的神游是祭祀仪式之一种，我们在论述《九歌》时，曾提到"索"这种祭名，而屈原在神游、求女之前，自述其目的是："路漫漫其修远兮，吾将上下而求索。"这两句并非泛泛而言，所谓"求索"就是搜寻着索祭散居在天上地下的各个神灵，云"路漫漫"，正见得神灵所处的分散和遥远。而此处的"修"，正如同《离骚》中的其他"修"字的用法一样，同于"灵修"，特指神灵。因为下面所描述的三次神游的情节——第一次朝发苍梧，夕至县圃，盛饰上征，见天神未果；第二次朝济白水，上天无门，转而求女；第三次是"朝发轫于天津兮，夕余至乎西极"，正是屈原踏上漫漫长路，从天到地上下搜寻，并模拟索祭仪式。

下面我们对"索祭"再作进一步的研究，以便揭示神游求女的奥秘。

《礼记·郊特牲》云："直祭祝于主，索祭祝于祊。不知神之所在，于彼乎？于此乎？或诸远人乎？祭于祊，尚曰求诸远者与?"所谓"直祭"就是"正祭"，"索祭"是在祭祀主神之后对其他散处的神灵加以祭祀，祭祀是在庙门之外进行的，而且要寻找着祭祀那些不知所在的神灵。"求诸远者"云云正好作上两句诗的注脚。《郊特牲》又云："蜡也者，索也。岁十二月，合祭万物而索飨之也。"此处"物"即鬼神，索祭即是蜡祭，索祭是要尽量对处在四面八方的各种鬼神进行祭祀。蜡祭（到汉代后改称腊祭）是中原朝野经常举行的一种非常著名的祭祀仪式，《礼记》中难免加上一些中原文化的色彩，但索祭显然有着悠久的历史，就其基本特征而言，一是它在正祭之后举行，二是其祭祀对象为一些散居的不重要之神，三是需祭祀者四处搜寻，逐一祭祀。这些皆与屈原的这几次神游十分符合。诗中言到天庭求索，又列举了下界宓妃、有娀氏之佚女、有虞之二姚等数位神灵，实际就是代表了祭祀中有名和无名的各位相关神灵，并非特指。下面言“百神翳其备降兮，九嶷缤其并迎”，显然也是指的索祭群神。

第一次神游遍寻天界各处，较易理解。第二次神游意在寻祭女神，所采取的主要手段是求婚。而求婚和“人神恋爱”在本质上是相同的，都是希望用两性之间的自然亲密的关系来获得信任，并吸引神的降临。这在全世界各地的原始部族中都是普遍通用的方法，它体现了原始思维的特点，文化人类学家提供了大量的实地调查材料证实了这一点。但通过“理媒”求婚毕竟较为文明，它和“人神恋爱”的区别，显示了屈原和民间祭祀者的文化背景的差异。当时民间祭祀的两性关系要更为自然、奔放，尤其是在祭祀的季节就更加放任了，如《诗经》“国风”中的男女爱情就是相当自主的；而文化阶层，则逐渐赋予婚姻很多政治、伦理等意义，理媒在其中扮演着很重要的角色。屈原当然不能不受到它的影响，因此在《离骚》中将“人神恋爱”发展为“求婚”。

另一个问题，即屈原在诗中对宓妃颇不恭敬，如说她“保厥美以骄傲兮，日康娱以淫游。虽信美而无礼兮，来违弃而改求”，似乎不是祭祀的态度。但这种态度可能仅仅表明祭神的艰难和成功的不易。此外，不管天神地祇，一律恭敬祭祀的态度，是后来的观念。初民既然在祭祀中和神灵以男女之情相戏，自然也不会把神灵特别是地祇，看作是不食人间烟火的了，这在后人看来也是亵渎了神灵。此不独中国为然，在古希腊，人们所设想的奥林匹斯众神的品德也不是很完善的。从巫术角度而言，人们重在对神的一时的控制和利用，故尊敬与否，倒不是最重要的，因此有可能出现指责或抱怨神灵的地方。

最末一次神游，当是索祭的继续，因为灵氛通过占卜告诉屈原要“勉远逝而无狐疑”，巫咸告诉他“勉升降以上下”，皆是往更远处求索之意。而且这一次祭祀意味着整个祭祀仪式的结束，故其在气氛上别有一番滋味。诗云：

> 抑志而弭节兮，神高驰之邈邈，
> 奏《九歌》而舞《韶》兮，聊假日以婾乐。
> 陟升皇之赫戏兮，忽临睨夫旧乡，
> 仆夫悲余马怀兮，蜷局顾而不行。

这是在一阵欢乐之后，接转而来的一阵悲凉。这种情况在《九歌》中通常表明巫神会合的成功和紧接而来的神人分别的伤感，一般由神来咏唱，并且也是在每篇的结尾处，标志着祭祀的结束。如《云中君》："灵皇皇兮既降，猋远举兮云中。览冀州兮有余，横四海兮焉穷。思夫君兮太息，极劳心兮忡忡。"《大司命》："愁人兮奈何，愿若今兮无亏。固人命兮有当，孰离合兮可为?"《东君》："撰余辔兮高驼翔，杳冥冥兮以东行。"其他几篇也差不多如此。如此看来，这种感情基调是上古祭祀仪式的一般规律，所谓"乐以迎来，哀以送往"就是这种规律的体现。也就是说，《离骚》以此来结尾，正如同南楚的祭歌。

5

屈原以其卓越的才华而在现实政治生活中受到楚王和臣僚们的排挤，以至于放逐荒野，其忧愁幽思，劳苦倦极，无可告诉，乃发而为诗，司马迁作《屈原列传》云：

> 夫天者，人之始也；父母者，人之本也。人穷则反本，故劳苦倦极，未尝不呼天也；疾痛惨怛，未尝不呼父母也。屈平正道直行，竭忠尽智以事其君，谗人间之，可谓穷矣。信而见疑，忠而被谤，能无怨乎？屈平之作《离骚》，盖自怨生也。

此种体会可为真切之至。屈原将一腔忧愤托之于祖灵，求其为己"正"之，正是"呼天"、"呼父母"的体现。屈原诞生在"尚淫祀"的楚文化之中，而任何形式的宗教都有这种安慰苦难众生的功能，此在巫音繁会的楚国也自属正常。更何况屈原熟悉祭歌的形式，而几乎所有的祭歌都是如此开头的，因此，当他要表达自己的哀怨之时，会很自然地拈起祭歌的形式，顺着祭祀的程序，向万能的神灵泣诉自己的悲惨遭遇。

通过上文的分析，《离骚》总体上的三段式结构应该比较清楚了，这种结构来自祭歌。不过一般的祭歌在情节上可分为两大段，如《九歌》先主祭东皇太一，再索祭众神，而《离骚》中却出现两个主神——祝融和舜，这或许是出于以下几个原因：一是由于楚祖祝融的显赫身份，需要有一个较为显赫的神灵来陪祭，因此屈原挑中了地方大神舜；二是屈原身为楚族而身处沅湘之间，出现了文化交叉，故连带及之；三是屈原的忧愤深广，仅诉之祝融不足以抒泄愤懑，故再诉之于另一显赫大神舜，在量上突破寻常祭歌的体制。但总的说来，《离骚》在情节结构上是对以《九歌》为代表的祭歌的模仿，这是毫无疑问的，尤其是第二和第三两段，简直和《九歌》的整体结构完全雷同。

实际上，也可以说《离骚》中提及神祇相当于诗人的"起兴"，不论屈原是在祭祀还是在进行诗歌创作，他所需要的不过是一种情境，一旦他通过祭歌的形式进入了一种宗教性的情境，他的感情的河流就会倾泻而出，汩汩不绝。这就是《离骚》中祭歌结构的作用。

二、《离骚》中的"人神恋爱"

《离骚》总的结构呈三大段已如上所述，那么，具体到细节上，它又有什么特点呢？这些特点又与民间祭歌有什么关系呢？下面我们就在这一方面作些补充。

1

闻一多先生奇怪屈原在《离骚》中为什么既说女人话，又说鬼话？

关于"女人话"即闻著所指认的"脂粉气"，包括诗中的以美人自拟、矜夸服饰和"临去秋波那一转"等等，这些都是《离骚》中客观存在的。王逸等认为"灵修美人，以媲于君；宓妃佚女，以譬贤臣"（《离骚经章句》），谓那种种爱意皆不过是比附自己对君王的忠诚和依恋。如此精巧的修辞手段在那个缺乏文学传统的时代和那种悲愤的心情下出现是很难想象的。后人多有不满意这些说教者，如孙次舟和闻一多创为“屈原弄臣说”①，游国恩创为“楚辞女性中心说”②，前一假说尤为精致，而人类历史上又确实存在着弄臣现象，故此说很是引人注目。对这两种说法是否即是或近于事实，我们姑且不论，单他们能意识到《离骚》中的不同寻常的“脂粉气”，意识到这是一个需要解决的问题，并从此着眼提出假说，就是值得称许的。但本文认为，此二说也只是就诗歌所表现出的表面现象所作出的推断，并非事实，至于闻一多所说“临去秋波那一转”，则在文中有大量的体现，我们可以称之为爱情的主题。

表达和表演爱情也是原始巫术祭祀的一个重要特征，人类学的材料和现存的文化典籍都有大量的例证，通过《九歌》也可以得到确证。

《九歌》是楚地民间祭歌的结论已被广泛接受，而《九歌》又是感情浓烈的情歌，这也是明明白白的。苏雪林女士早在数十年前提出“人神恋爱”来解释这一问题，并从文化人类学的角度推断“人神恋爱”是从人祭这一野蛮现象发展而来③，这一说法得到了很多学者的赞同，本文也认为苏先生的说法是可信的。对于“人神恋爱”的由来，还可以从弗雷泽的交感巫术理论得到解释。弗雷泽认为，我们的祖先从人类的生育联想到植物的繁殖，并按照顺势或模拟的巫术原则，通过人类的性行为来促进植物的繁殖，弗雷泽列举了大量事例表明，“世界其他地区还有未开化的种族仍然有意识地采用两性交媾的手段来确保大地丰产”④。我国也不例外，如《诗经·秦风·溱洧》就是表现男女在上巳祭日中的爱情活动，《周礼·地官·媒氏》云：“中春之月，令会男女。于是时也，奔者不禁。”即是说男女关系在祭祀时节是不加节制的，可见这种风俗的普遍。由此发展下去，人们在宗教的或巫术的礼仪上，通常也要表演神的婚姻故事。如在巴比伦、埃及、希腊等等一些地方，神都有来自人间的配偶；在古希腊的一个城市埃莱夫西斯每年九月举行的盛大神秘礼仪中，由两个祭司分别扮演宙斯和女神，“神秘仪式开始后，所有火炬熄灭，这一对夫妻降临到一幽暗处所，膜拜的人群在周围焦切地等待着神人会合的结果，他们相

① 参见自闻一多：《屈原问题》，见《闻一多全集》，第一卷，225页。
② 参见游国恩：《楚辞论文集》，上海，古典文学出版社，1957。
③ 参见苏雪林：《屈赋论丛》，台北，国立编译馆，1970。
④ ［英］弗雷泽：《金枝》，206页，北京，中国民间文艺出版社，1987。

信自己的得救都取决于此。”在瑞典，祭祀动植物之神时，“一位漂亮的姑娘侍奉着神像，人们称她为神的妻子。这位姑娘也充当神在阿普萨拉的神殿里的女祭司”①。弗雷泽由此判断此类风俗曾在古代许多民族中流行过。这类事例与《九歌》的情节是十分相似的，可以相信，在中国古代也存在着这种以爱情或婚姻来诱降或娱乐神灵的现象，较为明显的如给河伯娶妇，其实就是这种习俗的延续。不过《史记》所记的事实过于残暴，而那个时代的人们已经不再有古人的信仰，所以此事只能入《滑稽列传》中，但它说明了婚姻和爱情在祭祀中是有着一定的地位的。

如此，我们再来看《九歌》，就会明白在这些祭歌中为何会有这么多爱情的表白，这是楚民根据自己的日常体会，根据交感巫术的思维原则所采取的一种取媚神灵的祭祀手段。不过在《九歌》中，这种手段不完全同于古希腊或古埃及，而是有着自己独有的特点，它主要不表现为婚姻事实，而是表现为“人神恋爱”，表现为对对方的刻骨铭心的相思之情。这种特点或许是出于以下的原因：也许先民认为感情过程比婚姻事实更加美好，也许先民刻意要通过苦苦相思来表达人神交接的艰难，也许《九歌》所咏唱的仅是招神的部分，而用相思来招神显然是合适的，也许是出于屈原本人的改动等等。总之，在楚地的祭祀活动中，存在着“人神恋爱”的祭祀方式，从这个角度来读《离骚》，不是很容易理解诗中的“临去秋波那一转”吗？

既然《九歌》中能以爱情来象征人神的交接，那么，屈原当然也可以以爱情来象征君臣的离合了。显然，这种象征手法也是来自以《九歌》为代表的祭歌。为了证明我们的观点，下面我们比较一下《离骚》和《九歌》的爱情表达模式，这能使我们的判断更有说服力。我们综合《九歌》中的《云中君》和《湘君》的内容，大体确立了一个“人神恋爱”的表达模式。

（1）自炫装扮：

> 浴兰汤兮沐芳，华采衣兮若英。（《云中君》）
> ……美要眇兮宜修。（《湘君》）

① 参见［英］弗雷泽：《金枝》，212～218页。

（2）表达怨慕、嫉恨之情：

君不行兮夷犹，蹇谁留兮中洲。（《湘君》）
心不同兮媒劳，恩不甚兮轻绝。（《湘君》）

（3）爱情的表白：

思夫君兮太息，极劳心兮忡忡。（《云中君》）
望夫君兮未来，吹参差兮谁思！（《湘君》）

（4）神的叙述：

龙驾兮帝服，聊翱游兮周章。（《云中君》）
驾飞龙兮北征……女婵媛兮为余太息。（《湘君》）

（5）神的降临：

灵皇皇兮既降。（《云中君》）

（6）互赠信物：

捐余玦兮江中，遗余佩兮澧浦。（《湘君》）
采芳洲兮杜若，将以遗兮下女。（《湘君》）

以上所概括的只是《九歌》所表现出的“人神恋爱”的大概模式，并不是每一篇都具备这些内容，也有是在以上内容之外的，如对神的礼赞（《大司命》、《少司命》）、分别的感伤（《东君》、《河伯》）等，或前后次序有不同，然而皆相差不大。一般说来，祭祀是一项仪式性的活动，虽然所祭祀的神灵各有特点，但祭祀方法和程序有相对的稳定性，因此，我认为以上所给出的一个模式，可以反映《九歌》表达爱情的大略程序。下面，我们据此模式对《离骚》中的爱情内容作一比较。

我们仍以所总结的顺序，对《离骚》逐一进行考察：

(1) 自炫装扮：

纷吾既有此内美兮，又重之以修能。
扈江离与辟芷兮，纫秋兰以为佩；

擥木根以结茝兮，贯薜荔之落蕊。
矫菌桂以纫蕙兮，索胡绳之纚纚。

制芰荷以为衣兮，集芙蓉以为裳。

(2) 表达怨慕、嫉恨之情：

惟草木之零落兮，恐美人之迟暮。（草木零落：由于时间长久，而致所佩戴之香草衰萎。迟暮：来迟。）

荃不察余之中情兮，反信谗以齌怒。

曰黄昏以为期兮，羌中道而改路。
初既与余成言兮，后悔遁而有他。
余既不难夫离别兮，伤灵修之数化。（成言：古婚约之称，此喻前占卜结果。）

怨灵修之浩荡兮，终不察夫民心。

(3) 爱情的表白：

苟余情其信姱以练要兮，长顑颔亦何伤？
不吾知其亦已兮，苟余情其信芳。
虽体解吾犹未变兮，岂余心之可惩。

(4) 神的叙述：

曰鲧婞直之身兮，终然夭乎羽之野……（女嬃）
曰两美其必合兮，孰信修而慕之？……（灵氛）

曰勉陞降以上下兮，求榘矱之朗同……（巫咸）

（《离骚》中神之言辞，主要由女嬃、灵氛、巫咸代为传达。）

（5）神的降临：

百神翳其备降兮，九疑缤其并迎，
皇剡剡其扬灵兮，告余以吉故。

（6）互赠信物：

既替余以蕙纕兮，又申之以揽茝。（洪兴祖曰："下云，解佩纕以结言。"朱熹曰："此言……以蕙纕为赐而遣之……"）

及荣华之未落兮，相下女之可诒。

以上可以说基本概括了《离骚》中有关爱情的情节，其结构顺序也大体相当。事实上，对"爱情"的追求，构成了《离骚》的基本框架，它将《离骚》作者所要抒发的思想感情一线相牵，结为一体。因此，可将"爱情"线索看作是《离骚》的主要情节。与《九歌》相比较而言，《离骚》中的哀怨情绪、悲剧气氛更加浓烈，有对现实的直接的评论，而且，它的修辞功用要比《九歌》更明显，这都与屈原的身世之感和当时的心境有关，显示出一些诗人的个性色彩，也是文学创作和程序性的祭歌之间的区别。

2

《离骚》中还有一大段谈到"命灵氛为余占之"，这次占卜是在最后一次索祭之前进行的。据汤炳正先生对包山楚简中的祭祀内容的研究，认为《离骚》中的这一段描写，与楚国有关卜筮之程序基本一致。[①] 下面我将汤先生的研究简述如下并略作补充、修正。

包山楚墓下葬于楚怀王十三年，墓主邵𬊤曾官左尹，与屈原秩位相近，年代相近，墓中随葬有大量的竹简，多记录卜筮祭祷之事，

① 参见汤炳正：《从包山楚简看〈离骚〉的艺术构思与意象表现》，载《文学遗产》，1994（2）。

应是反映楚贵族占卜祭祀的第一手可信的材料，并与楚辞的祭祀内容有可比性。其中较完整的一例曰：

> 东周之客蓸绖归胙于蔵郢之岁，夏𡨄之月，乙丑之日，苛嘉以长则为左尹㝬贞：出入侍王，自夏𡨄之月以庚集岁之夏𡨄月，尽集岁，躬身尚毋有咎？占之：恒贞吉。少有忧于躬身，且外有不顺。以其故敚之：𦍑祷楚先老僮、祝融、媸酓各一牂，鬼攻解于不辜。苛嘉占之，曰：吉。

据汤先生对此段竹简内容的分析，楚卜筮是在祭祷神灵之前举行的，一般可分为六个程序：（1）记卜筮的年月日。（2）记卜筮人及为谁卜筮。（3）记所占何事。（4）记占卜的答案。（5）记为趋吉避凶进行祈祷。（6）卜筮人再占吉凶。现将其逐一与《离骚》对照来看：（1）汤先生谓诗中失记，并认为“这是简文的记实与诗篇的抒情之间的区别”。按：汤先生所言不确，因《离骚》首言庚寅日祭祀，故此处可略。（2）“命灵氛为余占之”。（3）“曰：两美其必合兮，孰信修而慕之？思九州之博大兮，岂唯是其有女？”按：此占人神交接能否成功。（4）“曰：勉远逝而无狐疑兮，孰求美而释女？何所独无芳草兮，尔何怀乎故宇！”按：此谓当祭更远处之神灵，可成功。可与上言索祭相参看。（5）按：汤先生曰所祭祷之神为巫咸，因巫咸亦为“丕显大神”（见《秦诅楚文》），但巫咸似为巫的“行业神”，虽贵为神灵，仍是祭祀的执行者，故似仍因前人之说，以巫咸出现为再次占卜为宜。又因巫咸为“行业神”，故屈原需以“椒糈”等祭品邀之。因此，我认为，此次祭祷当是后面的第三次“神游”，且诗曰：“灵氛既告余以吉占兮，历吉日乎吾将行。”说得十分明白。（6）“灵氛”与“巫咸”都曾“告余以吉占（故）”。按：此次“告吉”，汤先生以为是祭祀之后的再次占卜，亦不确。细绎简文之意，此一段先言缘起，苛嘉为占之曰吉，然有小不顺，并告之按例当祭何神。紧接着的“占之”，应是巫师苛嘉对祭祀是否成功而进行的占卜，因为当时习俗祭祀前必须就祭祀本身进行占卜，前已论及。因前一占为“侍王吉凶”事，故需再占。因此，邵㝬所进行的祭祀当在此后，既祀之后毋需再占，故汤先生所言之（5）、（6）两项当对调。《离骚》所贞问的是祭祀事，诗中的“告吉”皆就祭祀成功是否而言，与苛嘉的后一次“告吉”正相同。

由此可见，《离骚》此一大段的描述，亦非屈原凭空想象，而是祭祀仪式中所必有的，也就是说，它可能出现在别的祭歌之中，因此为屈原所模仿。根据祭祀前必占卜这一原则，我们还可以断定前文中女媭的身份亦为巫，是屈原所假想的人物。

关于女媭，前人曾指认为屈原姊、妾或使女等等，后人多有辨正，认为女媭有巫的身份，其说甚详。现参考诸贤的研究成果，概言之如下：

媭、须古通。《周易》“归妹”卦辞曰：“归妹以须。”郑注云：“须，有才智之称。”又姜亮夫先生在《楚辞通故》中证得此“须”即汉人之“媭”字，并以《七谏·怨世》之“亲谗谀而疏贤圣兮，讼谓閭娵为丑恶”句及他例，说媭（即“须”）为“女之娟好者”[1]。由上两例可知，女媭即指貌美而有才智者，而《国语·楚语下》云：“民之……其知能上下比义，其圣能光远宣朗，其明能光照之，其聪能听彻之，如是则明神降之，在男曰觋，在女曰巫。”则所云不外乎才与貌两者，女媭庶几近之。清人周拱辰著《离骚草木史》曰：“按《汉书·广陵王胥传》，胥迎李巫女须，使下神祝诅。则须乃女巫之称，与灵氛之詹卜同一流人，以为屈原姊缪矣。”颜师古注《汉书》谓：“女须者，巫之名也。”且《离骚》句作“女媭之婵媛兮，申申其詈余”，《九歌·湘君》云：“女婵媛兮为余太息”，句型极相类，所言场景当相同，而《九歌·湘君》之“女”显然是迎祭湘君的女巫，则女媭当也不能例外。

另一个有关人物是“彭咸”，旧说据王逸一家之言以之为商之贤大夫，投水而死，其实不然。因此事有关《离骚》的性质，与本文干系甚大，故不可不辩。俞樾《俞楼杂纂读楚辞》云：“愚按彭咸事实无可考，特以屈子云‘愿以彭咸之遗则’，而屈子固投水而死者，故谓彭咸亦投水而死，窃恐其诬古人矣。”古之可考者则有巫彭、巫咸，《吕氏春秋》云：“巫彭作医，巫咸作筮。”古巫医不分，医者亦巫之职。《山海经·大荒西经》云：“有灵山，巫咸、巫即、巫肦、巫彭、巫姑、巫真、巫礼、巫抵、巫谢、巫罗十巫从此升降，百药爰在。”则彭、咸实为先代大巫。远古文化落后，常以宗教治国，根据现在的考古等研究，商代即巫风大甚，则巫彭、巫咸为商之“贤大夫”亦在情理之中，《史记·殷本纪》曰：“伊陟赞言于巫咸，巫咸治王家有成。”又云：“帝祖乙立，殷复兴，巫咸任职。”则彭咸亦

① 姜亮夫：《楚辞通故》（第二辑），176 页，昆明，云南人民出版社，2002。

巫亦官，王逸说并非无故，只不过投水死事是对《离骚》有先入为主而产生的曲解。《离骚》此句连上文曰："謇吾法夫前修兮，非世俗之所服；虽不周于今之人兮，愿依彭咸之遗则。"此四句显然是以"前修"、"彭咸"为同类，又以"世俗"、"今之人"为同类，两两相对言；"世俗"所对者非死也，而是神、巫的神圣世界，且"修"在楚辞中多用同"灵"字，也指神、巫而言。故彭、咸为巫无可怀疑。彭、咸，尤其是巫咸在商代名气甚大，今出土甲骨文及古文献多有言之者，知其地位甚是崇高。《庄子·应帝王》曰："郑有神巫曰季咸，知人之死生存亡，祸福寿夭，期以岁月旬日，若神。"至此，正如丁山先生在《中国古代宗教神话考》中所言，巫咸"即是巫觋们所供养的祖师大神"[①]，为后人，尤其为楚人所崇拜，秦惠王《诅楚文》即将楚王之恶诉于"丕显大神巫咸"，故屈原不为世俗所容，欲安身于彭咸所代表的巫术世界，正在情理之中。

三、《离骚》中的巫祭意象和习语

《离骚》的情节结构既已如同民间祭歌，那么诗歌的另两大要素——意象和语言呢？从理论上来说，一丛成功的诗歌意象，就是一种文化的浓缩；而意象又是和诗歌语言密不可分的，它们都依赖同一个文化背景。《离骚》作为一首杰出的诗篇，它的意象和语言华丽多彩，而且极有特点，富有浓郁的文化意蕴。显然，它们也是与民间祭歌有着不可分割的联系的。

1

在《离骚》中，我们能很容易发现一个由众多的香草所组成的意象的世界。香草的频繁出现，一向被认为是屈原品德、人格的外在表现，受到历代文人的推崇。但后人并没有正确地指出香草的来源，也就不能在更深的层次上揭示出香草隐含的意义。自王逸界定"《离骚》之文，依诗取兴，引类譬喻。故善鸟香草，以配忠贞"（《离骚经章句》）以来，历代学者都把香草象征系统的起源追溯到《诗经》的比兴上去，刘勰所谓"三闾忠烈，依诗制骚，风兼比义"

① 丁山：《中国古代宗教与神话考》，186 页。

(《文心雕龙·比兴》)，朱熹认为楚辞“兴少而比赋多”(《楚辞集注》卷一）等等，影响可谓深远。但《诗经》在当时的楚国不过被偶尔征引于外交场合，用于政治或道德的作用，它与楚国的文学传统并无关系，所以它不可能为屈原提供一整套的文学象征系统。

其实，通过和《九歌》的比较，我们很容易看出，《离骚》中的香草形象是来源于巫术仪式的。《离骚》中出现的香草共有十八种：江蓠、芷、兰、莽、椒、菌、桂、蕙茝（同芷)、荃（洪兴祖补注曰“荃与荪同”)、留荑、揭车、杜衡、菊、薜荔、胡绳、芰、荷、芙蓉。《九歌》中有十六种：蕙、兰、桂、椒、薜荔、荪、芙蓉、杜若、芷、荷、辛夷、杜衡、靡芜、女萝、芭、菊、药（王逸注：“白芷也。”)。两者相同的共十一例，占绝大多数。这绝不是偶然的巧合，它们肯定来自同一种自然观。为什么不能说《九歌》中的这些香草是经屈原“更定其辞”的呢？我们知道，巫术与祭祀用品在初民眼里是同样神圣的，都带有禁忌的意味。《九歌》作为楚地巫术活动的实录，其中过于“亵慢淫荒”之处，或有删减，但必不致捏造祭祀用品。因为在这些祭祀中，除了歌舞之外，巫觋们反复吟唱着香草的美洁，可见香草在巫术活动中的重要意义。屈原自然也无必要加以更动。所以，我们认定《离骚》中的香草系统，只能来自传统的巫术仪歌。由于《九歌》只是楚地祭歌中的一组，所以我推测，《离骚》中剩余的七种香草亦是来自巫术祭歌。

那么，这些美丽芬芳的花和草又是怎么用于祭祀的呢？《九歌·东皇太一》云：

> 瑶席兮玉瑱，盍将把兮琼芳。
> 蕙肴蒸兮兰藉，奠桂酒兮椒浆。
> 扬枹兮拊鼓，疏缓节兮安歌，陈竽瑟兮浩倡。
> 灵偃蹇兮姣服。芳菲菲兮满堂。
> 五音纷兮繁会，君欣欣兮乐康。

这一段文字较为完整地保留了先秦楚地祭祀歌舞的场面，也是我们所能发现的唯一的有关祭祀歌舞场面的文字。可以看出，满堂的女巫们一面准备好用蕙、兰、桂、椒制作的祭品，一面手执香草，或许身上也缀满鲜花，她们在纷繁的音乐声中，尽情地歌舞，目的是为了使神灵体会到快乐的气氛。《九歌·礼魂》云：

成礼兮会鼓，传芭兮代舞，姱女倡兮容与。
春兰兮秋菊，长无绝兮终古。

王逸注“传芭”句云：“言祠祀作乐，而歌巫持芭而舞，讫以复传与他人更用之。”此类似于现在仍流行的“击鼓传花”的游戏，女巫们边舞边传递着花草，并且祝愿着这样的节日，自春而秋，年复一年，永无绝时。也就是说，香艳的花草在这里被作为巫术仪式的象征，它既是巫舞的重要道具，又是招徕神灵的祭品的重要部分，因此，花草在某种程度上就意味着祭祀行为，它在一个特定的时期内，是和巫术祭祀不可须臾相离的。

花草为什么会成为祭祀的圣物呢？一般说来，祭祀的目的就是通过种种手段来与神交通，并使神感到愉快，献祭在任何文化阶段的祭祀中都是存在的，世界各民族都曾有过用芬芳植物作为祭品的时期。爱德华·泰勒在他的《原始文化》一书中提到早期人类用熏香供奉神灵时说：“这些供品以蒸汽的形式升到了灵物那里：这种思想显然是十分合理的。”[①] 那么气味也是一样的道理，人们用香草或烧熟的牺牲祭祀，主要就是出于气味的考虑。《礼记·郊特牲》云：“殷人尚声，周人尚臭。”此处的“声”指音乐舞蹈，“臭”指牺牲酒醴等祭品，这句话反映了这样一个事实：商代的祭祀仪式主要表现为众人的聚会欢庆，而周人的祭祀仪式主要表现为隆重丰盛的祭品。也就是说，商人的祭祀仪式是大众的、野外的、欢乐的，而周人的祭祀仪式是贵族的、庙堂的、肃穆的，这种区别其实不是两个朝代的喜好不同，而是时代发展的嬗变。但这句话过于绝对地将“声”和“臭”分开了，商人的祭祀不可能缺乏“臭”，周人的祭祀也不可能缺乏“声”，不过是各有侧重而已。当然，相对而言，早期文化（或者同一时期而处于较低社会地位之文化，或由于地理位置偏离中央地域而发展滞后的文化）中的祭祀，不用说，“臭”的内容更为简朴，除了以牺牲献祭外，充满了馨香的花草一定会占有一个相当的比例。《九歌·山鬼》云：“被石兰兮带杜衡，折芳馨兮遗所思。”反映的就是以花草之香味娱乐神灵的祭祀仪式。植物毕竟不如酒肉粢盛更能拿得出手，更具有表现力，因此，前者被后者所代替是必然的。但在古代典籍里，我们还能寻出植物献祭的蛛丝马迹来，《诗

① ［英］爱德华·泰勒：《原始文化》，213页。

经·召南·采蘩》云采蘩为了“公侯之事”，用于“公侯之宫”，此“蘩”即白蒿，旧注言采蒿是为了养蚕，实误，养蚕不能说是“公侯之事”，亦不可能养在宫中，春秋时，“国之大事，在祀与戎”，故此采蘩为祭祀事。此在《诗经·召南·采蘋》中说得更清楚，诗云：

于以采蘋？南涧之滨。
于以采藻？于彼行潦。
于以盛之？维筐及筥。
于以湘之？维锜及釜。
于以奠之？宗室牖下。
谁其尸之？有齐季女。

此处言“奠”、言“尸”，分明是将蘋、藻用为祭品；并且，此处的主祭者是一个妙龄少女，这就与《九歌》的情形相仿佛了。《诗经·陈风·东门之枌》“子仲之子”在“东门”、“宛丘”婆娑起舞时，“贻我握椒”，《诗经·郑风·溱洧》写上巳日修禊之祭时，男女手执兰草，并以芍药相赠，这些都反映了民间巫祭的情形。至于朝堂之祭，则香草被认为“物薄”，逐渐被牛羊猪等美味佳肴和金玉器物所代替。但也不是完全不见香草的痕迹的，如“茅”就得以保存下来，《周礼·地官·乡师》云：“大祭祀，共（供）茅蒩。”《周易·大过》云：“初六，藉用白茅，无咎。”《系辞上》：“夫茅之为物薄而用之可重也。”可见周代祭祀也用茅。《左传·僖公四年》载楚国因苞茅不入周室，使周室不祭。《尚书·禹贡》：“荆州包匦菁茅。”《夏本记》集解引郑玄注曰：“菁茅，茅有毛刺者，给宗庙缩酒。”《周礼·春官·男巫》：“掌望祀望衍授号，旁招以茅。”分明是说以茅草招致远方的神灵而加以祭祀。以上材料可证周时香草仍用于祭祀，只不过它们的地位显得不重要就是了，但从发展的眼光来看，在这之前，或在民间，香草在祭祀中应当起着相当重要的作用。直到现在，在南方很多地区，每当端午节时，家家还要准备艾草和菖蒲，当门割倒，以邀吉驱邪，这恐怕是古风的遗迹。

《离骚》中有多处描写到采集、互赠香草，例如：“朝搴阰之木兰兮，夕揽洲之宿莽”，“结幽兰而延伫”，“及荣华之未落兮，相下女之可诒”，“折琼枝以为羞兮，精琼靡以为粻”等。还有大量的歌咏香草以及有关自己种植、餐饮、喜爱香草的表白等。除了表明一个巫祭过程和气氛外，它们还有两种文学作用：一是象征自己精神品质的培养，这也是本诗最为成功之处，它为我们塑造了一个光彩夺目、芳香四溢，而又孤芳自赏、遗世独立的人格典范。另一用法是象征理想的破灭，屈原“滋兰九畹，树蕙百亩”，欲“竢时将刈”，然而现实环境的恶劣，竟使“兰芷变而不芳兮，荃蕙化而为茅”。这两种用法都有很强的现实意义。

2

《离骚》中主人公的衣冠装饰也是作为一个意象群出现的，有着很强的象征性。诗云：“扈江离与辟芷兮，纫秋兰以为佩”，“矫菌桂以纫蕙兮，索胡绳之纚纚”，“制芰荷以为衣兮，集芙蓉以为裳”，“高余冠之岌岌兮，长余佩之陆离”，“佩缤纷其繁饰兮，芳菲菲其弥章”。这其中的衣裳、饰物，除了冠戴外，皆是以香草为之。有人撰文称此“奇服”即《九歌》中“灵偃蹇兮姣服”之“姣服”，并举出《东皇太一》、《云中君》、《大司命》、《少司命》中描写衣饰的句子作为证据，从而断言此“奇服”就是“祝宗祭神时穿戴的工作服”①。此论过于凿实，但并不是没有道理的。可以想见，在民间祭祀中，无论是巫觋还是那些处于狂欢之中的男女们，皆用香草缀满衣裳来装饰自己，一以娱神，一以自娱，它和上面所述的采集、互赠香草，在意义上是相同的，因此，它不但构成了一种祥和虔敬的气氛，同时也象征着自身的纯洁和美好的心愿。主持祭祀的人可能还会有特别的装饰。因此，屈原在《离骚》中模拟巫术祭仪时，不管是想象的还是写实的，都不可能不描写到它们，这种衣饰的仪式含义和情感意义应该是为屈原所熟悉的。在《九章·涉江》中亦有这样的描述：“余幼好此奇服兮，年既老而不衰。带长铗之陆离兮，冠切云之崔嵬。”用法和《离骚》是一样的。屈原自云：“謇吾法夫前修兮，非世俗之所服。”既然不是世俗的，就表明它是宗教的。当然，由于这些服饰中凝结着人们某种情感和意愿，因此有着浓郁的象征意味，那么，屈原也可能借此来表白自己的坚贞品行。也就是说，他之所以穿着这些芳馨的“奇服”，是为了表示和混浊的现实有所区别，表明自己高标独树，不与小人同流合污。

岌岌高冠这一意象亦来自巫术祭祀，这在文献略有可征，试为

① 吴郁芳：《屈原职业考》，载《江汉论坛》，1982（11）。

述之。上古或民间祭祀于冠饰最为看重，主要以飞禽之大羽为之，金文“皇”字即像其形。《礼记·王制》云“有虞氏皇而祭”，郑玄注云：“皇，冕属，画羽饰焉。”《周礼·春官·乐师》称“凡舞……有羽舞，有皇舞”，郑玄注：“皇舞者，以羽覆冒头上，衣饰翡翠之羽。”可见“皇”为上古祭祀时专用之冠。此羽即鹬鸟之羽，《说文》鸟部：“鹬，知天将雨鸟也……礼记：知天文者冠鹬。”所谓知“天文”亦是古巫师之职掌，故丁山先生的《中国古代宗教与神话考》云：“知天者冠鹬，当是‘皇而祭天’的变相。”[①]《左传·僖公二十四年》说子臧“好聚鹬冠”，“郑伯闻而恶之”。可见春秋时，中原仍有戴鹬冠祭祀的习俗，只是渐为人所弃，不入庙堂礼制，所以引起了郑伯的不满。以羽饰冠，以象征着神圣或祭祀，中外皆然，如印第安人不久前还是如此。这种习俗在战国时代仍然保留在楚地土著部落的祭祀仪式中，《九歌·东君》云“翾飞兮翠曾”，就是以鸟来形容舞巫，看来头上是有羽饰的。这种较为原始的习俗在楚文化中稍有变异，但并不是无迹可寻的。《后汉书·舆服志》曰：“长冠，一曰斋冠，高七寸，广三寸，促漆纚为之，制如板，以竹为里……楚冠制也。民谓之鹊尾冠，非也，祀宗庙诸祀则冠之。”“鹊尾”即古之羽饰，则楚之长冠虽不一定是羽饰，也必定要像其形，且上文明言“长冠”用之于祭祀，由此可断言，楚国在这一点上仍保留着前代的遗迹，屈原之岌岌高冠，即《后汉书》之“长冠”，它由古之“皇冠”“鹬冠”演变而成，为祭祀专用。

屈原笔下的香草是直接和巫术文化相联系的，因此，它必然有其自身的文化特征，并以此区别于《诗经》的比兴手法。首先，比兴手法十分重视事物的外在特征，以及这一特征和诗歌内容的相吻合，容易被人理解，如“手如柔荑”，“颜若舜华”等；或者更进一步从整体上比附，如“隰有苌楚，猗傩其枝，夭之沃沃，乐子之无知”（《桧风·隰有苌楚》）。稍见抽象，但也离不开它的外形特点。而巫术祭祀的特殊性质和神秘意味，决定了香草的意义在于它具有某些言辞之外的象征作用，它作用于人的主观情绪，任何一个处于或熟知巫术文化传统的人，都能从这些香草的名称中体会到热烈的情感和神秘、圣洁的意味，并为之激动和着迷。所以它是不屑于在形态上作简单比附的，它以巫术思维特有的方式暗示了一个超现实的世界。其次，《诗经》中

① 丁山：《中国古代宗教与神话考》，200页。

的草木是零碎地、孤立地出现的，是作者为做诗而信手拈来的。如《周南》以“桃之夭夭”兴女子出嫁，而《魏风》以“园有桃”兴“心之忧矣，我歌且谣”；再比如“梅”在《召南·摽有梅》和《陈风·墓门》中都被认为具有暗示或隐喻的作用，前者象征年华，后者却和墓、鸮并列，借以指斥“不良”。而《离骚》中出现的香草是自成体系的，因为巫术祭仪实际上标志着有别于现实生活之外的另一个世界，所以应该是相对完整的，凝结在它上面的感情反应是被固定了的，因此它拥有稳定的价值取向，香草在一定程度上就是“美”和“善”。并且它还极容易启发屈原去创造另一组意象——恶草，使这个冥冥中的巫术世界被投入现实社会的阴影中。在《离骚》中，香草、恶草的相互冲突和转化，自然构成情节，从总体上暗示了事态和心绪的变化，这是《诗经》比兴所不能望及的。

3

下面我们来谈谈“飞升”这一组意象。

巫术祭祀的表演性，注定了祭祀者一定会设定巫觋扮成所祭祀的神灵到场接受祭祀。中原宗庙祭祀中的“尸祭”制度，即是由人假扮成早已亡故的祖先接受后人的祭祀的仪式，可以肯定是和更为原始的“人神恋爱”仪式出自同一种思维方法，甚或可以说它是早期“人神恋爱”仪式经改革后留下的遗迹，也就是泰勒所谓的“文化遗留”。在土著的巫术祭祀中，这些神灵要与祭祀者在共同的恋爱表演中完成祭祀过程，那么他们的表演就必须要体现出神性，如飞升、驾龙驱凤、腾云鸣雷等等。这些诗句既有可能是神灵自己的咏唱，也有可能是主祭者或助祭者目击神灵的降临而咏出的赞叹之声。在古人的观念中，巫是可以上天神游并交接神灵的，《山海经·大荒西经》载：“巫咸国……在登葆山，群巫所从上下也”，“大荒之中有山，名曰丰沮玉门，日月所入。有灵山，巫咸、巫即、巫朌、巫彭、巫姑、巫真、巫礼、巫抵、巫谢、巫罗十巫，从此升降，百药爰在”。不过这些巫的神通大概也相当于神，而非一般的巫觋可比。那么，在巫术祭祀中，巫觋当然要表达出神灵的踪迹，以完成人神交接的过程，而神的飞升不可表演，只能靠咏唱来模拟，因此，祭歌中有很多飞升的描述，《离骚》中的飞升意象就得自祭歌。

为了使我们的结论更加可信，更能说明问题，下面我们再特别比较一下飞升的两个重要的细节：乘舆和仪仗。

首先，《离骚》中的飞升一般都是驾着龙车：

驷玉虬以椉鹥兮，溘埃风余上征。
为余驾飞龙兮，杂瑶象以为车。
麾蛟龙使梁津兮，诏西皇使涉予。

通过对《九歌》的考察，我们发现，乘龙飞行正是巫神陟降的主要方法，是巫神在空中的主要交通工具，甚至在水中，他们乘坐的也是龙舟。《云中君》是"龙驾兮帝服"，《湘君》中"驾飞龙兮北征"，《大司命》之"乘龙兮辚辚，高驰兮冲天"，《东君》出现时"驾龙舟兮乘雷"，《河伯》"乘水车兮荷盖，驾两龙兮骖螭"等；其他如《湘夫人》、《山鬼》没有提及车驾，《少司命》有"乘回风"之说，但这并不表明她就不乘龙，因为《大司命》既"乘玄云"，也"乘龙"，因此，《九歌》中并不存在着反证。

其次，《离骚》中三次飞升的仪仗是十分壮观的，尤其是首尾两次，如第一次神游：

前望舒使先驱兮，后飞廉使奔属；
鸾皇为余先戒兮，雷师告余以未具。
吾令凤鸟飞腾兮，继之以日夜；
飘风屯其相离兮，帅云霓而来御。
纷总总其离合兮，斑陆离其上下。

如此壮观繁杂的景象，在《九歌》中也能找到根据，如《大司命》"令飘风兮先驱，使冻雨兮洒尘"，"高飞兮安翔，乘清气兮御阴阳"，其他诸神出入也极有气象。值得注意的是，除了《九歌》之外，在《韩非子·十过》中有一段描写也与《离骚》十分相似：

昔者黄帝合鬼神于泰山之上，驾象车而六蛟龙，毕方并鎋，蚩尤居前，风伯进扫，雨师洒道，虎狼在前，鬼神在后，腾蛇伏地，凤皇覆上，大合鬼神，作为清角。

所谓"大合鬼神"就是对鬼神进行总的祭祀，犹索祭；"清角"是音乐之一种，原始时代的音乐、舞蹈总是用于祭祀之中的。这一段话是师旷对晋平公所说的，“黄帝”云云虽未必可信，但师旷作为古代音乐文化的保留和传播者（实际上他的职务与祭祀大有关系），他应是反映了古代的社会习俗，或者可以直接说是巫术祭祀的习俗的。以这一段话和《离骚》相比，无论是在行为的目的上，还是在行为的细节上，两者都是一般无二。

根据以上所得出的论述，我们完全有把握断定，《离骚》中的所谓飞升，正是当时一般祭祀或楚地祭祀所共有的程序，《离骚》中的飞升神游显然也是祭祀过程的描述，它反映了祭祀过程的既定程序性，而不是个人的主观创造性。意象渊源有自，但屈原有可能借用这一组意象，强化自己的崇高的形象和自信心，表示对世俗社会的厌弃，使它带上文学意味。

4

宋黄伯思在《东观余论·翼骚序》中评论楚辞的特点曰：

> 屈宋诸骚，皆书楚语，作楚声，纪楚地，名楚物，故可谓之《楚辞》。若些、只、羌、谇、蹇、纷、侘傺者，楚语也。顿挫悲壮，或韵或否者，楚声也。……

这一段话很著名，常被人引用。其中“书楚语”和“作楚声”两项是关于诗歌语言和音韵的，下面我们稍加讨论。

黄伯思所说的“楚语”是否确实在楚国存在呢？这恐怕还是个问题，从《左传》等文献中我们可以看到，楚人说话跟中原并没有什么两样。那么，黄伯思所说的“楚语”，是否为楚国特用于祭祀或诗歌中的语言呢？也不是。楚国祭祀用语见于上文所举之竹简，它显得较为古朴；再如楚辞中的《招魂》，显然可以代表楚国的祭祀歌谣，就其语言来说，只有一个“些”字符合黄伯思所说的“楚语”的特点。从诗歌创作来说，《天问》和《橘颂》纯粹出于楚贵族文化，在这两首诗歌中，上所列举的“若、些、只”等助词一个也没有出现。而且，从韵律上说，《天问》、《橘颂》、《招魂》皆是以四字句为主，也谈不上“顿挫悲壮”，与其他诗歌很容易区别开来。因此，黄伯思的说法是不全面的。

可是，黄伯思所列举的带有地方特色的语助词，确实大量存在于《九歌》、《离骚》及《九章》之中。《九歌》是土著祭歌，其语言是有着天然性的；《离骚》和《九章》部分作品是屈原的创作，如前分析，这些创作在很大程度上受到《九歌》的影响，显然，《离骚》中那些带有浓郁地方色彩和韵味的语助词，就是来自《九歌》等土著祭歌的。因此，可以这样说，所谓“楚语”、“楚声”，实际上是南楚土著文化的特点，而不是楚贵族文化的特点，它们集中体现在以《九歌》为代表的民间祭歌之中，由于屈原的学习借鉴，它们又在《离骚》、《九章》中表现出来；而《离骚》、《九歌》和《九章》又被认为是最典型的楚辞作品，因此，这些来自南楚民间祭歌的语言和韵律就被看作是屈原诗歌的创作特征了。

在《离骚》中还存在一些很特殊的句子，这些句子的意思有时候不是十分清晰，可是它在平衡诗歌节奏上却有不小的作用。我们认为，这些句子也来自民间祭歌中的套语。

民间仪式歌谣的另一个显著的特点，就是习惯套语的使用。这些套语是仪式本身所固有的，它不管仪式的主持者的主观目的是什么，只要这种仪式在进行，它就总要出现。也就是说，它们的存在或是为了表明仪式的程序和细节，或者仅是为了唤起参与者的特定情绪，它是仪式在语言方面的标志，因而，这些套语是约定俗成的，有着自然的规定性。因此，它们很可能与仪式参与者主观上所想表达的某些东西（当然不是指仪式本身的目的）不相协调，甚至相抵牾，但在这一特定的仪式中，它总是要尽量地被表达出来。

《离骚》中就存在着不少这类套语，下面我们通过和《九歌》的比较，将其列出来。请看附表：

《离骚》	《九歌》
来吾导夫先路	导帝之兮九坑
朝发轫于苍梧兮，夕余至乎县圃 朝吾将济于白水兮，登阆风而绁马 朝发轫于天津兮，夕余至乎西极	朝骋骛兮江皋，夕弭节兮北渚 朝驰余马兮江皋，夕济兮西澨
百神翳其备降兮，九疑缤其并迎	九疑缤兮并迎，灵之来兮如云
聊逍遥以相羊 聊浮游以逍遥	聊逍遥兮容与
结幽兰而延伫	结桂枝兮延伫
及荣华之未落兮，相下女之可诒	采芳洲兮杜若，将以遗兮下女 搴汀洲兮杜若，将以遗兮远者 折疏麻兮瑶华，将以遗兮离居 折芳馨兮遗所思

以上这些诗句中，有的涉及祭祀情节，有的涉及祭祀场面，有的涉及祭祀氛围，其句式也相对稳定，无疑都具有仪式性特点。它们存在的合理性就在于仪式的规定性有着极为固定的程序化倾向。所以，有时我们不能很顺利地把它们和上下文贯通起来，如《湘君》、《湘夫人》中的祭者在情人尚未到来之时，何以要“聊逍遥兮容与”，很令人费解。即便是《离骚》中的两次“逍遥”，历代注释者或含糊其辞地言“游也”；或指出其为“安舒”、“自得”貌，然而何以会如此，仍不知其所以然；更有甚者如汪瑗等称为“皆优游求索之意，非行乐之意”（《楚辞集注》），如此遮饰，说明注释者心里也有疑惑。这些套语有的可能是为了提示情节，如“朝发……夕至……”等；有的在原始祭歌中应该是出现在助唱或帮腔之中，起着调节节奏的作用，并不一定要表现某种实在的内容，如“逍遥”之类。而屈原使用这些套语，显然也没有考虑它的内容，它们只在诗歌结构中起作用。

仪式习用语是公众的，是原有的，它所表达的也不是个人的感情，而是集体的感情，甚至是集体表象的一代代的积淀，处于同一文化背景的人，只要接触到这些习用语，就会兴起一种永恒不变的情怀，领略到那种宗教情绪。因此，这些习用语会一直保存下去，并深入人心。即使在我们看来，这些套语无助于个体的思想和情感的表达，但在熟悉那种文化背景的人看来，只要诗人所要表达的情绪和祭歌一样，这些套语就能和诗歌内容达成和谐。不但如此，这些套语还能唤醒读者对祭歌的记忆，引发读者进入一种悲怨的情境，从而加深对诗歌的体会和理解。

《离骚》中富有特色的语言，是构成《离骚》整体风格的重要因素之一，它以绮丽迷离的色调，助成了《离骚》的浪漫主义精神；尤其是大量使用那些具有地方色彩的语助词，不但使得诗歌显得回环反复，韵味悠长，加强了诗歌的抒情效果，而且还具有很强的装饰性，使得诗歌更加绚丽多姿。由于这些语言来自另一个文化，来自原始祭歌，因此，它还给诗歌带来了陌生化效果和神秘的意味，能激发读者的兴味，引人入胜，使人着迷。

四、《离骚》的抒情方式

我们对《离骚》的结构、情节、意象、语言等进行了梳理，基本可以确定，《离骚》在形式上正同于以《九歌》为代表的民间祭歌，可以说，没有民间祭歌就没有《离骚》。由此，我们也就可以明白，为什么《离骚》在没有文学传统的情况下，突然就达到了诗歌艺术的顶峰，因为它属于另外一个传统巫祭文化的传统。我们已难以断定《离骚》到底是真的为祭祀所用，还是仅仅出于屈原个人的模拟。如果是祭祀，那么它是常祀还是特祀？可以肯定的是，屈原作为主人公，在这次情感活动中投入了自己的满腔激情。这次祭祀或模拟祭祀的目的十分明确，那就是要让神灵对自己的世俗遭遇给出一个公正的裁决，使自己悲伤的心灵得到慰藉。在后人看来，《离骚》之所以前无古人，后无来者，最主要是它抒情的深广程度是亘古未有的，它以沉重的情感的力量震撼着人们的心灵，使人感受到巨大的悲痛和愤怒，产生共鸣。也就是说，王逸、朱熹等绝大部分学者，两千年来对《离骚》所持的看法并不是毫无道理的，他们的根据就是屈原的主观动机和诗中所表现的现实内容。如此，我们不能不对《离骚》的抒情特点和思想内容作一简要的探讨。

1

闻一多先生在谈到《离骚》时说：

> 总之，我不相信《离骚》是什么绝命书，我每逢读到这篇奇文，总仿佛看见一个粉墨登场的神采奕奕，潇洒出尘的美男子，扮演着一个什么名正则，字灵均的“神仙中人”说话，（毋宁是唱歌。）但说着说着，优伶丢掉了他剧中人的身份，说出自己的心事来，于是个人的身世，国家的命运，变成哀怨和愤怒，火浆似的喷向听众，炙灼着，燃烧着千百人的心——这时大概他自己也不知道是在演戏，还是在骂街吧！[①]

这一段话是很有意思的，受过文学教育的人恐怕都能从感觉上部分或大体上同意闻先生的观点。闻先生所说的也正是他自己的作为诗人和学者所能拥有的极敏锐的感觉，唯其是感觉，所缺乏的就是学术意义上的证据，因此人们难以在理论上接受这一说法。但我认为这一段话中所隐含的以下几点是应该为我们所接受的：（1）《离骚》

① 闻一多：《屈原问题》，见《闻一多全集》，第一卷，256页。

中存在着有差异的两种语境，但却是出自同一人之口。（2）《离骚》中两种语境的情感基调相近，可以由一者感发另一者。（3）《离骚》具有明显的表演性。以上这三点不需作学术意义上的证明，通过对文本的研究就可获得结论，相信闻一多先生正是在此基础上得出关于“扮剧”的结论的。根据虽如此，然而结论却是错误的：其一，战国时绝无如此发达的戏剧；其二，扮演者离开角色夫子自道不已，已无他例，而能有文本保留下来，就更不近情理了。无论是演者或观者，倘要载之简策，直记剧中内容即可，何必兼而载录之。后世东方朔扮剧，言在此而意在彼，庶几近之，然乃是精心策划，诙谐为之，绝不似屈原情感真挚，一泻而下，非巧智所能为也。

结合本章前二节所论，以《离骚》为屈原之祭歌或对祭歌的模拟，则闻先生之直观感觉可得以正确通畅的解释：屈原不是在扮剧，而是在举行或模拟着一次颇为繁杂的巫术祭祀仪式。他一面作出降神的表演，唱着祭神的歌；一面向神痛陈自己在尘世的遭遇，请求神灵的裁正，于是哀怨和愤怒，火浆似的喷出。他自己清楚地知道，这既是在祭祀，又是在泄愤。

任何祭祀都是有目的的，即使是年节常祀，也始终是在祈求平安和收获。而在商周时期，人们为了各种不同的目的频繁地进行祭祀，慷慨而无所不能的神灵必须要满足芸芸众生种种不同的要求。因此，当世俗的秩序不能化解屈原的烦恼时，他向神灵求得帮助就是合乎情理的了。在祭祀活动中诉说自己的身世遭遇，就是因为神灵可以为人间的不平作“正”或“则”，并且神灵已经答应了屈原的请求，本文第一节已对此作了论述。下面我们可根据《离骚》中有关陈辞求正的句子对此作进一步的申述和分析。

诗曰：“依前圣以节中兮，喟凭心而历兹。”“节中”，前人或训为“节其中和”（王逸《楚辞章句》），或训为“撙节至于中道”（汪瑗《楚辞集解》），或言为“折中”（林云铭《楚辞灯》），皆为附会儒家中庸思想，不得要领。屈原坚信自己无错，并一再表示与群小势不两立，何需调和？唯林仲懿作《离骚中正》称：“节中者，裁制事理……”庶几得之，所谓“节中”正是公正裁决亦即是“正”的意思。此处“前圣”即我们前文所说的“伯庸”祝融。这两句诗所描述的是两个相连续的行动，即是屈原已经蒙祝融“节中”，又来到大神重华所居之南湘。这个句型和下文几句是一样的：“跪敷衽以陈辞兮，耿吾既得此中正。驷玉虬以椉鹥兮，溘埃风余上征。”此处言

“中正”，即是上句之“节中”，意思十分明显。所谓“得此中正”，就是取得舜的赞同。这四句也正是表达了两个相连续的行动，就是既得“中正”以后，又向他神祭祀，故“溘埃风余上征”。以下的祭祀仪式中，也有不少有关陈辞的内容，虽未明说既得“中正”，然而事实正是如此。

以上这两节六句，前后相贯，它说明了向神灵陈辞求正确实是此次祭祀的一个重要目的。而且，这两节非常明确地把《离骚》拦腰分为三段，并且在文中起着承前启后的作用，由此而分出的三段，正与《离骚》祭祀仪式的三个阶段相符合：第一阶段祭祖，是为主祭；第二阶段祭祀南楚地方大神舜，是为附祭；第三阶段祭祀各方神灵地祇，是为祭后索祭。结合上举两次所提到的陈辞、节中，我们可以知道，这三个阶段都是以同一种模式进行的，即：祭祀＋陈辞。这样，屈原作《离骚》的目的不是更加清楚无疑了吗？

2

那么，屈原所要求神灵为他节中的到底是什么呢？这不得不结合他的生平来认识。

有关屈原生平的材料，以司马迁《史记·屈原贾生列传》最为详细。司马迁的撰史精神是非常认真的，所用史料或见之载籍，或闻之于民间，要之，皆非无据。故我认为司马迁对屈原及《离骚》产生的背景的描述，虽难免于事实有出入，但大体可信。此文因多有窜乱，颇授人以不可信之口实，今有聂石樵先生为之整理廓清，还《屈原列传》以原来面貌，足资参看。[①] 据此，可以知道屈原先受怀王宠任，由于夺稿事件，遭怀王疏远，遂“忧愁幽思而作《离骚》”。忧愤相交，而又无可告诉，只能托之于诗歌，托之于神灵而已。那么，屈原所可怨者，一是怀王不察，一是奸佞嫉妒。屈原在《离骚》中抒发之怨愤，也都集中在这两个方面。

在第一段中，屈原这样唱道：

昔三后之纯粹兮，固众芳之所在。
杂申椒与菌桂兮，岂维纫夫蕙茝？
彼尧、舜之耿介兮，既遵道而得路，

① 参见聂石樵：《屈原论稿》，28～32页。

何桀纣之猖披兮，夫唯捷径以窘步。
惟夫党人之偷乐兮，路幽昧以险隘，
岂余身之惮殃兮，恐皇舆之败绩。
…………
众皆竞进以贪婪兮，凭不厌乎求索，
羌内恕己以量人兮，各兴心而嫉妒。
忽驰骛以追逐兮，非余心之所急，
老冉冉其将至兮，恐修名之不立。

这其中提到两类人物，一是古代的帝王，包括正反两种例子，并借众芳设喻指出，圣明的君王当循善遵道；另一种人是搞阴谋的“党人”，为祸国败君之徒。此正与屈原的遭遇相合，可与《屈原列传》相印证。屈原还在此对祖神表达了自己的胸襟和忧虑，这几句直呼而出，显然是告白之语，甚为激切。

从这一段看来，屈原的陈词有两个鲜明的特点：一是以古例今，一是以味比德，而且这两者经常交织在一起。这两个特点一直被认为具有文学性，但这两个特点也是符合祭祀这一特定的情境的。祭祀是一个神圣的事件，向神求正归根到底也只是一个求得精神解脱的过程。从祭祀者心理的角度来看，他实际上需要的是一个能向之倾诉内心痛苦的有知的对象，需要的是神灵的是非判断来安慰自己，他认为神对自己在人世间的遭遇是明了的，他无需再详述所发生的一切，何况祭祀仪式本身就是一个渲染和强化情绪的过程，因此，他只需将自己的态度或在精神上的感受传达给神灵也就足够了。如此看来，屈原一再举出众所周知的旧例来陈述自己对怀王的认识，是完全可以赢得神灵的同情的，也可以使自己的心灵得到平静。此外，当时屈原恐怕不好直斥怀王本人，因此用这种暗示的手法。

至于以草的美恶或多寡来象征品德，这与巫术祭歌反复咏唱形成定式有关。香草在祭歌中一再被礼赞已成为一种明显的价值标志，并且有着强烈的感情倾向，那么，以此来描绘世间的某种德行，就既能表达对此种德行的价值判断，又能表达祭祀者的感情倾向，并且也能得到神灵或所有参加祭祀者的认可。

当然，以上两种手法显然也可以解释为诗歌的修辞手法。屈原之所以要在开头拉来祖神祝融，制造出一个祭祀的开端，一方面是顺应祭歌的通常格式，另一方面是屈原需要一个能向之倾诉内心痛苦的有知的对象，需要的是神灵的安慰。而这种假想中的抚慰，正如慈母之于幼子，反过来又诱发和渲染了自己的委屈情绪。因此，在“长太息以掩涕兮”后，诗人又开始了新的一轮哭诉，此下的内容和上面的句子无异，但其感情更加充沛，情绪更为激动，一再表示宁死也不能忍受现实的丑恶不公。云“宁溘死以流亡兮，余不忍为此态也”，云“伏清白以死直兮，固前圣之所厚”，皆悲愤之极，感人至深；尤其是后一句，使我们想起祝融因诛共工氏不尽，于庚寅日被天帝所杀，出于氏族的感情，楚人一定认为自己的祖神祝融的被杀和鲧的遭遇一样是冤屈的，所以说是“伏清白而死直”。屈原言及祖神的经历，一以表示将要重蹈其辙，一以求得其同情，于其悲处，可以想见。实际上，仅在第一段里，屈原已将自己的遭遇和悲愤之情作了多重的抒发，由于修辞的巧妙和情感的渐进，读者并不感到重复。

第二段向舜陈词，自“启《九辩》与《九歌》兮”始，到“沾余襟之浪浪”，历举了前代的荒淫君王败国的实例，认为国家的兴亡系于君王一身，而唯有有德之君，才能得到天帝的佑助，“皇天无私阿兮，览民德焉错辅。夫维圣哲以茂行兮，苟得用此下土”，即是这个意思。屈原借此向神灵表达了自己对楚王德行的担忧，实际也表达了自己对楚国前途的担忧。屈原特别暗示道，楚王德行的欠缺，主要是在“举贤而授能”这一点上做得不够，这就关系到屈原本身的遭遇。得不到楚王的信任，却又强烈地关注着楚国的命运，这就是屈原尴尬的处境。国家的命运和自身的命运如此紧密地联系在一起，而他在现实社会又实在看不到什么希望，因此，他只能向神灵哭诉：“曾歔欷余郁邑兮，哀朕时之不当。揽茹蕙以掩涕兮，沾余襟之浪浪。”说到伤心之时，热泪涟涟，悲哀之情又甚于前。

有关屈原在现实的遭遇，除了出现在他自己的陈词中之外，还通过女嬃、灵氛之口来表达。他们的话有两个共同的意思，一是对屈原的劝勉，一是对现实的谴责。如女嬃所言前六句：“鲧婞直以亡身兮，终然殀乎羽之野。汝何博謇而好修兮，纷独有此姱节？薋菉葹以盈室兮，判独离而不服。”这几句将屈原比作英雄鲧，并夸赞他的“姱节”，并无让他回心转意的意思。后四句云：“众不可户说兮，孰云察余之中情？世并举而好朋兮，夫何茕独而不予听？”此显然是神灵对世俗之人的谴责。其实我们可以认为女嬃、灵氛这两个与巫祭有关的角色是代表神在讲话，屈原因此才认为已经得到了神灵的

"节中"、"中正"。巫咸下面的那个"曰"字，其下语句甚多，清人吴世尚、近人吴汝纶、今人谭介甫皆以为巫咸之辞至"莫好修之害也"[①]，其说甚是。细绎文意，此段言辞亦可分为两部分：前一部分列举商周君臣契合之故事，其意在鼓励屈原继续"好修"，终会得到楚王的信任，共成大业。后一部分则指斥党人嫉妒，香草变味，并总其言曰："莫好修之害也。"此下的诗句应当是出自屈原，口气陡转，以"余"总领，感叹世间变化从俗者众，并自诩独立超世，芬芳依旧，紧接着又言"及余饰之方壮兮，周流观乎上下"，即继续求女之意，这些显然不是巫咸的话。由此可见，巫咸的话和女媭、灵氛的话是同一个模式，他们又一次地复述了屈原的遭遇，并表达了对屈原的同情。虽然说话人身份不一样，但抒情效果是一样的。而且抒情者角色的变换，使诗歌的抒情方式灵活而不呆板，容易为读者接受。

在《离骚》的结尾处，诗人将感情的表达推向顶峰：当他好不容易摆脱人间的烦恼，在广阔的天空自由自在地翱翔时，深深眷恋故国之情又将他拖向现实的深渊。

> 陟升皇之赫戏兮，忽临睨夫旧乡；
> 仆夫悲余马怀兮，蜷局顾而不行。

这一段话既是祭祀中"哀以送往"的仪式性表现，也可以看作是采用形象的手法，为我们刻画了一幅感人的恋乡图景。它表现得极为含蓄，技巧性很强，这在先秦诗歌中是不常见到的。而且，它是在一片少见的快乐的情景中突然出现的，情绪对比十分强烈，给读者的阅读期待带来严重的挫折，因此能直指人心，倍增其哀。

闻一多先生感觉出《楚辞》中有两种语境，这我们已经作了说明，即迎神祭祀用词和自身遭遇的表白，两者是不同的。闻先生还感觉到这两种语境在感情上有相通之处，否则不可能"说着说着……丢掉了他剧中人的身份，说出自己的心事来"。有关这一点，我们毋需多作证明，无论是《离骚》还是《九歌》，它祭神所特有的恋爱形式，它那缠绵哀艳的唱辞，无不在演绎着某种近乎绝望的悲剧情怀，它在赞美神的同时，极力表现出人神交接的艰难，表现出

① 分见《楚辞疏》、《古文辞类纂评点》、《屈赋新编》上集。

生别死离时的依依不舍。为什么要在祭祀中刻意追求这种悲剧情绪呢？从心理学上说，悲剧性的情感作为人类最深厚的感情，能释放出巨大的能量，使先民在充满着神秘、恐怖的生活中，得以暂时的发泄、松弛。这一离别的悲剧和孜孜不懈追求的精神，正与屈原的现实感受相吻合，因此，整篇《离骚》可以一泻而下，滚滚不绝，祭祀仪式和陈辞求正虽为二事，而浑然一体。此正是《离骚》所以成功、所以感人之处，也是《离骚》所以障人眼处，致使对《离骚》的千古误会，流传到今。

总而言之，《离骚》的成功，首先在于屈原的生平事迹感人，他忠诚的情怀和不遇的现实构成了一出席天幕地的旷世悲剧，千载以下犹能动人心魄，催人泪下。就修辞而言，《离骚》采取了循环往复、多层次、多角度重现一个主题的方法，反复加强读者的印象，以获得突出的抒情效果。但是采取这一方法容易导致风格的单调，使读者产生疲劳的感觉。但《离骚》却能以充沛的情感，神奇多变的语言，利用情节的变化，造成一种一泻千里、飞流直下的气势，使读者感到淋漓尽致、荡气回肠。

3

那么，原始祭歌对《离骚》的抒情方式有什么影响呢？修辞方面的影响，我们在前面曾随文论及一些，下面我们着重从文化心理和文学发展的角度对《离骚》的仪式结构作一较为深入的分析，以期更进一步揭示《离骚》中仪式结构的功用和文学价值。

原始神话、宗教仪式，是先民们在千百万年的历史中所累积的心理经验的集中体现，它在一个有限的集体成员中，甚至在全人类之间彼此交流、彼此分享，在一代代的流传中构成一种种族记忆，形成集体无意识。荣格说："原始意象或者原型是一种形象（无论这形象是魔鬼，是一个人还是一个过程），它在历史进程中不断发生并且显现于创造性幻想得到自由表现的任何地方。因此，它本质上是一种神话形象。当我们进一步考察这些意象时，我们发现，它们为我们祖先的无数类型的经验提供形式。"① 在荣格看来，一个个神话片断，由于它积淀着人类历史上一个个重要时期的心理经验，因此有着巨大的心理能量，由于理性文明的发展，它逐渐沉淀到人类心

① ［瑞士］荣格：《心理学与文学》，120页，北京，三联书店，1987。

灵的底层深处，只有在心灵获得某种自由时，才能得以表现。

很多人类学家和原型批评理论家却相信神话起源于仪式，如弗雷泽认为神话是一种“虚构形式，它的构成是为了解释某种古老的习俗，而该习俗的真实意义和起源则已被遗忘”。① 而哈里森更是直截了当地说，神话来源于仪式，而不是相反，神话是“实际仪式，即所作之事的口头伴随物；神话是和‘仪式行为’（dromeno）相对立或相伴随的‘言语行为’（legomenon）”②。据此，仪式是比神话更为核心的东西，因此，它不应被原型理论所忽视。著名原型批评理论家诺思罗普·弗赖伊（又译弗莱）则在此基础上，发展了荣格的原型理论。他认为，初民仪式都具有季节性特征，“在人类生活中，仪式看来只能是某一自愿的努力（因而其中含有巫术的成分），为的是重新掌握人类已经失去的、与自然循环的和谐关系”，表达了“人类与大自然力量之间的共时性”。所谓“共时性”，就是一种节奏，一种再现，因此，仪式中就包含了叙述的起源，“这种叙述是自动的，是一种无意识的重复”③。弗赖伊在“共时性”的前提下，把太阳的东升西落、四季的变化、人类一生的有机周期综合在一起，指出它们在时间发展上具有共同的意义模式，从而论证仪式本身有可能在最广泛的意义上成为一种原型。

实际上，仪式和神话在原始先民的生活中不光是相互伴生的，它们更具有相同的心理效应。仪式由于它的身临其境的体验，更具真实性、集体性，因而可能具有更大的心理能量，是一种更有震撼力的原型。这一原型具有两方面的意义：一是内容上的，它集中表现为面对某一神灵、某一过程或某些祷语的意义联想和情感体验，它的功能和神话原型相同，作用于作者、读者的精神。我们在下一章中将对此作详细的讨论。它的另一方面的意义则表现在形式上，当然这里的形式并不是纯粹的外在规范，它也可能具有某种启示性或情感性因素。但它的主要的功能在于给出了一定的文学范式，它包括文学体裁、文学结构，甚至情节或情感发展的趋向。这就是弗赖伊所谓“叙述”的含义。

著名哲学家尼采通过孜孜不倦的考订，最终以《悲剧的诞生》

---

①② 参见［美］海曼：《神话的仪式观》，见［美］约翰·维克雷编：《神话与文学》，72、73页，上海，上海文艺出版社，1995。

③ ［美］诺思罗普·弗赖伊：《文学的原型》，见［美］约翰·维克雷编：《神话与文学》，53页。

一书雄辩地论证了古希腊悲剧诞生于古希腊的祭祀仪式。神话和仪式是一种精神性和实践性并存的集体信念和集体行为，而文学艺术也是人类经验整体的一部分，“文学是社会环境的组成部分；文学作品必须首先被视为集体信念和集体行为的方式。这样一来，神话和仪式就成了文学表达的基本要素了”①。因此，当神话和仪式随着原始文化一同消亡之时，它的精神性功能必须由文艺来承担。而神话、仪式的功能被继承，首先应该表现在形式上。在文学和原始神话、仪式正处在告别之前相互握手的一瞬间，我们很难分清古希腊悲剧到底是祭祀仪式还是文学。

我们在解读《离骚》时同样遇到了这一问题。如上文分析，《离骚》具有完整的三段式祭祀模式，条理井然，十分符合仪式的构成顺序。这么说，《离骚》是一首祭歌？而《离骚》又有着鲜明的个人抒情特征，它所立足的基本事实是宫廷的斗争和倾轧，它所抒发的是一种由不遇的身世而导致悲哀的现实感受。那么，《离骚》该是一首纯粹的文人创作诗？这些都似是而非，我们给不出一个切实的答案。不过我们可以肯定，《离骚》恰好处在一个过渡状态之中，它借用祭祀的形式表达了个人的感情。这一行为可以解释为一次为了个人目的而进行的祭祀，也可以认定为对祭歌的一种精致的模仿，它是这两者的连接。

我们从楚辞中可以找出由原始宗教祭仪到文学创作的演变过程。《九歌》是纯粹的祭歌，它的目的是祭神，我们从中只能看到集体情绪，它不带有任何个人色彩。《离骚》是一种过渡状态，它具有仪式和文学两方面的特征。而《九章》则个人色彩极浓。《九章》中除了在乱辞、部分术语等形式上还保留着仪式的特征外，几乎不带有任何集体情绪，它是个人身世、经历、现实体验的感发，因而它是纯粹的诗歌。由《九歌》而《离骚》，而《九章》，诗歌终于挣脱出原始宗教的母胎，独立承担起宗教仪式的精神性的功能。

某些诗歌与原始宗教存在着割不断的血缘关系，越是在诗歌的早期，它的形式与原始祭歌就越难以区分。祭仪的主要形式特点就是戏剧性，原始祭歌也有明显的戏剧性特点，比如《九歌》，它的表现形式就是化装表演和对唱。闻一多先生作《〈九歌〉古歌舞剧悬

① ［美］哈斯克尔·布洛克：《文化人类学与当代文学批评》，见［美］约翰·维克雷编：《神话与文学》，5页。

解》，对它的戏剧性特点揭示得非常明确。[1] 而《离骚》以三段结构分别祭祝融、舜和索祭众神，每一阶段一般都具有问卜、迎神、祷祝三个程序，具有明显的节奏感。我们如果赞同屈原是由于个人的遭遇而求助于神灵，也就是说认可《离骚》是一次属于个人行为的祭祀活动，很难设想屈原在被放逐的情况下，个人能够完成这一系列的表演。所以，我们只能认定《离骚》和宗教的关系是一种心理上的真切认同，而在形式上，则是一种不自觉的模仿。也就是说，在诗歌的初始阶段，宗教祭仪规定着诗歌的形式，或说是诗歌的内在结构，正如弗赖伊所说：

> 艺术作品的统一性，结构分析的基础，这并不是单纯由艺术家无条件的意志所产生的，因为艺术家只是其作品的直接原因。作品还需要有形式，因此需要形式方面的原因。[2]

作为诗人的屈原，正是从宗教仪式中寻找到了某种具有天然合理性的“形式”或诗的结构。因为有了诗歌形式上的支持，他才能毫不费力地把《离骚》推到了诗歌艺术史上后人难以企及的高峰。

不独《离骚》如此，进一步的研究还可以看出，纯粹诗歌状态的《九章》也是借助了仪式的结构。比如《惜诵》，作者一开始便言：“惜诵以致愍兮，发愤以抒情。”显然，这是明显的创作意识在涌动。它不同于《九歌》、《离骚》的仪式性开头，而是有着个性色彩，是典型的诗人之作。但此下言“令五帝以折中兮，戒六神与向服。俾山川以备御兮，命咎繇使听直”，这里显然又是在追溯《离骚》中的祭祀情节或仪式结构了。虽然它以“五帝”、“六神”、“山川”、“咎繇”这样更加虚化、历史化、世俗化的泛神来取代“祝融”、“舜”这样具体的神灵，表明它已不是某种具体的仪式，而是纯粹的诗人之作，但“折中”、“听直”仍是在祈求着神灵的公正而神圣的评判，“向服”、“备御”，仍然是在模拟着神游。而诗中“吾使厉神占之兮，曰有志极而无旁。终危独以离异兮，曰君可思而不可恃”，又使我们想到《离骚》中占卜的情景。总的看来，在《惜诵》下仍暗藏着一次祭祀的情节。当然作者试图使这一情节淡化，

① 参见《闻一多全集》，第一卷。

② ［美］诺思罗普·弗赖伊：《文学的原型》，见［美］约翰·维克雷编：《神话与文学》，49 页。

但它仍然在诗歌的内在结构中显示出来。再比如《涉江》中的诗句：

步余马兮山皋，邸余车兮方林。
乘舲船余上沅兮，齐吴榜以击汰。
船容与而不进兮，淹回水而凝滞。
朝发枉陼兮，夕宿辰阳。

我们在《九歌》中《湘君》、《湘夫人》以及《离骚》中都能看到类似的描述，或者相同的句式。显然，它是借鉴了迎神的情节、结构，尤其是它结尾的“乱曰”，更是在形式上继承了《九歌》的《礼魂》和《离骚》的“乱曰”，而这是典型的仪式性结构。在《九章》其余的大部分诗篇中，我们都能若隐若现地看到这种仪式性的结构。随着诗歌技巧的逐渐提高，仪式结构的特征在诗歌中会越来越淡薄，但它在相当长的一段时间，或在某个特定的时刻，总会表现出来。

正是在这个意义上，弗朗西斯·弗格森在《戏剧思想》一文中指出，《哈姆莱特》一剧情节发展的各个阶段，不断地反映在各民间、军事或宗教的仪式之中，这些仪式场面符合祈求社会幸福的庆典。因此，他认为“《哈姆莱特》一剧既是改编，也是仪式”①。如果充满了哲学意味和个性精神的《哈姆莱特》都是仪式的话，那么《九章》、《离骚》岂不更是仪式了。

既然仪式结构在文学史的某个阶段具有如此的稳定性，并且对文学形式有着约束，那么仪式本身就成了一种原型，它在文学史的某个角落沉睡着，一旦时机成熟，它总会从诗人的笔下悄悄地流出来。更为重要的是，巫术仪式原型不仅包含着巨大的人类情绪，它还以其原型结构先验地给定了秩序，使混乱的现实在心灵中得到重新的组合。因此，原型结构给予人的不仅是个温馨的世界，更是一个有序的、可以理解的世界。也正是在这个意义上，屈原才用仪式性的结构构架了自己的避难所——《离骚》，还有《九章》。

---

① 转引自［美］哈斯克尔·布洛克：《文化人类学与当代文学批评》，见［美］约翰·维克雷编：《神话与文学》，7页。

第五章 “香草美人”的文学传统

如果说《诗经》以其坚实的理性精神和清晰的历史意识，鼓励了文学对现实的关注，那么，楚辞则以其深邃的情感力量和意蕴丰厚的原始意象，为历代诗人们那一颗颗苦难而无依的心灵提供了栖息之所和精神家园。只要有苦难、有迷惘，就会有诗人；只要有诗人，我们就会感到楚辞的爱抚和关怀。那些温馨而又深沉的原始意象，曾经庇护了在理性世界中迷失了方向的屈原，如今，这些原始意象又裹挟着屈原的人格力量和情感体验，凝练成以“香草美人”为代表的原型意象，积淀在全民族的精神深处，在中国文学史的长河中激起层层瑰丽的浪花。

本章主要讨论的是楚辞中的原始宗教神话因素是如何影响着两千年的中国文学史的。

一、汉人对楚辞的接受

1

随着楚国的灭亡，楚辞在相当长的一段时间内只是在民间流传。王逸《楚辞章句·九章序》云：“楚人惜而哀之，世论其词以相传焉。”汉文帝时的贾谊，是第一个提及屈原和楚辞的人，他也是在被贬长沙后，才得以“侧闻屈原兮，自沉汨罗”（《吊屈原赋》）。可以推想，楚辞直到汉文帝时仍是在民间口耳相传，尚未进入载籍。

由于西汉统治集团雅好楚声，楚辞的编订研究工作也就应运而起。据现有的材料来看，最早整理楚辞的应是武帝时的淮南王刘安。《汉书·淮南王传》载：“初，安入朝，献所作《内篇》，新出，上爱秘之。使为《离骚传》，旦受诏，日食时上。”刘安都寿春，为楚之故都，因此有条件收集整理楚辞作品，并根据屈原事迹为之作传。此传的部分内容尚保留在司马迁《史记·屈原贾生列传》中：

国风好色而不淫，小雅怨诽而不乱。若离骚者，可谓兼之矣。上称帝喾，下道齐桓，中述汤武，以刺世事。明道德之广崇，治乱之条贯，靡不毕见。其文约，其辞微，其志洁，其行廉，其称文小而其指极大，举类迩而见义远。其志洁，故其称物芳。其行廉，故死而不容。自疏濯淖污泥之中，蝉蜕于浊秽，以浮游尘埃之外，不获世之滋垢，皭然泥而不滓者也。[1]

这一段有两个主题，前半段赞扬了《离骚》是符合儒家审美观的政治讽喻诗，后半段则在肯定屈原人格的基础上，推崇他的辞赋。

刘安的论述突出了屈原辞赋的社会思想内容，并认为它符合当时的主流文化，从而也就确立了楚辞的地位。但这些论述显然忽视了楚辞中最有价值的东西——深沉的情感及其对现实困境的超越，同时也在很大程度上歪曲了楚辞的美学风格。为什么楚辞在它被正统文化容纳之初就被迫显示出另外一种面貌呢？原因首先在于，楚辞相对于当时的主流文化——儒家文化而言，是一种异质文化因素，它要想进入主流文化，就必须改变自己，认同主流文化。其次，在主流文化中，就文学作品而言，已经建立起了一整套有着明确价值标准的批评话语。这套批评话语以儒家诗教为核心，具有很大的强制性。所以，人们在接受楚辞时，只能以这套价值体系来对它进行取舍。

刘安对楚辞的接受，是以这样的两重标准为前提的：一是美刺，一是知人论世。前者是《诗大序》所确定的儒家最根本的诗歌理论："上以风化下，下以风刺上，主文而谲谏，言之者无罪，闻之者足以戒，故曰风。……故变风发乎情，止乎礼义。"它以政治和伦理的价值为指归，把文学感发人心的功能局限在政治教化上，使文学成为政教宣传的工具。刘安正是在这一意义上肯定了屈原的称道儒家圣人和道德治乱的内容。这是有选择的接受，有着极大的片面性。政治教化的功能是社会性的，为了全面达成这一功能，就必须压抑个性的因素。为此，儒家思想家提出了"温柔敦厚"的诗歌风格标准，以扼制过分的感情化倾向。虽然它有违文学的本质，但却是一条难以突破的律令。为了能顺利地接受楚辞，刘安不能不称颂《离骚》既"好色而不淫"，又"怨诽而不乱"，这一点构成了对《离骚》从

① 班固《离骚序》和刘勰《文心雕龙·辨骚》均对此段话有节引，并指认为刘安所作。

内容到美学风格的全面颠覆。

而“知人论世”的方法在这套既定批评话语中也有着重要的地位，它要求把作品和作者的政治、伦理表现结合起来考察，以此来确定作品的价值。这种理论自然有其道理，但它的价值标准也是维系在儒家伦理政治思想之上的，它在一定程度上模糊了理性和情感之间的界限，模糊了日常行为和创作状态之间的界限，是不能全面而正确地了解文学作品的，尤其是针对《离骚》这类情感的产物而言就更是如此了。刘安虽然是希望借助屈原的人格力量来确定、印证《离骚》的价值，而这一目的他也确实部分地达到了，但对此过分的强调，反而显示出屈原的个性品质和儒家人格规范之间的差异来。

但不管如何，既定批评话语的确立，使得刘安有可能在主流文化中为楚辞寻找到一定的位置，或者说寻找到两种文化可能的衔接口，为主流文化接纳楚辞寻找根据。虽然他不可避免地要扭曲楚辞的文化形态，但刘安的贡献仍然是巨大的。因为在当时，楚辞所面临的问题首先是能不能被主流文化所接纳、容留的问题，能接纳，它就存在；不能，它就消亡。仅就此而言，刘安确实是嘉惠学林，泽被后世了。

2

西汉初年，统治集团尚黄老之学，经过几代皇帝的与民休息的政策，社会经济迅速发展起来，人们开始从疲惫之中振作起来，社会稳定成了最要紧的问题。经过吴楚七国之乱，统治者感到迫切需要一个更加有效地驾驭社会的文化政治系统。而在黄老政治下，随着挟书令、妖言令、诽谤法的废除，掀起了一个继秦火之后的文化复兴运动，这为秩序和文化的重建奠定了基础。武帝时期，经董仲舒等人的努力，一套以大一统和皇帝集权为中心的政治思想体系终于构架成功。这一套政治思想体系是以儒家公羊学术为理论根据的。学术体系严密的规范性往往意味着排他性，因此，董仲舒在《元光元年举贤良对策》中严厉指出：

> 《春秋》大一统者，天地之常经，古今之通谊也。今师异道，人异论，百家殊方，指意不同，是以上亡以持一统，法制数变，下不知所守。臣愚以为诸不在六艺之科孔子之术者，皆

绝其道，勿使并进。邪辟之说来灭息，然后统纪可一而法度可明，民知所从矣。

这一提议迅速得到了汉统治者的赞同和响应。丞相卫绾奏曰："所举贤良，或治申、商、韩非、苏秦、张仪之言，乱国政，请皆罢。"（《汉书·武帝纪》）武帝准奏。这就是所谓的"罢黜百家，独尊儒术"。

在这种情势下，社会的价值体系迅速建立起来，评判标准是明确而有效的。一切文献材料都以儒家经典来衡量其价值，凡是远离儒家经典的，它就在文化上和行政上被判定为非法，就要遭到遗弃。那么，从原始文化和个体怨愤的基础上崛起的楚辞，当然属于"诸不在六艺之科和孔子之术者"，但屈原的政治热情和人格力量又能与儒家文化理想相契合，所以楚辞实际上是在汉主流文化的边缘上徘徊。刘安不失时机地利用并突出了屈原的忠诚和讽谏，使楚辞在当时文化系统中有了立身之地。

但是，刘安的接纳和解释不是一劳永逸的，他的牵强附会是如此的明显，以至于在主流文化的内部立刻产生了强烈的排斥性，以抗议这种勉强而粗率的捏合。比如东汉班固就站在纯儒的立场上，指责刘安的赞论"似过其真"，真的儒者，应该信奉君子道穷乃命也的信条，藏智保身，而屈原却不是如此。他说：

今若屈原，露才扬己，竞乎危国群小之间，以离谗贼。然责数怀王，怨恶椒兰，愁神苦思，强非其人，忿怼不容，沈江而死，亦贬絜狂狷景行之士。多称昆仑冥婚宓妃虚无之语，皆非法度之政，经义所载。谓之兼《诗》风雅，而与日月争光，过矣！（《离骚序》）

班固的评价高低先不说，他对楚辞的理解却要比刘安更接近事实。在班固看来，屈原是一个相当个性化的人物，他的情感是不受节制的，他的愤怒是不加以隐藏的，他的抒情方式更是偏离了儒家的规谏、比兴之道，是虚无缥缈的。无疑，班固捕捉到了《离骚》的抒情特征，可惜他用的是另一套批评话语政治伦理化了的"诗教"理论来衡量它，这样，那些卓越的抒情特征就变得格格不入了。也就是说，在班固看来，刘安的捏合是不成功的，应该切切实实地把楚辞从汉代主流文化中剔除出去。可见楚辞的地位并不牢固，它仍然在存在与否的悬崖上摇摇欲坠。

但即使楚辞严重地背离了儒家的诗学法则，人们还是不忍就此将楚辞推下悬崖，其中一个重要原因也被班固如实道出："然其文弘博丽雅，为辞赋宗，后世莫不斟酌其英华，则象其从容。自宋玉、唐勒、景差之徒，汉兴，枚乘、司马相如、刘向、扬雄，骋极文辞，好而悲之，自谓不能及也。"（《离骚序》）"弘博丽雅"，文采灿烂，人类欣赏美文的天性决定了人们不能对此熟视无睹。恐怕前之刘安，后之王逸，之所以竭力弥缝楚辞与汉儒家文化的缝隙，除了景仰屈原的人格力量之外，另一个原因就是"斟酌其英华"了。只是传统诗教对文采之美置而不论，刘安等也就不好把它提出来当作直接的理由。而老实刻板的班固居然没有看出刘安的良苦用心，一通严格的文化批判，又把楚辞推上了悬崖。

虽然班固并不能真的忍心要弃绝"弘博丽雅"的楚辞和作为"妙才"的屈原，但必须有人对楚辞作出更为成功的解释工作和更为细致的捏合工作，才能确定楚辞的地位，才能让人更有信心地接受楚辞。这一重任历史地落在了王逸的肩上。

3

王逸在《楚辞章句·九思序》中自称与屈原"同土共国，悼伤之情，与凡有异"，浓烈的乡土意识增加了他对屈原的认同感。但他认为，屈原的真正价值还是在他的情操、遭际以及文采灿烂之上："凡百君子，莫不慕其清高，嘉其文采，哀其不遇，而愍其志焉。"（《楚辞章句·离骚经叙》）对个人遭际的同情，对文采斑斓的嘉慕，儒家诗教皆存而不论，而它们又确实是《离骚》的魅力所在。也就是说，王逸是从儒家诗教之外感受到了楚辞的价值，但遗憾的是，这一点却不能作为接纳、推崇楚辞的理由。王逸必须从正统文化的内部为楚辞寻找安身立命的根据。这对楚辞而言，幸欤？不幸欤？王逸是著名的儒家学者，他深深地明白当时儒家文化到底需要什么，于是他从三个方面对楚辞进行了系统的收编改造工作。

（1）刻意渲染屈原的忠君意识。

"忠君"这一概念在汉正统文化中具有特别重要的意义。王逸很敏锐地意识到这一点可以使得反对者有投鼠忌器之忧，可以为确定楚辞的合法地位奠定基础。但王逸的忠君非所谓的愚忠，他认为，人臣应以保国安君为主旨，在此前提下，虽行有偏激，亦不失为忠君：

> 人臣之义，以忠正为高，以伏节为贤。故有危言以存国，杀身以成仁。是以伍子胥不恨于浮江，比干不悔于剖心，然后忠立而行成，荣显而名著。若夫怀道以迷国，详愚而不言，颠则不能扶，危则不能安，婉娩以顺上，逡巡以避患，虽保黄耇，终寿百年，盖志士之所耻，愚夫之所贱也。（《楚辞章句·离骚经叙》）

这种观点突破了传统儒家中和保身的论点，他在理论上把一种政治主张转变为士大夫自觉的人格精神，因而不会受到儒家文化的排斥。当忠君意识和人格精神捏合在一起时，它就能包容诗人的愤激之情，这就为顺利地接受楚辞作了准备。

在此基础上，王逸随时注意发掘屈原的忠君意识。如《离骚》："指九天以为正兮，夫唯灵修之故也。""灵修"二字显为颂神，是《离骚》祭祀模式所习用者，而王逸注云："灵，神也。脩，远也。能神明远见者，君德也，故以谕君。言己将陈忠策；内虑之心，上指九天，告语神明，使平正之，唯用怀王之故，欲自尽也。"（《离骚经》）祭神习用语在这里被巧妙地置换为象征、比喻等修辞手法。以此类推，所有涉神诗句都可以解释为楚王、自然或对神的那种信仰、情感，也就原封不动地移植过去了。用帝王来取代神的地位，这正是董仲舒等汉儒们孜孜以求的，也是汉代皇帝的梦想。而王逸却借对《离骚》的阐释，将其表达得淋漓尽致！那么，用于祭祀的香草也就很容易被理解为儒家对个体的要求——品德修养了。一旦这两套象征系统在王逸的批评理论中得以确立，《离骚》就成为一首纯正的政治抒情诗，屈原的形象也就被描绘清楚了："今若屈原，膺忠贞之质，体清洁之性，直若砥矢，言若丹青，进不隐其谋，退不顾其命，此诚绝世之行，俊彦之英也"（《楚辞章句·离骚经叙》）。这样的典范人格当然是儒家思想梦寐以求的，所以，王逸的所作所为也可以看做是对楚辞的自觉的改造，其目的是利用屈原的人格力量和楚辞的艺术魅力为正统文化的建设添砖加瓦。

王逸的批评之所以能被接受，不仅仅在于他的文化重建的热情，另一个重要的原因还在于他所使用的阐释方法是建立在当时流行的阐释话语系统之上的。其一是微言大义，其二是比兴。

“微言大义”是当时儒家阐释经典的主要方法，它对当时社会意识形态系统的建立有着十分重要的作用。因为汉代新的意识形态只能到过去的经典中去寻找根据，而儒家的几部经典如《诗经》、《书》、《春秋》等，毕竟篇幅短小、内容有限，要建立起一套庞杂的社会文化系统是不敷用的，因此必须要对之作最大限度、甚至超限度的发挥。董仲舒《春秋繁露·二端》曰：“圣人能系心于微而致之著也。”于是“微言大义”就成了必要而且是合法的手段。同时，“微言大义”又在一定程度上神化了儒家经典，因此，它就迅速地成了官定释经方式，为当时儒者所普遍接受。“微言大义”一个主要的特征就是抓住一点，随意比附、引申。前所引王逸“灵，神也。脩，远也……”就是典型的从微言求大义之法。这样的例子在《楚辞章句》中比比皆是。

另一阐释方法就是比兴。比兴原来只是作为艺术表现手段被人们从《诗经》中分析出来，而到《诗大序》，则确立了它在艺术和政治伦理之间的桥梁作用，尤其是在诗歌理论尚未完善的汉代，它简直就是唯一的有关诗歌艺术的专业阐释手法。王逸很敏锐地意识到它是对楚辞进行改造的有效工具，因此，他可以理直气壮地用它来支持自己的象征性诠释。《楚辞章句·离骚经序》：“《离骚》之文，依《诗》取兴，引类譬谕。故善鸟香草，以配忠贞；恶禽臭物，以比谗佞；灵修美人，以媲于君；宓妃佚女，以譬贤臣；虬龙鸾凤，以托君子；飘风云霓，以为小人。”在比兴理论的描述下，有关祭祀的叙写被转变为政治、伦理话语，改造得以顺利而坚实地进行。

（2）比附儒家经典。

楚辞是以文献的形式出现的，而在汉主流文化中，最有价值的文献自然是儒家经典，而且，儒家经典本身也成了衡量文献价值的标准，所以，楚辞要想在儒家文化中有一席之地，它必须向儒家经典看齐。王逸对此是了然于心的，所以他很巧妙地确立了楚辞和儒家经典之间的联系：

> 夫《离骚》之文，依托《五经》以立义焉：“帝高阳之苗裔”，则“厥初生民，时维姜嫄”也；“纫秋兰以为佩”，则“将翱将翔，佩玉琼琚”也；“夕揽洲之宿莽”，则《易》“潜龙勿

用”也；“驷玉虬而乘鹥”，则“时乘六龙以御天”也；“就重华而陈词”，则《尚书》咎繇之谋谟也；“登昆仑而涉流沙”，则《禹贡》之敷土也。（《楚辞章句·离骚经叙》）

这种比附有时是在字面上进行的，有时又是在句意上进行的。由于它割裂了上下文，只抽出某些字句，因此随意性很大，牵强附会十分明显。但经师、儒生们已经习惯于寻章摘句地理解儒家经典，所以王逸的比附是能够被接受的，是有说服力和效果的。

楚辞风云变幻的形式特点，本来是它进入儒家文化的一个障碍，但通过王逸的巧妙比附，它立即和儒家经典亲近起来。

（3）对宗教神话的改造。

楚辞另一个遭到儒家诟病的地方，即是它的宗教神话内容。“子不语怪力乱神”是儒者的信条，所以才有班固所谓“多称昆仑、冥婚宓妃虚无之语，皆非法度之政，经义所载”的严厉的指斥。这一问题如得不到解决，楚辞的被接受仍然是困难的。通过“比兴”的阐释手段，王逸已在很大程度上消解了楚辞的宗教神话内容。但楚辞中充斥了“虚无之语”的意象，所以还必须在具体注释中，随时“修正”这些意象。而“修正”这些意象的最有效方法，仍是儒家所倡导的神话历史化。如《天问》“帝降夷羿，革孽夏民”，所说当是《山海经·海的经》所记“帝俊赐羿彤弓素矰，以扶下国”的神话，而王逸却释为：“帝，天帝也。夷羿，诸侯，弑夏后相者也。革，更也。孽，忧也。言羿弑夏家，居天子之位，荒淫田猎，变更夏道，为万民忧患。”（《天问章句》）作为天神的羿被释为夏时的有穷后羿，一段古老的神话被改造为一段历史，这种做法在《楚辞章句》中到处都是。

在原始文化向理性文化过渡的过程中，儒家学者将大量的神话传说改造为历史，如孔子关于“黄帝四面”和“夔一足”的著名解释，即是其例。而到了司马迁时代，大规模而系统的神话改造仍然在进行，而对那些难以纳入历史系统的神话，则以“其文不雅驯，荐绅先生难言之”（《史记·五帝本纪赞》）为借口刀削而去。可见神话历史化是文化发展的趋势，或说是儒家学者所发起的一场长期的文化改造运动，目的在于把“不雅驯”的原始文化改造为以历史理性为重要特征的儒家文化。将神话纳入历史，是希冀通过主动、有条件的继承的方法来割断历史，这种改造的一个严重后果就是使儒家文化排斥了丰富的感性和审美精神，而这又正是神话的价值所在。儒家文化在一定程度上成为一种缺少感性意蕴的不完满的文化，但为了使楚辞能进入儒家文化系统，它只能以牺牲自己的美学特质为代价。

通过以上三个方面的阐释，或者说是改造，一部充满神奇卓异的原始情调，充满哀怨激愤的个人情致的楚辞终于"中正"起来，甚至连司马迁所肯定的"圣贤发愤"也几乎被消解得一干二净。王逸以其对儒家文化的卓越理解，以其对楚辞的精细的改造，终于使楚辞在儒家文化中有了立足之地，它在相当大程度上摆脱了班固的指责，也使得刘安的赞语有了坚实的基石。楚辞能流传至今，能一直受推崇，王逸的功绩可谓至伟。当然，楚辞在此后仍不免受到一些纯儒的诟病，但由于屈原以其人格精神而深入人心，更为堂皇的原因是它已经得到了儒家文化的支持，因此，它能安然立于不败之地。但是，汉儒家文化所接纳的楚辞，已经不再是其庐山真面貌了，它那浑然一体的神秘而斑斓的色彩，它那荒古而深邃的旋律，它那出自至情的幽怨不平的倔强个性，已经被儒家纷纷繁繁的文化标签遮蔽得了无踪影。这是儒家文化的损失。但这一切并没有因此而销声匿迹，只是暂时潜伏着，并总是企图在儒家文化的隙缝中，在诗人的心里探出头来。因为它们不是别的，它们是由深邃的原始文化所凝结而成的原始意象，是一种隐藏在文化和人心深处的情感力量。

4

自汉代以后，楚辞可谓深入人心、代有传承。众多的学者继续着汉儒的诠释事业，在汉人的基础上精雕细刻，以完善屈原作为一个儒士的形象。由于楚辞在儒家文化中不可动摇的地位，这就为后世诗人借之抒情感愤打下了基础。诗人们从自身的体会出发，着重阐发楚辞愤激、哀婉的个性精神，这一点正是学者们有意无意要淡化的，却被诗人们一再提起。不过诗人阐发的意义，也仅限于失意后的个人抒怀，它在社会层次之下，因此没有受到儒家文化的排斥。但这一意义又是重大的，它是楚辞的文学价值之所在，诗人们的行为在相当大的程度上补充了楚辞的文化意义。

屈原是集士大夫与诗人于一身的人物，他的身份，他的遭遇，在中国历史上具有相当的典型性。他的悲剧，可以说是整个士大夫阶层的悲剧，也可以说是历史的悲剧，因此具有忧愤深广的特点。司马迁以其自身的体会深刻地认识到这一点，因此，他在《史记·屈原贾生列传》中说：

> 屈平疾王听之不聪也，谗谄之蔽明也，邪曲之害公也，方正之不容也，故忧愁幽思而作《离骚》。离骚者，犹离忧也。夫天者，人之始也；父母者，人之本也。人穷则反本，故劳苦倦极，未尝不呼天也；疾痛惨怛，未尝不呼父母也。屈平正道直行，竭忠尽智，以事其君，谗人间之，可谓穷矣。信而见疑，忠而被谤，能无怨乎？屈平之作《离骚》，盖自怨生也。

司马迁所列举的朝纲不正和忠诚遭患的事实，基本上能准确地概括忠诚正直的士大夫所面临的困境，这一困境直接挑战了士大夫们所信奉并赖以安身立命的人生信条，嘲弄了天道公正的世界观，因此它是士大夫所无可逃遁的用信仰所构成的陷阱，它的悲剧性是本质的，弥漫在士大夫所拥有的天地之间，有着普遍的意义。

而实际上，在司马迁笔下，我们已经无法认清这里所说的是战国时代，还是汉代，说的是屈原还是司马迁自己，那一声声“返本还始”的呼唤，说的是屈原，可显然又是出自司马迁的内心。可以说，司马迁再次重复了屈原的困境体验，因而也认同并同情屈原。而且不光是司马迁重复了屈原的悲剧，在漫长的历史长廊中，到处都缭绕着这哀怨的回声。江淹晚年仕梁被罢归家，作《还故园》诗抒怀云：“汉臣泣长沙，楚客悲辰阳。古今虽不举，兹理亦宜伤。”唐人张谓官潭州刺史，地处湘西荒蛮之处，时逢深秋，落叶残花催动了诗人内心的悲哀，一股有家难归的哀怨发而为诗，《辰阳即事》曰：“愁中卜命看周易，病里招魂读楚辞。自恨不如湘浦雁，飞来即是北归时。”可以想见，一部楚辞曾给身处逆境的江淹、张谓们多少安慰。李白风姿飘逸，曾赞“屈平词赋悬日月，楚王台榭空山丘”（《江山吟》）；而一代诗史杜甫，为人气节刚正，常思有为于世，而所遇不偶，一生坎坷，终老之年尚漂泊江湖，因而他对屈原也是心向往之。58 岁时，杜甫从岳阳向潭州水行，途经湘阴，挥笔写下了《祠南夕望》诗：

> 百丈牵江色，孤舟泛日斜。

兴来犹杖屦，目断更云沙。
山鬼迷春竹，湘娥倚暮花。
湖南清绝地，万古一长嗟。

吾师邓魁英、聂石樵二先生评曰："此诗系因湘夫人祠而思及《楚辞》，由《楚辞》而思及屈原，由思古之幽情而及眼前之遭遇。内涵丰富而不着痕迹。黄生云：'此近体中，吊屈原赋也，结亦自喻。'"① 自诗言之，此自为不刊之论；自杜甫生平言之，他有功于国，而一生颠沛流离，早就以屈原自拟，因此才能发而为诗，云"万古一长嗟"，实亦自吊。晚唐李贺，孤心独苦，衔悲愤世，常以屈骚为师，其《昌谷北园·新笋四首》之二云：

斫取青光写楚辞，腻香春粉黑离离。
无情有恨何人见，露压烟啼千万枝。

那种无可倾泻的满腔愤懑，铺天盖地，笼罩着茂密的竹林，谁可告诉？他只能借助楚辞，得到暂时的解脱。在烟雨的浸淫之中，在千万枝湘竹的吟诉之中，李贺突然找到了自己的知音，也找到了自己的家园。中晚唐时，杜牧、李商隐、张祜、郑谷、罗隐、陆龟蒙等，几乎无人不吟咏楚辞或屈原的诗作。对诗人而言，晚唐是一个纤伤哀婉的时代，文人士大夫在藩镇和党争的隙缝处感到了无边的迷茫和空前的压力，他们大多数都有过被贬谪、流放的经历，都有过绝望的彷徨，因此，他们也都从屈原身上看到了自己的影子，对着楚辞痛洒泪水。宋人咏颂屈原、咏颂楚辞之作，亦是不可胜数。苏轼曾赋诗云："屈原古壮士，就死意甚烈。"（《屈原塔》）陈与义作词云："高咏楚词酬午日，天涯节序匆匆。"（《临江仙》）张孝祥曾以进士第一得官，竟遭秦桧所诬而下狱，其身世有似屈原，故作《水调歌头·泛湘江》仿楚辞云："制荷衣，纫兰佩，把琼芳。湘妃起舞一笑，抚瑟奏清商。唤起九歌忠愤，拂拭三闾文字，还与日争光。莫遣儿辈觉，此乐未渠央。"寥寥几行，尽得楚辞神韵，若不是体悟之深，决不能为此。此后陆游《哀郢二首》有"离骚未尽灵均恨，志士千秋泪满裳"，《沙市阻风》有"听儿诵离骚，可以散我愁"之句。

① 邓魁英、聂石樵：《杜甫诗选》，352页，上海，上海古籍出版社，1983。

著名抗金英雄辛弃疾，对楚辞可谓钟情最深，常常感叹“灵均千古怀沙恨”，“弦断招魂无人赋”（《贺新郎·赋水仙》），对屈原表示了极大的同情和仰慕。明清之际，不但咏诵屈原、楚辞的诗词数量繁多，更有很多士大夫自觉投身到楚辞的注释之中，借以抒发自己的感慨。明人萧云从在他的《离骚经图·九歌自跋》中说：“仆本恨人，既长贫贱，抱疴不死。家区湖之上，秋风夜雨，万木凋摇，每类要眇之音，不知涕泗之横集，岂复有情之所忠乎！”当此哀怨之时，他唯有学习“谢皋羽击竹如意，哭于西台，终吟《九歌》一阕”。此外，清人屈大均有《吊雪庵和尚》诗云：“一叶《离骚》酒一杯，滩声空助故城哀。”黄任有《读〈楚辞〉作》诗云：“无端哀怨入秋多，读罢《离骚》唤奈何。”“千古灵均有高弟，江潭能唱《大招》歌。”。

由上可见，后人对楚辞的接受，在很大程度上是由于对屈原的人格力量的认同和对他悲惨身世的同情，这主要是由于相同的文化境遇所引起的。它说明屈原的不遇的身世和报国无门的悲哀，在历史上有着惊人的典型性，甚至可以说，屈原的问题是古代士大夫知识分子所能遇到的最主要的问题。而屈原借助原型意象所表达的忧愤又是如此的深广，足以容纳后世所有失意士子的悲哀，因此，它能得到几乎所有知识分子的认同。

楚辞被如此广泛地接受，就注定了它对文学史有着重大而深远的影响。前人对楚辞的影响方面的研究，有了一些相当重要的收获，但这些成绩主要集中在诗体形式和思想内容两个方面。本书认为，楚辞对后世文学的影响更重要的是“香草美人”原型意象的传递，因为原型意象对人的深层心理和情感的作用是巨大的，它能使得人真正地从现实苦难中得以超脱，而这才是文学最根本的功能。所以，本章主要研究楚辞中“香草美人”原型在后世文学中的示范、流传和变异，并以此来揭示楚辞的文学价值。

二、用原始意象筑起的精神家园

儒家文化对楚辞的接纳是在政治、伦理层面进行的，或者说他们是将楚辞作为一部儒家经传来解读的，而事实上，他们也确曾给《离骚》等篇目冠上“经”的名号。但楚辞终究是诗，它是一个在理性世界迷失了故园的诗人自我拯救的产物，每一个真正的诗人都会意识到它作为诗歌的价值并会从中找到遮风挡雨的庇护所，因为楚辞是一座用原始意象或说是原型所筑起的人类的精神家园，它以其温暖而宽敞的空间，收留了那些无家可归的精神浪子。这，正是楚辞对人类精神世界，对中国文学史最久远而深沉的影响。

1

现代文化人类学和宗教心理学的成果表明，宗教在它产生的初期，就是人类精神的避难所。英国文化人类学家马林诺夫斯基这样说道："宗教解救了人类，使人类不投降于死亡与毁灭。"他认为，宗教的根本在于情感，而不是某种哲学，他说："有灵观底核心，实在是根据人性所有的根深蒂固的情感这个事实的，实在是根据生亡欲求的。"① 很多宗教心理学家和美学家都赞同这一观点。而瑞士分析心理学家荣格更看重神话，他所揭示的原始意象（原型）理论，即以神话为其本质，"每一个原始意象中都有着人类精神和人类命运的一块碎片，都有着在我们祖先的历史中重复了无数次的欢乐和悲哀的一点残余"，也就是说，神话是古人的精神生活的结晶，在人类精神生活史上起着无与伦比的作用。他认为，这些原始意象是在原始人茫然无助的特殊情境下产生的，而一经产生，"他把我们个人的命运转变为人类的命运，他在我们身上唤醒所有那些仁慈的力量，正是这些力量，保证了人类能够随时摆脱危难，度过漫漫的长夜。"②这种力量帮助人类度过了苦难的童年，并且还一直在帮助着我们现代人。实际上，在屈原时代，宗教祭祀总是和神话牢固地缠结在一起，祭祀仪式和神话互相影响和嬗变，有时我们很难分清它们的界限。

如上所说，原始宗教祭祀的一个重要功能就是抒发感情、宣泄各种过激情绪，祭祀歌舞在这里起着非常重要的作用。人们正是在一片狂欢的气氛中，充分发泄了自己的感情，进入一种忘我的境界，来达到对现实苦难世界的超越，使人们获得暂时的解脱的。德国著名哲学家尼采在他的名著《悲剧的诞生》一书中谈到原始的酒神庆典时说：

---

① ［英］马林诺夫斯基：《巫术科学宗教与神话》，33页，北京，中国民间文艺出版社，1986。

② ［瑞士］荣格：《心理学与文学》，121～122页，北京，三联书店，1987。

……在这惊骇之外，如果我们再补充上个体化原则崩溃之时从人的最内在基础即天性中升起的充满幸福的狂喜，我们就瞥见了酒神的本质，把它比拟为醉乃是最贴切的。或者由于所有原始人群和民族颂诗里都说到的那种麻醉饮料的威力，或者在春日熠熠照临万物欣欣向荣的季节，酒神的激情就苏醒了，随着这激情的高涨，主观逐渐化入浑然忘我之境。①

说的就是人的个体消融在民族或集体之中，从而得到升华，达到对日常生活的超越，而激情在这之间起着最为重要的作用。这是原始宗教祭祀的重要文化功能。试想，倘若没有宗教祭祀这一精神避难所，原始初民那脆弱的心灵如何能承受得了那无援的"漫漫长夜"？如此说来，原始宗教及其歌舞对初民来说，是须臾不可分离的。可它与我们当代人又有什么关系呢？荣格等心理学家认为，那些原始的感受，随着文化积淀在文明人的无意识之中，"无论什么时候，只要重新面临那种在漫长的时间中曾经帮助我们建立起原始意象的特殊情境，那种情形就会发生。"② 那种原始的激情就会复苏，人们就会重温人类童年时的温馨的梦，这就是他的原型理论。

显然，屈原是熟悉祭祀文化的。从这个角度来看，屈原在《离骚》中模拟原始祭歌，就是顺理成章，很容易理解的了。

屈原的美政理想破灭了，人也被放逐了，失败的阴影笼罩着他，他对自己的委屈不能释怀，然而，这个理性的世界又不能给他一个答案，他不能不产生绝望的情绪。世界对他忽然变得如此陌生，他的精神面临着崩溃，"忳郁邑余侘傺兮，吾独穷困乎此时也。宁溘死以流亡兮，余不忍为此态也。"这无比巨大的悲愤，将他推上了感情的悬崖，无法消解的激情，如汩汩洪流冲垮了一切理智的堤坝，这时，屈原无可选择，只有原始宗教这只仁慈的大手，才能给他以温馨的庇护。当他呼唤着神灵，用香草把自己装扮起来的时候，他就推开了一扇尘封未久的大门，温馨的阳光再一次拥抱迷失在理性世界的赤子。在这个光明的世界中，屈原浑身芳香，高洁纯粹，居高临下地打量着那个污浊的世界，"户服艾以盈要兮，谓幽兰其不可

① 李醒生主编：《十九世纪西方美学名著选·德国卷》，551页，上海，复旦大学出版社，1990。

② ［瑞士］荣格：《心理学与文学》，121页。

佩”，“苏粪壤以充帏兮，谓申椒其不芳”。他是那么理直气壮，那么充满自信，可见这个虚幻的世界给了他多么坚强的精神支柱，同时又给龌龊的现实世界提供了一面多么明亮的镜子，它对升华屈原的批判精神起着重要的作用。

借助巫术祭祀仪式来抒发自己的感情，借助仪式顺序来结构自己的诗歌，也与屈原本人对原始文化的突然跌入有关。屈原本是个具有相当理性精神的贵族官员，“出则应对诸侯，入则与王图议国事”，拥有相当高的中原文化修养。当他因为宫廷斗争的失败而被放逐到荒蛮之地的时候，他除了体会到生存的艰难和孤独外，还感到精神文化的陌生和无依，从而体会到一种文化失落的悲哀。在刹那间经历巨大的文化落差，在他心中激活了原始宗教原型。失落了则要探寻，而探寻首先是作家心理上的。蔡斯在《麦维尔研究》一文中发掘了一对重要的神话原型：堕落和探寻。他指出麦维尔的一系列神话般的创造是一种象征性的寻求父亲的努力，这个父亲实际上是美国人的文化理想，因为美国也经历了一次文化断裂：它从欧洲古老的文化中被分离出来，弃置在美洲的荒原之上。于是，《旧约》中以实玛利被父亲赶出家园的神话就得到了复活。① 那么，屈原在被孜孜以求的政治理想所抛弃，又被精心掌握的理性文化所抛弃后，他感受到的现实和文化的双重堕落必然会激起他探寻的热情。在《离骚》中，不断出现的上天入地、求女飞升的情节，就透露出了作者内心的紧张和压力，我们能看出作者有一种迷失的感受，并有一种力图从这种迷失中挣扎出来、一种对目标寻找的努力。索祭仪式原型满足了作者的这种努力，使得作者的愿望得以在心理上实现，正如弗赖伊说的那样：“然而正是打乱诗人及其环境之间联系的更高明的尝试，才产生出兰波式的‘精神启示’、乔伊斯的‘孤独中神明显灵’以及波德莱尔将自然界视作神谕源泉的见解。”② 相比较而言，也许屈原的“求索”更为典型，更有说服力。这是因为屈原离原始文化未远，再加上他的带有巫性的职事强化了对这种原始文化的记忆和感受，那一条由原型意象组成的生命之河虽被理性的枝蔓遮蔽，但那汹涌的浪涛声依然清晰可闻，所以屈原能轻易地投身于这股巨流之中。这样将眼前这分崩离析、毫无秩序的精神世界包容在人类

① 参见叶舒宪：《探索非理性的世界》，190～191页，成都，四川人民出版社，1988。

② ［美］诺思罗普·弗赖伊：《文学的原型》，见［美］约翰·维克雷编：《神话与文学》。

情绪之中，它才会是一个安全的地方，它才是一个可以被接受的现实。

在原始宗教祭歌中，屈原再次体验到了他在现实世界的感受——生别死离的悲哀。本书前章对此已有过分析，那么，宗教祭歌反复咏唱这种感受，又有什么样的心理意义呢？

这种生别死离的悲剧感情，作为人类最深厚的感情，能释放出巨大的能量，使先民在充满着神秘、恐怖的生活中，得到暂时的发泄、松弛，它对屈原所起的抚慰作用也是一样的。除了离别的忧愁，还有两种附带的情感体验也时时困扰着屈原：一是时间紧迫感，一是孤独感。这是从强烈的社会责任感中引发出来的。这两种感受在巫术祭祀中也能找到。如《九歌》，“老冉冉兮既极，不寖近兮愈疏”（《大司命》），“倏而来兮忽而逝”（《少司命》）等等，几乎每一次艰难的人神交接都给人带来人生恨短的感觉。正是以这个时间意识为根据，屈原才能“令羲和弭节”，“勿迫崦嵫”，想从时间的困扰中挣脱出来。巫术祭歌所能给予屈原的正是这个。至于孤独感，它是祭歌的又一重主题，二湘和《山鬼》诗中千呼万唤不出来，孤苦之音，十分悲怆感人；《河伯》虽有短暂的相会，但“日将暮兮怅忘归，惟极浦兮寤怀”，等待他们的，将是更大的寂寞。这种原始感情和屈原自身体验的结合，就是《离骚》中第三段的神游求女。“忽反顾以流涕兮，哀高丘之无女。”何其孤独！“怀朕情而不发”一句，把屈原的悲哀和湘神、山鬼的悲哀融在一起，它借助原始宗教的魅力，尽情地宣泄。

《离骚》中一切的感情都带上了宗教的意味，屈原的个人情感全都融入一个更深广的集体感情之中，就好像歌唱家的声音融入一个巨大的乐队的伴奏的乐声中一样，它具有了更大的感染力，这就是原始意象的作用。对屈原本人来说，他在把自己的情感通过模拟巫术祭祀而融入一个集体情感之中时，就像滴水融入大海一样，个体的感觉突然消失，只有那个文化群体存在。巫术祭祀作为一种文化原型，就这样帮助屈原渡过这一个情感的难关，它像一个慈祥的老祖母，突然出现在迷路的孩子面前。

古往今来，《离骚》中奇特的幻象征服了多少读者，又有多少诗人沿着屈原的足迹，一砖一瓦垒起了一个香草美人的大厦借以庇身。但这仅仅是像一些学者论断的那样，是比喻贴切的缘故吗？不，不是。比喻仅是形式上的东西，它不可能左右一代代文人的心理取舍。

事实上，《离骚》极为精确地概括了比理性精神更为遥远的文化传统，它是人类童年的巨大的精神支柱。所以，每当人们在现实中遭到挫折，在精神上感到困惑，在理性中找不到出路时，就难免要重温童年时的梦幻。作为一个诗人，他不仅要解脱自己，还要给别的迷路者以路标。而“一个用原始意象说话的人，是同时在用千万个人的声音说话。他吸引、压倒并且与此同时提升了他正在寻找表现的观念，使这些观念超出了偶然的暂时的意义，进入永恒的王国”①。这就是《离骚》在千载以下还能引起如此巨大共鸣的原因。《离骚》正是以文学形象捕捉并固定了这些原始意象，它曾安慰过屈原，也哺育过历代失意的文人士子，它使香草美人这一深沉的主题成为一条绵延不绝的文学传统，它像不竭的河流，至今还在汹涌奔腾。

2

“香草美人”已经成为一个意蕴丰厚的原型意象，它的背后是从原始文化的汪洋大海中凝练出的巫祭仪式，是人神交往那最为激动人心的时刻，是情感火山的爆发口。那么，又有什么样的人生挫折，什么样的世俗困境，不能在这涌动着的岩浆中化为乌有呢？香草美人既然是先民在漫长的历史中积聚、凝练而成的原始意象，它就不可能仅仅通过楚辞表现出来。实际上，在《诗经》中这一意象就一再地出现过了，比如《蒹葭》“蒹葭苍苍，白露为霜。所谓伊人，在水一方。溯洄从之，道阻且长；溯游从之，宛在水中央。……”这首诗应该是在祭祀水中女神时所咏唱的，它表达了对女神的赞美和爱慕，以及无由交接的悲哀。该诗一再重复，而那女神优美的倩影总是在水中缥缥缈缈，欲隐欲现，可望而不可即。而自称情人的祭祀者却在无望之中，苦苦地寻求。那种哀婉而悠远的感叹，和《九歌》中所表达的情绪是一样的。显然，《蒹葭》也是出自民间巫术祭祀仪式，也是香草美人原型的具体体现。

但真正使得香草美人这组意象在文学中立根发芽的，还是楚辞。这不仅是因为楚辞在形式上非常贴切地安排了以香草美人为代表的众多原始意象，使它们形成自然的象征关系，而且这些象征物之间又自然构成了矛盾冲突和秩序，以至于王逸希望能一一指出它们在现实中的对应物，前所引“善鸟香草，以配忠贞；恶禽臭物，以比

---

① ［瑞士］荣格：《心理学与文学》，122页。

谗佞”就是这种意识的体现。王逸的比附虽然不免牵强，但它说明了这些来自神话或祭祀中的原型意象在《离骚》中被组织得如此巧妙而且合乎某种现实的逻辑，能得到人们的认可，并且能引导人们看出它的情感倾向或价值判断。这不能不算是一个奇迹。

更为重要的是，楚辞使得香草美人等原始意象裹挟着诗人屈原的人格力量和命运悲剧，因而即使它具有了现实感，也使它的内容更加充实。当然，楚辞在利用原型意象方面无与伦比的艺术成就，也使得这些意象在表达内容方面形成了规范，限制了它的表达范围，但屈原的遭遇和命运在相当长的一个历史时期内，是文人士大夫所普遍感受到的困惑，也是一个最需要超越的生存困境，因此，香草美人等原型意象在表达内容方面的具体化、有限化，不仅没有削弱这些原型的力量，反而使得这些原型更容易获得文士阶层，尤其是这一阶层的诗人的主动认可。

3

准确地说“香草美人”对后世的影响，应该主要包括两个部分：对于那些心灵漂泊无依的诗人而言，它是一种原型意象；而对于那些有着政治责任感的诗人来说，它又是一个讽谏的榜样。由于中国诗人的特殊品质，这两者又往往是混在一起的，所以要绝对地区分这一意象的两种功能，似乎是很困难的。为了行文的方便，我们将“香草美人”的政治讽谏内涵纳入下一节中另述。下面首先讨论“香草美人”作为原始意象的意义。

“香草美人”主要象征着一般巫术仪式中的人神交通，是人神恋爱的一种简约的表达方法。在巫祭仪式上，先民在艰难而充满了恐惧和疑惑的日常生活中所积累的情感和情绪体验，得到一次集中宣泄，是个人对集体的一种全心的投入，是通过某种集体行为使个体消融在集体意志之中，从而使个体的情绪体验找到一个更有力的承担者。而人神交接的过程，则是这种情绪宣泄的高潮。因此，“香草美人”这一原型意象的心理功能是十分强大的，它既然成功地庇护了那些在情绪中遭受煎熬的一辈辈先民，也就能给后世在现实生活中遇到挫折的个体以抚慰。也正是因为这个原因，后世失意文人纷纷将笔触伸向“香草美人”这一原型意象。

把“香草美人”从一些激动人心的巫祭仪式中突出出来，使之成为非常简练而内涵丰富的情节模式，这在《九歌》中就基本成型。

它可能是由于收集编订者的加工而突出了这一部分的内容。在《九歌》中这一原型有这样较为固定的模式：对神的企盼和等待，神的光彩，人神恋爱的悲剧性结局（这一悲剧性可能表现为交接的短暂，也可能表现为根本不能实现交接）。《九歌》祭仪正是以其深厚的悲剧性情感震撼人心的。到《离骚》中，企盼和交接的失败，这两方面的内涵被附上了刻骨铭心的个体体验，成为一种心理意向的象征和安慰。因此，联系屈原的实际经历，有人把“香草美人”指实为一种君臣关系，它虽然失之牵强，但也不是毫无道理的。在现实和原型意象之间，它必须以诗人内心的心理感受为转换中介。而心理感受会在相当程度上忽视情节性的东西，所以君臣关系和人神交接并不能严格地一一对应。比如美人在《离骚》中有时似乎可以比为君王，而有时又确确实实是在说着屈原自己，前者如“惟草木之零落兮，恐美人之迟暮”，王逸注曰：“美人，谓怀王也。”后者如“众女嫉余之蛾眉兮，谣诼谓余以善淫”，这里的“蛾眉”也就是美人，往往被看作是屈原的自拟。实际上，“美人”意象在《离骚》中的作用绝不限于比喻，纯粹用比喻的修辞规律来范围“美人”意象，往往会捉襟见肘。所以“香草美人”，或说是人神交接在《离骚》中就是原始意象的复活。毕竟《离骚》还只是从模拟仪式到独立文学创作的一个过渡阶段，因此，“香草美人”意象还必须借助仪式性的程序结构来扶持，来展现它的无穷魅力。

但是，当后人把《离骚》看作是一首纯粹的抒情遣愤的诗歌时，仪式性的情节结构在反复的诠释之中被消解得毫无踪影，而“香草美人”或人神交接的意象由此却更加突出了。后人正是通过这些意象感受到屈原那极度紧张的精神状态，以及他对“香草美人”的全身心的依赖，在此同时，人们也感受到了香草美人对人类精神的安慰作用。也就是说，人们通过屈原的身世，通过《离骚》、《九章》，感受到了“香草美人”这个原型意象，人们也就从中找到了一个情感宣泄的捷径，涓涓溪流开始向“香草美人”这条大河中汇集，浩浩荡荡地奔向远方。

《史记·屈原贾生列传》云：“屈原既死之后，楚有宋玉、唐勒、景差之徒者，皆好辞而以赋见称；然皆祖屈原之从容辞令，终莫敢直谏。”王逸《楚辞章句·九辩序》云：“宋玉者，屈原弟子也。”宋玉有可能是屈原的学生，对屈原的遭遇有悲悯之情；而据习凿齿的说法，宋玉亦曾受到过类似于屈原的挫折。《襄阳耆旧记》：“宋玉者，楚之鄢人也。……始事屈原，原既放逐，求事楚友景差。景差惧其胜己，言之于王，王以为小臣。”但正如司马迁所说，从宋玉的作品里，我们已经看不到屈原那份悲愤和哀怨了。宋玉曾作有《高唐赋》、《神女赋》二赋，使人神交接这一原型意象完全从仪式中解脱出来。其《高唐赋》序云：

> 昔者楚襄王与宋玉游于云梦之台，望高唐之观，其上独有云气，崒兮直上，忽兮改容，须臾之间，变化无穷。王问玉曰：“此何气也？”玉对曰：“所谓朝云者也。”王曰：“何谓朝云？”玉曰：“昔者先王尝游高唐，怠而昼寝，梦见一妇人曰：‘妾，巫山之女也。为高唐之客。闻君游高唐，愿荐枕席。’王因而幸之。去而辞曰：‘妾在巫山之阳，高丘之阻，旦为朝云，暮为行雨。朝朝暮暮，阳台之下。’旦朝视之，如言。故为立庙，号曰朝云。”王曰：“朝云始出，状若何也？”玉对曰：“其始出也，䁲兮若松榯；其少进也，晢兮若姣姬，扬袂鄣日，而望所思。忽兮改容，偈兮若驾驷马，建羽旗。湫兮如风，凄兮如雨。风止雨霁，云无处所。”……

宋玉所叙述的是楚襄王和巫山神女交接的故事，它通过“先王”、梦境和优美的笔触将这一故事叙述得虚无缥缈，非常动人。但是这显然不是一个凭空杜撰、毫无意义的故事。它的表现形式是文学的，但却是“香草美人”仪式原型的一种体现。云梦之泽是楚国一个相当神秘的地方，它可能是楚国进行巫祭仪式的一个圣地。而楚王到云梦之台，显然不仅仅是一次游览行为。楚王本人“隆祭祀”，楚国巫风特盛，在传统上楚王本人又领有大巫师的职责，故楚王登云梦之台，实际上意味着一次盛大的祭祀活动，更确切地说是对巫山女神的一次祭祀活动，因此，才有女神和楚王的交接。性的交往是原始祭祀活动的一个重要手段，弗雷泽和其他很多人类学家所提供的调查材料证实了这一点。《九歌》和《离骚》以爱情置换了性行为，它反映了后世文明的渗入，是一种文饰。宋玉的这一则高唐云雨的描述似乎更为真实。

显然，人神交接的原型故事在这里有不同于《九歌》和《离骚》之处。首先，那种悲剧性的感受消失了，人神交接成了一件非常容易的事，原因有可能在于主祭者的身份在人间至为尊贵，神女或宋玉本人不愿让楚王过于受屈。正是由于省略了这个原型意象的悲剧内核，一次严肃的祭典，就被宋玉描述为一段风雅跌宕的艳情故事，用以娱人。因此，司马迁指责其只能“祖屈原之从容辞令”，却不能得其师之精髓，实不为过。但是，《高唐赋》、《神女赋》毕竟是纯粹的文学创作，它所提供的人神交接的原型故事，已不再依托于仪式的结构，而是一种自觉的文学的运用，因此，在形式上固定了这一原型意象，有利于后人的接受和继承。这对于远离了仪式实践的人来说，是很有意义的。

比如曹植所作《洛神赋》，自言是“感宋玉对楚王神女之事”而作，所述女神宓妃有着惊人的姿态和容貌：“翩若惊鸿，宛若游龙，荣曜秋菊，华茂春松。”而这一切引起了曹植的爱慕之情：“余情悦其淑美兮，心振荡而不怡。无良媒以接欢兮，托微波而通辞。原诚素之先达兮，解玉佩以要之。嗟佳人之信修兮，羌习礼而明诗。抗琼珶以和予兮，指潜渊而为期。执眷眷之款实兮，惧斯灵之我欺。感交甫之弃言兮，怅犹豫而狐疑。”但由于“人神道殊”，曹植的爱情终于归于幻灭。也就是说，这又是一次未能实现的人神交接，它所带来的情感伤害，不仅在曹植一方，对于宓妃也是一样的：“竦轻躯以鹤立，若将飞而未翔。践椒涂之郁烈，步蘅薄而流芳。超长吟以永慕兮，声哀厉而弥长。”

从以上引文来看，曹植虽明言是感宋玉之赋而作，但实际上却比宋玉赋更接近于《九歌》和《离骚》，它里面所包含的仪式结构更加完整。它有众多的香草：幽兰、桂、玄芝、衡、椒等；它有呈献祭品的描述：“解玉佩以要之”，“抗琼珶以和予”，“献江南之明珰”；它有辉煌的飞升场面：“腾文鱼以警乘，鸣玉鸾以偕逝。六龙俨其齐首，载云车之容裔。鲸鲵踊而夹毂，水禽翔而为卫”；而文中“尔乃众灵杂遝，命俦啸侣……”，则是对“九疑缤其并迎”的模拟。显然，在主观上曹植更加认同的是屈原而不是宋玉，这一点古人亦多有指出者。如清人何焯《义门读书记》云：“《离骚》：‘吾令丰隆乘云兮，求宓妃之所在。’植既不得于君，因济洛川以作此赋，托词宓妃，以寄心文帝，其亦屈子之志也。”因此，可以认定《洛神赋》是曹植对《九歌》、《离骚》的极为精制的模仿。它几乎完全再现了“香草美人”原型意象所能拥有的情境，但它是纯粹的文学创作，其创作动机和缘由与祭祀无关。

为什么曹植对“香草美人”意象有比宋玉更为准确而深刻的把

握呢？这与曹植的身世之感有关。曹植以才高而受曹操的赏识，几次欲立为太子，终不行。及文帝即位，曹植受到猜忌、压制，并多次被贬爵，“植常自愤怨，抱利器而无所施”，“每欲求别见独谈，论及时政，幸冀试用，终不能得。既还，怅然绝望”（《三国志·陈思王传》）。而曹植“柔情丽质”，多愁善感，后半生都是生活在抑郁哀婉的心境之中，故其能认同屈原的情感。曹植虽然没有领略过巫祭仪式那深沉而又激越的感情爆发，但他很容易通过宋玉的《高唐赋》和《神女赋》，迅速地进入“香草美人”所表征的那个原型世界，并借助这一原型缓释、抒发自己的焦虑和不安。他也许在女神的顾盼生辉的眸子中看到了自己的价值，也许在女神的敏捷的体态中看到了超越和选择的自由，也许在一片温情之中消除了自己的孤独感，总之，在那神圣而又温柔的情人身上，曹植领悟到了一种拯救和超越的快乐，同样，在人神交接的失败之中，曹植也就借机痛快淋漓地宣泄着自己的泪水和失意：“抗罗袂以掩涕兮，泪流襟之浪浪。悼良会之永绝兮，哀一逝而异乡。”一种刻骨铭心的悲剧体验会使自己变得澄明而宁静，会使自己从世俗的烦恼之中挣脱出来。更为重要的是，原型意象的出现表明了一种归属感，也就是说，个体情感能通过原型意象这个媒介，把自己汇入到一个属于代代相传的种族情感之中。这样，个体所受的压力顿时就显得微不足道了，它在集体的海洋之中被冲荡得烟消云散。看来，是隐藏在原型意象背后的集体情感拯救了曹植，而曹植也赋予“香草美人”这一原型意象以新的内涵。

魏晋南北朝诗人的浪漫气息直接引发了唐代文学高潮的兴起。朱熹编著的《楚辞后语》中列有李白、元结、王维、顾况、韩愈、柳宗元、李翱等诗人的数十篇诗赋作品，认为它们都是直接承继楚辞的传统的。不过朱熹所谓传统主要是指楚辞的句法模式或讽谏内容，并未涉及楚辞中的原型意象。但唐人显然已经感受到了楚辞中的原型意象的意义，如初唐四杰之一杨炯在《幽兰赋》的后半部写道：

若夫灵均放逐，离群散侣。乱鄢郢之南都，下潇湘之北渚。步迟迟而适越，心郁郁而怀楚。徒眷恋于君王，敛精神于帝女。汀洲兮极目，芳菲兮袭予。思公子兮不言，结芳兰兮延佇。借如君章有德，通神感灵。悬车旧馆，请老山庭。白露下而警鹤，秋风高而乱萤。循阶除而下望，见秋兰之青青。重曰：若有人兮山之阿，纫秋兰兮岁月多。思握之兮犹未得，空佩之兮欲如何？

这一段文字中最突出的意象和文字来自《湘夫人》和《山鬼》，而“徒眷恋于君王，敛精神于帝女”又十分精确地概括了《离骚》的旨意，也概括了“香草美人”的文学传统。文章虽然说的是屈原，但在这回环往复而又一往情深的描述之中，我们不难触摸到字里行间跳动的是杨炯自己的心灵，也不难看出他对“香草美人”这一原型意象是深有感受的。

唐诗人中，惟李贺殚精竭虑，哀愁忧思最近屈原。前文我们已经述及李贺对屈原和楚辞的仰慕和认同。下面我们再从人神交接的原型意象的角度，来看看李贺对楚辞文学传统的继承和发展。

《金铜仙人辞汉歌》是李贺最有代表性的诗歌，此诗大约写在李贺辞去太常寺奉礼郎，由长安赴洛阳之时。一般史论认为该诗一方面表现了对汉武帝求仙希图不死的讽刺，一方面表现了自己被迫离京的忧愤沉痛之情。前一说法几近无稽之谈，后一说法又过于浅显。只有将这首诗放入原型世界中，才能真正了解它、了解李贺。诗云：

茂陵刘郎秋风客，夜闻马嘶晓无迹。
画栏桂树悬秋香，三十六宫土花碧。
魏官牵车指千里，东关酸风射眸子。
空将汉月出宫门，忆君清泪如铅水。
衰兰送客咸阳道，天若有情天亦老。
携盘独出月荒凉，渭城已远波声小。

李贺在这里讲述的是一个有关爱情，而又不是爱情的故事。汉武帝灵魂的夜夜探视，显示了他对金铜仙人的一往情深，“刘郎”的称呼暗示了一代雄主汉武帝在诗中的情人地位，而金铜仙人在离别“刘郎”时竟然铅泪如许，感天动地。显然，它不是一般的依恋，而是有关爱情的。但如果我们要确认这是一个爱情故事，我们就会对相爱双方的性别迷惑不已。这些只能说明一个问题：李贺并不打算描述一个爱情故事，但有一个既定的、植根很深的表达模式顽固地纠缠着李贺的笔触，这一模式就是“香草美人”这一原型结构。“香草美人”意象的一个最主要特征就是发生在人和神之间的爱情，也就是说是异类爱情，两个世界的暌违决定了这种爱情结局的渺茫。那么，汉武帝，无论其生死，在他和金铜仙人之间，也是两个殊途世界，他们之间的依恋关系，尤其是他们的悲剧性结局，就能够唤醒沉睡在人们心中、沉睡在文学史中的“香草美人”原型结构。不管是有意识还是无意识，李贺确实把汉武帝和金铜仙人的故事纳入了“香草美人”这根原型链条之中，它在人物关系上有些变异，但李贺诗歌更加幽深曲折，情感更为细腻缠绵。兰草送客这一场景加强了这一原型的显现程度，从而使李贺本人也顺利地进入仪式之中。

也许另一首诗更能清晰地表达李贺对“香草美人”原型的认同，这就是《苏小小墓》：

> 幽兰露，如啼眼。无物结同心，烟花不堪剪。草如茵，松如盖。风为裳，水为珮。油壁车，夕相待。冷翠烛，劳光彩。西陵下，风吹雨。

苏小小为六朝歌妓，时已物化，或鬼或仙，而李贺却对其无限倾慕，当其墓而感慨“无物结同心”，并幻想能够与苏小小的亡灵相约黄昏。全诗凄厉、孤寂，糅合了《山鬼》和《湘夫人》的意境，人神交接的主题更加明显。

李贺被人称为鬼才，其诗中多人神暌违的悲剧，这与诗人那颗脆弱而敏感的心有关。李贺对现实世界有着极其痛苦的感受，不得应进士试、辞官等人生挫折与其说是痛苦的原因，还不如说是痛苦的诱因。现实无法排解他的焦虑和不安，这使他很快在楚辞中，在原型意象中找到了自己的落足点，他呼叫“天若有情天亦老”，感叹“西陵下，风吹雨”，都是一种强烈的宣泄，只有借助原型的力量，才能使他沉浸到那深厚的传统之中，暂时摆脱现实世界的压力，获得安慰。李贺以其年轻的生命和更加幽深的感性体验充实了“香草美人”这一原型意象。

晚唐诗人普遍有着一种末世的情怀，这使得诗人们愿意向原型意象中去寻求寄托，因此，“香草美人”就一再被诗人们提出。如李商隐《楚宫》诗前半部分云：“湘波如泪色漻漻，楚厉迷魂逐恨遥。枫树夜猿愁自断，女萝山鬼语相邀。”罗隐《渚宫秋思》云：“楚城日暮烟霭深，楚人驻马还登临。襄王台下水无赖，神女庙前云有心。”等等。在这些诗歌中，我们都能听到诗人们对楚辞原型的自觉地呼唤。及至宋代，国家积弱，朝官倾轧，文人往往很难在社会上找准自己的位置，前途渺茫，强烈的失落感时刻萦绕在他们的心头。比如苏轼，一向以达观著称，而其被贬黄州之时，心中自有抑郁不平，作《卜算子·黄州定惠院寓居作》词云：“缺月挂疏桐，漏断人初静。谁见幽人独往来？缥缈孤鸿影。惊起却回头，有恨无人省。拣尽寒枝不肯栖，寂寞沙洲冷。”该词格调凄清，所表达的仍然是一个交接不成功的悲剧，不管作者对那个独往独来的身影是仰慕，还是爱怜，也不管它是有所指，还是自拟，那满怀幽怨而又缥缈高洁的身影，那在无望中苦苦追寻着的一份执著，还有那无边的孤独和凄凉，仍然回响着楚辞中山鬼们的千古足音，能给我们以无穷的回味。

贺铸词作《青玉案》可以说是全盘隐括了曹植《洛神赋》的文义：“凌波不过横塘路，但目送，芳尘去。锦瑟华年谁与度？月桥花院，琐窗朱户，只有春知处。”这里表达的是一种典型的“香草美人”的情节模式。那种可望而不可即的悲哀，对于一个终生不遇的人来说，确实是一种时时刻刻的感受，正如那“一川烟草，满城风絮，梅子黄时雨”，迷迷蒙蒙，而又无边无际。可以说，这首词是宋代诗人心态的一个典型代表，它也表明“香草美人”这一原型意象的情感状态，已由哀怨变化为哀婉，它缠绵的一面被发展，而嫉愤的一面却被敛藏。

“香草美人”在诗词中的地位和作用是不可动摇的，它对小说等的影响也是十分深远的，尤其是在蒲松龄和曹雪芹笔下，这一原型得到更为深沉的勃发，他们以自己丰富的感性和成熟的理性，赋予这个原型以崭新的内涵。我们这里先谈谈《聊斋志异》。

蒲松龄出生在一个崇尚科举的时代，十九岁“初应童子试，即以县、府、道三第一，补博士弟子员，文名籍籍诸生间”（张元《柳泉蒲先生墓表》），前途一片光明。而命运却捉弄了他，在此后的多次乡试中，他都名落孙山，致使其一生贫困潦倒，“数卷残书，半窗寒烛，冷落荒斋里”（《大江东去·寄王如水》）。于是他把一生中的大部分精力都放在撰写《聊斋志异》上了，《聊斋志异》成了蒲松龄的终生寄托。正如该书《自序》所说：

独是子夜荧荧，灯昏欲蕊；萧斋瑟瑟，案冷凝冰。集腋成裘，妄续幽冥之录；浮白载笔，仅成孤愤之书：寄托如此，亦足悲矣！嗟乎！惊霜寒雀，抱树无温；吊月秋虫，偎阑自热。知我者，其在青林黑塞间乎！

在蒲松龄笔下，“香草美人”题材得到了空前的开拓，数量之多，也是前所未有的：像《小翠》、《娇娜》、《青凤》、《莲香》、《张鸿渐》写人与狐的恋爱故事；《聂小倩》、《公孙九娘》、《伍秋月》、《小谢》写人与鬼的恋爱故事；《织成》、《西湖主》、《云萝公主》、《翩翩》写人与仙的恋爱故事；而《竹青》、《香玉》、《葛巾》、《阿纤》、《黄英》、《白秋练》、《荷花三娘子》等则写了人与鸟兽禽鱼、植物等精灵的爱情故事。但把这些故事看作是纯粹的爱情故事显然是不对的，因为在这些故事中，有很多矛盾之处，比如，有的地方宣扬贞洁，而很多地方则写得很轻狂，往往“花梯度墙，遂共寝处”；有时强调专一，而更多的时候又津津乐道于一夫多妻。更为重要的是，《聊斋志异》中的爱情是以士人为中心的，女子，无论是神还是狐，都是处在一个被收获的地位，正如《青凤》中异史氏所说的那样，“天生佳丽，固将以报名贤”。因此，女子不过是附属的。这些表明，蒲松龄并没有一个确定的爱情婚姻观。那么，这些人与异类的爱情，就不过是一种情绪的寄托，或说是一种心理自慰行为罢了。

但其“寄托如此”的人神恋爱，和楚辞是出自同一机杼的。被现实社会所抛弃，而又哭诉无门，于是只能怀着满腔悲愤投身到人神恋爱的古老的文学传统之中，借以发泄心中的忧愁。在《聊斋志异》中，人神恋爱的模式有了稍稍的发展，就是恋爱得以顺利地进行，而且往往是神鬼主动。不过这种轻易得到的恋爱，是以士人的失意为前提的，考虑到士人的价值主要是用社会事功来衡量的，因此，人神恋爱就意味着士人的社会角色的失败，仍然有着悲剧性。从原型的发展来说，屈原时代人们仅能从仪式过程之中就可以得到安慰，而随着时间的消逝，人们已经对仪式过程陌生了，不能不以现实的态度来对待原型，因此，原型必须要表现出某种现实意义来。原型要想给人以温馨，就不能不表现出让人能够接受的方式和结局。所以，对蒲松龄时代的人来说，人神恋爱的艰难过程转变为人神的结合，就是可以理解的了。

在《聊斋志异》的人神恋爱中，我们能看到同样出现在《离骚》中的两种情绪。首先是孤独感。孤独是因为被社会所隔绝造成的，它只能从神鬼的青睐中得到解脱。蒲松龄笔下创造了众多的红粉知己的故事，通常表现为神鬼对人的理解和爱慕，如《葛巾》中花神对爱花如痴的常大用的爱恋。另一方面是士人的成就感。书生身负高才而科举无成或决意科举，其社会价值无由体现，这是蒲松龄的切肤之痛。但是神鬼给他们以安慰，如《小谢》中之陶生，才学得到了两个美丽的女鬼的认可和敬重，并且以身相报。异史氏评曰："绝世佳人，求一而难之，何遽得两哉！"双美实际上满足了士人的社会成就感，它在这里是士人价值的一种标志。总之，蒲松龄所创造的人神恋爱故事，在本质上和《离骚》是没有区别的，它也是对社会失意的一种补偿和安慰。蒲松龄终生在人鬼狐妖的世界中笔耕不止，也说明了这里面有足以使蒲松龄留恋的地方，有足以补偿他终生不遇的悲哀的地方，它的作用和楚辞的人神恋爱是完全一样的。不过，蒲松龄笔下的原型是和自己的具体体会分不开的，它使得原型有了丰富而切实的现实内容，血肉非常丰满，因此能被人们所广泛接受。

由以上诸例可见，"香草美人"的情感力量是无边的，而楚辞又为我们展示了多种进入此原型的途径，聪明的诗人总能够从多方面找到它的意义，使自己的作品生色，并将这一原型开拓、加深，使之能庇护更多的失意之人。

人神恋爱是一个恒久常新的原型模式，但这一模式不是固定不变的，诗人在通过自己的感受，创造激活这个原型的同时，通常也会对这一模式作出改造。著名原型批评学者弗莱称之为"置换变形"(displacement)，置换变形的目的在于使这种古老的原型结构获得一种现实意义，获得一种真实性。弗莱指出，神话和现实主义分别代表着文学表现的两极。"随着抽象理性的发展，人的愿望幻想渐渐受到压制，神话趋于消亡，但变形为世俗文学继续发展。"①而伴随着由神话到传奇，再到现实主义文学的历史演变，原型也在发生演变。具体地说，就是由神变成半人半神，进而完全变为人。但无论作何种置换变形，原型作为一个独立而稳定的结构原则，是不会发生变化的，因此，我们终究能看出文学的影响和继承的关系。也就是说，由人来置换神是原型的置换变形的最常见、最有效的方法。

① 转引自叶舒宪：《探索非理性的世界》，125页。

那么，“香草美人”所标志的人神恋爱，就极易被人与人之间的恋爱的情节所代替。但这并不是说所有人与人之间恋爱的情节和意象都反映了“香草美人”的原型结构。“香草美人”中的恋情的一个重要特征就是它不是为了婚姻或爱情的目的，它是人的社会情感或集体情感的一个载体，是个体感受或情绪的一个排泄阀，也就是说，爱情是作为其他情感的一种寄托或发泄方式，这才是原型的意义。正是在这个意义上的恋爱，才能被确认为多多少少受到了“香草美人”原型的影响。

依红偎翠、寻花问柳，是文人排解失意和愤懑的固定传统，无论是在现实生活之中，还是在创作之中，文人们表现出来的愿望并不在情欲本身，而是看中了情感的安慰作用。正如辛弃疾在报国无门时所感叹的那样：“可惜流年，忧愁风雨，树犹如此。倩何人，唤取红巾翠袖，揾英雄泪。”《水龙吟·登建康赏心亭》对爱情的呼唤，是和仪式的功能一样的，和屈原、曹植对神女的追求的心理效应也是一样的，都是要通过强烈的情感体验，暂时安顿那颗焦虑的心。显然，“红巾翠袖”是“香草美人”这一原型意象的变形。儒家文化鼓励士人有强烈的社会意识，但它只给了士人独善其身这一条退路。而士人那颗要成仁成圣的心又如何能独善呢？让他在清醒的独善之中保持对社会的沉默，显然是一种冷酷的折磨。也就是说，儒家文化并没有给真正的士人留下一条可行的退路。幸亏儒家文化容留了屈原，诗人们才从两情相悦中找到了托身之所。也正是在屈原的大旗下，儒家文化才网开一面，默许了那些个带有浓郁自悲自悯情调的“依红偎翠”。

在人神恋爱和常人恋爱之间存在着一个过渡状态。比如汉代张衡的《四愁诗》，诗中反复咏唱的情人被重重山水阻隔，身处虚无缥缈之中，形象朦胧、神秘，显然是介于人神之间的。而作者执著地向这些身处异处的神人奉献自己的眼泪和信物，情形十分感人。很明显，作者模仿了人神恋爱的表达模式，但女神的形象在这首诗中严重萎缩了，没有了飞升，没有了神性，情感的中心只在作者一方，女神成了一个符号，是可以被取代的。它也预示了取代的必然性，下面我们举出一首诗来说明这一情形：

西北有高楼，上与浮云齐。交疏结绮窗，阿阁三重阶。上有弦歌声，音响一何悲！谁能为此曲？无乃杞梁妻。清商随风发，中曲正徘徊。一弹再三叹，慷慨有余哀。不惜歌者苦，但伤知音稀。愿为双鸿鹄，奋翅起高飞。

本诗为《古诗十九首》之五，为东汉末年失意文人所作。诗中表达了游宦无成、知音难觅的深沉的孤独的情怀。从情节上看，由于悲伤的音乐的感发，诗人对弦歌女子产生了爱慕之情。但是与浮云齐高、整饬华丽的楼阁隔断了诗人的希望，使全诗笼罩着绝望的感伤情绪。那高入云霄的楼阁同时也阻断了弦歌女子的现实性，使她显得虚幻，声可闻而形不可近。虚化就是神化，诗人在这里体会到了《九歌》中的情感意境，一种向往和倾慕，一种渴望和绝望。但弦歌女子显然又不是神，因此，我们可以说这首诗是“香草美人”这一原型的一个渐变状态。属于这一状态的诗歌在魏晋时期颇有一些，如阮籍诗“西方有佳人，皎若白日光。被服纤罗衣，左右佩双璜”。唐李白诗“美人如花隔云端”，也都属于同一模式。

从李商隐的诗作中，我们能明显看到这一原型进一步变形的痕迹。

李商隐才高当世，却不但长期沉沦下僚，终老幕职，而且被视为忘恩负义的筲小，精神上颇受摧残，而爱妻又早亡，一生苦痛缠绕，唯有托之于“情”。其所作情诗，或者说是他的感情经历，往往幽深杳渺，凄恻哀婉。显然，那种悲剧性的情境正是李商隐所刻意追求、刻意体验的，这与他对自己的生存处境的感受有关。而正是这些悲剧性的体验又使得他的情诗超越了男女相悦的界限，具有了普遍的意义，因此，人们企图从中寻找寄托或身世之感，都是不奇怪的。或者说，我们也正是在悲剧性的前提下，认可了李商隐此类诗的仪式性功能特征。其《无题》之一云：

相见时难别亦难，东风无力百花残。
春蚕到死丝方尽，蜡炬成灰泪始干。
晓镜但愁云鬓改，夜吟应觉月光寒。
蓬莱此去无多路，青鸟殷勤为探看。

这里叙述了一个艰难的爱情故事，一次短暂的相聚之后紧接着就是令人绝望的永别。它可能是李商隐的亲身经历。但此诗显然承继了《西北有高楼》中的原型意境，诗中藏而不露的情人正如同高楼上的弦歌女子，她被诗人隐藏在诗歌的背后，用两个“难”字将其悬置为一个令人难以企求的偶像。而关于青鸟的神话不但说明了再见的无望，也给这一偶像披上了一层神秘的色彩。“春蚕”、“蜡炬”两句刻骨铭心、至死不渝的思念表述，突出了这一情人的意义。只管独自去苦苦寻觅、追求，不计结果，也无暇考虑对方的态度，这种感情的不均衡性，正是人对神的态度，也是失路之人对高楼女子的态度。当然，这种情感是最真挚、最深沉、也是最富有张力的，它能包蕴各种悲剧性的感受，使诗人或读者得到最畅快淋漓的宣泄。据上分析，我们可以认定《无题》体现了一种类似于《西北有高楼》的原型结构。不过，《无题》虽然在悲剧性上有过于《西北有高楼》，但主人公的人性却更明显了，她毕竟有过“相见”的时候，有过那一瞬间的温情。因此，“香草美人”原型在李商隐这里得到了发展，它更加现实化，更宜被接受，但它的基本结构和功能并未得到改变。李商隐此类诗颇多，再如《无题四首》（其一）：

来是空言去绝踪，月斜楼上五更钟。
梦为远别啼难唤，书被催成墨未浓。
蜡照半笼金翡翠，麝薰微度绣芙蓉。
刘郎已恨蓬山远，更隔蓬山一万重。

《无题二首》（其二）：

重帏深下莫愁堂，卧后清宵细细长。
神女生涯原是梦，小姑居处本无郎。
风波不信菱枝弱，月露谁教桂叶香。
直道相思了无益，未妨惆怅是清狂。

这些《无题》诗都是在虚与实之间，在情事与身世之间，在现实感受与神话意象之间作出艰难的抉择或融合。诗中的原型意象和结构，欲隐还显，使诗歌超脱了平凡的男女，承担了全部的生命寄托和人生感喟，从而成为一组内涵极其丰富的诗歌杰作。所以，学者们希望从中找到本事或寄托，是完全可以理解的。

从这个角度出发，我们甚至可以把一切失意文人对爱情的追求和歌咏，都看作是受“香草美人”原型的影响，都看做是这一原型的置换变形。正是这些对原型的创造性的发挥，构成了色彩斑斓的文学史，如荣格所说："最有影响的理想永远是原型的十分明显的变体，正如它们显然来自把自己租借给譬喻这一事实一样。"① 在文学史上，我们还能举出一些有趣的例子，更能够说明这一原型通过置换变形而展示的无边的生命力。如周邦彦的《苏幕遮·燎沉香》，该词抒写了思乡的情绪，其下阙最后两句云："五月渔郎相忆否？小楫轻舟，梦入芙蓉浦。"这里给出的是一个恋爱的变奏，作者突然以女子自拟，"小楫轻舟"和"芙蓉浦"的意象营造了一个温馨的情境，同时也暗示了作者的女子心态。通过"相忆"、"梦"这两重隔断，作者巧妙地置换了自己的性别角色。自认女角，并向另一方表达爱慕之情，这显然是楚辞的传统，是"香草美人"原型的一个变异。也就是说，周邦彦借助"香草美人"这一原型，巧妙地用恋情替代了乡情，从而加强了乡情的浓度，取得了奇特的艺术效果。可见"香草美人"原型已经几乎作为一种先验的思维结构，沉淀在人们的心底了，只要有内在或外在的情感变化，就会激活这些原型，并通过各种形式表现出来，主动承担人们的社会压力，成为人们心灵的家园。

在所有这些由对"香草美人"置换变形而产生的文学作品中，《红楼梦》可以说是最为出色的一部，它以丰富蕴藉的感性和博大精深的理性精神，赋予这个原型以最完美的意义和价值。

《红楼梦》的主要情节结构隐括在开头的石头寓言和还泪神话之中。前者言一块经女娲锻炼的石头有了灵性，因无才补天而自怨自愧，被一僧一道携入"花柳繁华地，温柔富贵乡"中走一遭，目的是为了度脱这个石兄。这是一个典型的宗教的度脱模式，石头跌入红尘，经历爱情，具有仪式意义，而经历的目的在于超脱，这些都有原型的踪影，但由于距佛道太近，这里存而不论。我们主要看另一则神话，即还泪故事，这则故事更能体现《红楼梦》的情节结构，更有意义。石头成了赤霞宫的神瑛侍者，因见绛珠仙草可爱，遂日夜浇灌，及至这株仙草修成女体，"五内郁结着一段缠绵不尽之意"，常思用眼泪报答那块通灵石头。于是一段超验的感情和对感情的悲剧性追求由此而生。

在曹雪芹笔下，"情"是具有超越的本体论意义的。警幻仙子称

---

① ［瑞士］荣格：《心理学与文学》，121页。

宝玉为“天下古今第一淫人”，“天分中生成一段痴情”，因此被称为“意淫”，这就预示着“情”具有某种终极的意义。因此，曹雪芹把它和“皮肤滥淫”相对而论。那么“情”对于这个现实世界到底具有何种意义呢？曹雪芹从佛道入手，也就是对世俗世界作了全面的否定，他又通过贾宝玉之口，指斥男人即所谓社会人的世界的肮脏，指斥儒家政治思想，所谓“文死谏，武死战”的荒唐，甚至也指斥佛道的缺乏人性和冷漠。也就是说，现实世界在本质上是空虚和荒诞的，人不能在空虚和荒诞中生存，因此，曹雪芹把唯一的希望放在与社会隔绝的大观园中的女儿即所谓自然人身上。这样一来，“情”在这里就有了一种救赎功能，曹雪芹的补情尝试，就是要把人从虚无和荒诞中拯救出来，是要用以爱情为表征的感性、人性来充实这空虚的人生，来抗拒这冷漠的社会。正如脂胭斋所论：“世上无情空大地，人间少爱景何穷。漫言红袖啼痕重，更有痴情抱恨长。”看来，他是十分了解曹雪芹补情的意义的。

那么，《红楼梦》中的还泪神话以及发生在大观园中的爱情故事，就不仅仅是一个爱情故事了，它是一个手段，或者说它是一种为了达成超越的仪式。曹雪芹在这里对“香草美人”原型作了多重的变形。在还泪神话中，我们可以看作是神与神的恋爱，神瑛侍者对绛珠仙草的爱怜，以及绛珠仙草的“缠绵不尽之意”即是。其后是神与人的恋爱，绛珠仙草所说“他若下世为人，我也同去走一遭”即是。再如贾宝玉神游太虚幻境，和警幻仙子之妹可卿的一段缠绵，也有人神恋爱的踪影。再后来便是人和人之间的恋爱。即使在大观园中，爱情上演得如此轰轰烈烈，它也时时透露出原型的踪迹来。比如林黛玉被命名为“潇湘妃子”，薛宝钗被命名为“蘅芜君”，贾宝玉真诚地认为死去的晴雯已经幻化为芙蓉之神，并作了一篇酷似楚辞的《芙蓉诔》去哀悼她等等。这些都说明林黛玉们的创造和楚辞中的神女原型有着不可分割的联系，而第五回“太虚幻境”又实实在在说明了金陵十二钗本来就是女神。宝玉的多方面的追求，“爱博而心劳”，也是索祭原型的一个浓缩。因此，大观园中的恋爱在本质上是经过多次变形了的“人神恋爱”，是曹雪芹高超的笔法掩饰了这一点，并赋予这个原型以切实的现实意义。它的悲剧性是原型中本就具有的，是与生俱来的。

“香草美人”原型的悲剧性通常表现在两个方面：一是人神交接的艰难，一是结局的渺茫。正是在这悲剧性的压抑之下，感情才表现得更加缠绵和执著，这一点，在《红楼梦》中表现得十分明显。由于悲剧性是来自原型的，因此对林黛玉或贾宝玉而言，它是先验的，是与爱情相伴生的；而就林黛玉而言，一旦她进入了爱情的角色，她就开始了心灵的折磨，时刻感受到一种来自终极意义上的威胁。她说："人有聚就有散，聚时欢喜，到散时岂不清冷？既清冷则生伤感，所以不如倒是不聚的好。"再如她的《葬花词》更是说得明白："花谢花飞花满天，红消香断有谁怜？""一年三百六十日，风刀霜剑严相逼。""侬今葬花人笑痴，他年葬侬知是谁？试看春残花渐落，便是红颜老死时。一朝春尽红颜老，花落人亡两不知！"表达了一种绝对的悲观。当然，这种对生存状态的悲观感受可能来自曹雪芹的现实体会，但它显然是和"香草美人"的原型情感体验相契合的，或者说，它表明了曹雪芹对"香草美人"原型的认同。

正是在这先验的悲剧性的笼罩之下，宝黛爱情才如此艰难地进行。林黛玉变得自卑、多愁、孤僻、多疑，那无数次的争吵都充满了悲苦，令人肝肠寸断，无论是苍苔露冷，还是花径风寒，她时刻都在体味痛苦和绝望，过分的苛求和过多的误解既伤害了自己，也伤害了爱情，所以在爱情尚未毁灭之前，黛玉已经心力交瘁，她的生命已经走到了尽头。同样，宝玉也受到爱情的煎熬，他时常自怨自艾，一再摔玉，以至于要悟道证佛。爱情在无比的执著之中，极其艰难地进行着。而它的结果更是令人悲叹：黛玉在彻底的绝望中香消玉殒，依旧上天为神为仙；而宝玉却在极度的悲愤之中似傻似痴；宝钗所收获的爱情也只不过是一个虚假的幻象。这个席天幕地的悲剧，说明了曹雪芹给这个白茫茫世界补情冲动的彻底失败，它带来的无限的绝望猛烈地撞击着人们的心灵，在苍茫的历史长廊中发出凄厉的回音。

但《红楼梦》的成功也正在于它的悲剧性。人们虽然无力摆脱生存状态的悲剧性，但人们可以在对悲剧的自觉体验之中，用泪水洗净自己的心灵，使自己进入那超凡脱俗的神明世界，通过激活沉睡在集体无意识中的原始力量，让它来承担并消解现实中的苦难，使我们享受暂时的安宁。是的，《红楼梦》所揭示的悲剧以及补情行为本身的悲剧是无以复加的，是我们生存现实的绝对法则，任何一个个体都无力去承受这一事实并与之抗争，但赋予它一个原型体验，则是十分有效的方法。《红楼梦》巧妙地利用了这一点。不仅如此，《红楼梦》以其对人生现实的执著追求和深邃的哲理思考，继楚辞之后，在最大可能上开拓了“香草美人”这一原型的人生意蕴，把这一原型的感情力量发挥到前所未有的程度。它同时也证明了这一原型的无穷可塑性和历久恒新的生命力。

以上我们就楚辞中所凝练的“香草美人”这一原型在后世文学中的影响，作了浮光掠影式的描述，它虽然远谈不上全面，但我们已经能够看出“香草美人”这一原型的巨大魅力，在它的感召之下，通过历代诗人用心灵之泉的辛勤浇灌，已经成功地创造出了一片奇幻莫测而又深情幽渺的温情世界。它植根于远古的祭祀仪式，植根于一个遥远的文化传统，正是它，扶持着蹒跚学步的童年人类，度过了艰难而又漫长的黑夜，把人类送进了理性的曙光之中。从此，它就隐藏在我们内心的最深处，一旦我们再从理性的光芒中沉沦到非理性的黑暗之中，它就会从沉睡中苏醒过来，继续扶持我们向前。一旦诗人们成功地捕捉到这些原型，也就是捕捉到了一种深厚的集体情感和载体，就会把个体情感转化为集体情感。我们在这里再次征引荣格的话：“一个用原始意象说话的人，是同时在用千万个人的声音说话。他吸引、压倒并且与此同时提升了他正在寻找表现的观念，使这些观念超出了偶然的、暂时的意义，进入永恒的王国。”它不但用以拯救诗人自己，也给读者提供了遮风挡雨的大厦。因此，“香草美人”这一原型实际上是中国失意文人的一个守护神，对任何一颗脆弱的心都是不可或缺的，因而，它在中国文学史上有着特别重要的意义。

我们以上只论及“香草美人”这一原型对心灵的抚慰作用。除此而外，它作为一种文学形式，还有着一个特别重要的社会功能，那就是它为文人干政讽世提供了天然合理性和有效的手段，并以此部分地满足了文学的社会性的要求。我们在下一节中将详细讨论这一方面的意义。

三、“香草美人”与“发愤抒情”的怨刺传统

楚辞，尤其是《离骚》，在很多情况下，又被人们认为是政治抒情诗，认为这些诗歌具有浓烈的社会意识和社会功能，并且完整地显示了屈原作为一个忠臣的理想人格。而所有这一切的核心就是楚辞中的讽谏。司马迁所谓“屈平之作《离骚》，盖自怨生也”，自怨

生者，刺也。怨刺是儒家诗论的主要标准，历代诗论家都认为楚辞完美地体现了儒家诗论的这一核心思想。

准确地说来，这是楚辞被接受的意义，是经过后世楚辞学者对楚辞的部分内容进行选择、加工后所显现的意义。我们在前文论述王逸等的楚辞研究时已经部分地涉及这个问题。但显然，后世学者们绝不可能凭空捏造，在楚辞中一定有这方面的基础。不仅如此，它还必须能够提供出《诗经》中所没有的东西，对《诗经》“怨刺”作出补充，这才能对中国传统文学发展的社会性倾向产生巨大的影响。本书认为，楚辞中的政治抒情是在仪式过程中进行的，它所显示的“香草美人”原型同时又具有明显的象征性，与主人公的政治抒情在形式上巧妙地契合在一起，这些，构成了楚辞政治抒情的主要特色；而由此生发、确立的合理性原则，则奠定了楚辞中政治批判内容在文学史上不可动摇的地位。

1

先秦文人的批判意识得到了天道观和历史理性的双重保证。在刚刚从原始文化中走出的理性文明的初期，还保存着对天地鬼神的敬畏之情，君王尚能自觉地接受天地鬼神和巫职人员的约束和监督。于是，“天子听政，使公卿至于列士献诗，瞽献曲，史献书，师箴，瞍赋，蒙诵，百工谏，庶人传语，近臣尽规，亲戚补察，瞽、史教诲，耆、艾修之”（《国语·周语上》），因为诗乐等在当时还很神圣，瞽史等也还保留着某种宗教特权，因此，是有权对君王纠正补蔽的。到了春秋时期，士大夫们进一步从理论上把“天道”和“德”、“民”等联系在一起，“皇天无亲，惟德是辅”，“天视自我民视，天听自我民听”（《孟子·万章下》引《尚书·太誓》），天最高，民次之，君最下。天执有“福善祸淫”的赏罚大权，而赏罚的标准却在“民”。在这种理论前提下，士大夫作为民之一员，可以代天立言，可以直接就君王本身的品德、政令等进行批判，而不必通过“诗乐”等隐晦的形式晓谕君王。天的赏罚当然靠不住，但“天、民、君”的理论却确立了士大夫的批判权力，并造就了一大批敢于抗颜犯上的士大夫。如师旷评论“卫人出其君”说：“若困民之主，匮神乏祀，百姓绝望，社稷无主，将安用之？弗去何为？”（《左传·襄公十四年》）晏婴对昏君之死也毫不同情，反而指责道：“君民者，岂以陵民？社稷是主。”（《左传·襄公二十五年》）

而到春秋末期，诸侯纷纷以争霸为事，天道崩颓，再也无能力监督那些或大或小的君王了，再也无法承担主持社会公正的大任了。于是有识之士把希望寄托在历史身上。孔子是复兴史家的第一人，《史记·孔子世家》："子曰：'弗乎弗乎，君子病没世而名不称焉。吾道不行矣，吾何以自见于后世哉?'乃因史记作春秋，上至隐公，下讫哀公十四年，十二公。……《春秋》之义行，则天下乱臣贼子惧焉。"其中"吾道不行"之道，事实上是先秦"天道"的人事化、具体化。孔子西狩而获麟，曰"吾道穷矣"，并叹"知我者其天乎"，可见孔子感叹的正是天道的衰落。因此，只能从历史事功成败中，特别是从败亡的事例中寻找足以警惧君王的历史规律，并凭此"贬天子、退诸侯、讨大夫"，在历史理性的大旗下，展开批判和监督的权力。《春秋》虽被公羊家一再神化，但其批判的锋芒确乎已不再那么锋利了。

"天道"在战国时期被"士道"所代替，昔日温文尔雅的士大夫已经被纵横捭阖的策士排挤到角落，崇武尚谋成了时代风气。君王们无不倚重策士，士人的地位空前提高。如余英时先生在他的《士与中国文化》一书中所论："当时君主对少数知识分子的前辈领袖是以师礼事之，其次平辈而声誉卓著的以友处之，至于一般有学问知识的人则用之为臣。"① 这种分别在战国史上是到处都可以得到印证的。例如当时君主礼贤之最著者有魏文侯和鲁缪公。魏文侯对卜子夏、田子方、段干木三人皆师之，对吴起、李克、乐羊、西门豹、屈侯鲋五人则皆臣之。（见《史记·魏世家》）……鲁缪公欲以子思为友，子思不悦，坚持居于师位。（《孟子·万章下》）策士们或以道义，或以权谋侍奉君王，然一言不合，掉臂而去，更无庸说批评、指责了，放言谠论简直是无所顾忌。

然而到了西汉，国家一统，策士无用武之地，孔子的以史讽世的精神，在司马迁的《史记》之后就画上了句号。先秦的天道观已经被"天人感应"和阴阳五行所代替，这其中最起关键作用的当推董仲舒的《春秋繁露》和《天人三策》。它虽然也承认"天立王以为民也"，但事实上经董仲舒所改造的天人关系的真正目的在于"屈民而伸君，屈君而伸天"（《春秋繁露·玉杯》）。天、民、君的顺序转为天、君、民的顺序，认为君王只向天负责，而士大夫作为民则要自觉地屈服于君的淫威。民本于是成了君本，也就是拱手把批判的权力奉送给难以为凭

① 余英时：《士与中国文化》，101页，上海，上海人民出版社，1987。

的“天”了。但天和君的关系又如何呢？当时有三条理论说明这一关系：一是“新王受命”说。当今皇帝作为天子有着天然的正确性，因为他是上帝的选民。二是“灾异谴告”说。董仲舒认为：“国家将有失道之败，而天乃先出灾害以谴告之，不知自省，又出怪异以警惧之，尚不知变，而伤败乃至。以此见天心之仁爱人君而欲止其乱也。”（《汉书·董仲舒传》）天从一个严厉的监督者，变成了一个仁慈的守护者。最后一个是“天人感应”说。人君的刑政、活动要符合四时五行的秩序，这就使天和人君的关系的范围大大扩展了，从而冲淡了赏罚的意义。掌握着赏罚大权的“天”已经远离了人民而和君王站在一起了，汉代的士大夫已经丧失了批判的权力。皇帝的一切所作所为，只有通过上天的温柔的谴告才能得到评价，士大夫能做的，最多不过是向皇帝指出某些灾异现象，至于最后的结论，要由皇帝的罪己诏书才能做出。臣下是不能随意解释的，否则就是“刺讥”。董仲舒自己就因为要解释高庙之灾而下吏，险些掉了脑袋。这一情形使人想起商鞅是怎样困厄在自己制定的法律之下的。“天人感应”的本来目的也许是为了使君王有所惧怕，但它终究是为大一统集权进行辩护的，士大夫正是在这种尴尬的处境中，慢慢地屈服于君王的至上权势，被剥夺了自己应有的批判的权力。

汉武帝罢黜了百家之言，一时以言论获罪者甚多，只留下了软弱得无力与君权抗衡的儒家。公羊家竖立起的道统又葬送在公羊家自己手里。

2

那么究竟该由谁，又该如何来制约那可怕的君权呢？司马迁以史官的身份作出了最后的抗争，并取得了一定的成效。但此后的史官和其他儒者一样，沦为“具官待问”的境地。依靠某种职业阶层或稳固的政治思想来制约君权已经是一种空想，但文人们又不甘心承认自己的失败，于是把目光投向了被人视为“小道”的文学，期望它能承担起这一社会政治责任。《诗大序》所倡导的“上以风化下，下以风刺上，主文而谲谏，言之者无罪，闻之者足以戒”，就成了诗人们所持奉的圭臬，它也是文人社会责任感的最后依托。

可是，《诗经》在汉代是立于学官的神圣的经典，它不但高高在上，而且被经师们解释得支离破碎，所以对其进行模仿是难以想象的。更重要的是，《诗经》的背后缺少一个人格完整的主人公，缺少一个具体可感的事实和行为，所以它的感染力是有限的，甚至可以说它的影响在很大程度上局限在理论方面。而楚辞不同，它不但是具体的、富有感染力的，同时，它自一开始，从宋玉、景差、唐勒之徒，直到贾谊、扬雄等，就形成了一个学习继承的传统，使辞赋在汉代变得蔚为大观。虽然宋玉以及后世的辞赋家们偏离了屈原“发愤抒情”的旨意，走上了劝百讽一的歧途，但他们在主观上还是知道辞赋应该表达讽谏的内容。因此，当人们从《诗大序》中接受了“美刺”理论，从《诗经》中感受到了某种现实精神和责任感时，他们心中所存的楷模却是屈原和他的楚辞。

下面我们就从楚辞本身着眼，来看看它在哪些方面，在何种程度上支持了儒家的“美刺”理论。

我们知道在社会现实之中，屈原曾满腔热忱地投身到国家政治之中，却受到来自楚王和同僚的阻碍，不但身遭贬谪、流放，他的远大理想和政治才干也由此而付之东流。突然之间，他由人生的顶峰被推入了一个绝望的深渊，他的愤懑和怨恨也达到了极点。屈原身处楚国，又是战国时期，因此他没有必要隐藏或软化自己的激愤，使它温柔敦厚起来，他的悲愤在诗歌中表现得还是很明显的。但可能是由于如下的原因，使得屈原并没有走到楚王的对立面：一是屈原毕竟还没有对楚王彻底绝望，他一再列举历史上君臣相得的事，来说明这一点。二可能是仪式的限制，当他进入宗教仪式之中，把裁决的大权交给神灵之时，他只要在虔敬的心境下，把事实和自己内心的悲哀陈述给神灵即可，而不必站出来过多地指责楚王，那是神灵的事。但不管是哪一种原因，把屈原理解为儒家诗教的忠实信徒是错误的，屈原并没有敛藏自己的批判精神。

那么，屈原的批判，或者说怨刺表现了什么特点呢？

首先，屈原的怨刺是在神灵的名义下进行的。当屈原被从现实世界粗暴地抛了出来后，他无可哭诉，只能求助于神灵，循着楚文化的旧路，遁入祭祀之中。《离骚》开头就表明，屈原此次祭祀（或模仿祭祀）祝融的目的，就在于求得楚族祖神为自己“正则”，为自己在现实中的所作所为确认价值，因此他说：“指九天以为正兮，夫唯灵修之故也。”在此前提下，屈原陈述了楚王的失信、固执和藏污纳垢，指责了群小的“兴心嫉妒”、变节等等。这一次的“求正”犹未能尽泄心中之愤，于是屈原又请出另一位神灵——南楚地方大神舜：“济沅湘以南征兮，就重华而陈词。”凭着舜的公正和神明，屈原展开了对楚王的批判："不量凿而正枘兮，固前修以菹醢。"认为楚王没能循正道而行，误陷忠臣。

由于这些怨刺和批判都是在仪式中、在神灵的名义下进行的，而人们又相信神灵是公正的，所以这种批判就具有了一种超越性——对现实君权的超越。这种超越使屈原避免了汉代士人的尴尬处境，可以不必对君权小心翼翼，左右避让。可以说，屈原的批判在某种程度上复兴了早期儒家所推崇的天道批判，但在楚辞中，这种"天"更加具体化、人格化，因此它也更加亲切、更加值得信赖。此外，由于屈原身处仪式情境之中，宗教情感和仪式形式不仅缓释了屈原的现实压力，还能使屈原体验到神圣，对神圣的体验就是部分地把握了神权，人们对巫职身份的敬意说明了这一点。那么，屈原在人神合一的恍惚之境中所进行的批判，更具有天然的权威，理直气壮。总之，是仪式和神的力量使屈原摆脱了君臣关系的束缚，使得批判能够顺利而有效地进行。神权使君臣显得渺小，从而也就赋予了对君王进行批判的一种天然的合理性，赋予了臣下对君王进行批判的神圣权力。天、神在汉代具有相当的威力，尤其是在谶纬之学兴起后，在东汉初期，更是如此。所以楚辞的批判比《诗经》的批判更有根据。《离骚》中所陈述的历史事实是作为天意公正的证明，历史理性被纳入神性之中。这是对先秦文人批判意识的全面复兴，因为历史理性和神性的融合更易被社会所接受。

在楚辞被儒家文化容纳的同时，其中原始文化的仪式一面被抹杀了，但这种批判的权力及其天然合理性，却立刻得到了文士和诗人的认同。

3

楚辞不但为文学的社会批判功能的合理性提供了强有力的证明，而且还提供了一个有效的方法。准确地说，是屈原和后世的楚辞学者一起利用了"香草美人"的原型意象，将它发展成为"男女君臣"的模式，并成功地发展成为中国政治抒情诗中的主要批判手段。当然，在屈原这是不自觉的情感行为，是一种巧妙而自然的契合；而在王逸等学者，则是一个有意凸出并选择的过程，是一种意向性非常明显的加工改造，因此，它显得有些生硬。但因为有屈原近乎完美无缺的文学实践作为依据，"男女君臣"的表达手法终于成为一种千古不变的诗歌模式。下面我们就分析从"香草美人"到"男女君臣”的演变过程。

“香草美人”原型作为仪式的核心，内容就是人神恋爱，通过缠绵哀婉的恋情招徕神灵。为了体现人神交接的艰难以及恋情的真挚热烈，巫觋有时甚至还要表现出猜疑、怨恨等。如《湘君》：“君不行兮夷犹，蹇谁留兮中洲？……心不同兮媒劳，恩不甚兮轻绝。石濑兮浅浅，飞龙兮翩翩。交不忠兮怨长，期不信兮告余以不闲。”《大司命》：“老冉冉兮既极，不寖近兮愈疏。”《山鬼》中也有“怨公子兮怅忘归”的话。可见这种猜疑的情节差不多成了人神恋爱的一个成俗。那么，屈原在《离骚》中描述祭祀先祖祝融时，在铺叙了香草和自己的企盼之后咏唱道：“曰黄昏以为期兮，羌中道而改路。初既与余成言兮，后悔遁而有他。余既不难夫离别兮，伤灵修之数化。”又是什么意思呢？比较而言，这一段描写显然是对《湘君》那几行文字的模仿。成言就是婚约，它是一种仪式性的表达，属于原型结构的一部分。但事情显然不是这么简单，在这几句诗里，屈原的身世之感是不难辨识的，尤其是此前一段诗文征引了历史盛衰，并陈述了自己“謇謇为患”的遭遇以求得神灵的公正裁决，屈原由此郁积的悲愤之情必然要带入这几句诗中。因此，可以说这几句诗在下意识中，对神灵的怨望之情已经转变为对楚王的责数。它是仪式的，又是抒情的，或者说是屈原本人巧妙地利用了仪式。在那种激愤的心情下，要让屈原本人清楚地分清是仪式习用语还是抒情语，恐怕是相当困难的。如果认为这几行诗中所显露的身世之感还是朦朦胧胧的话，我们再看看《九章抽思》中的几句：“昔君与我成言兮，曰黄昏以为期，羌中道而回畔兮，反既有此他志。”这里将“灵修”这对神的称呼直接转换为“君”，目的就是要排除《离骚》中那种歧义性，是要明确无误地表达对楚王失信的怨恨。

《离骚》之中此类借仪式语言表达身世之感的诗句颇多，如“荃不察余之中情兮，反信谗而齌怒”，“怨灵修之浩荡兮，终不察夫民心”，“众女嫉余之蛾眉兮，谣诼谓余以善淫”等等。大多数“香草美人”等原型意象都可以作象征性的解释。显然，屈原本人已经在最大可能的程度上将自己的身世之感不但直接或借助历史事实表达出来，而且糅入了仪式过程之中。尤其是他在提及香草的同时，创造性地列举了恶草的形象，如“薋”、“菉”、“葹”、“艾”等，使得香草、恶草能够构成对比、冲突，形成情节，其象征意味是十分明显而强烈的。在索祭女神时，屈原的态度显然带上了很重的个人感情，他的指责似乎不属于祭祀中的集体情感，而是借题发挥。这些都表明屈原在有意识地赋予原型意象一种象征意味，或者模糊原型和象征的界限。原型主要作用于人的情感，而象征则作用于人的理智，两者能在楚辞中如此完美地结合在一起，这正是屈原对文学史所作的卓越的贡献。

从人神恋爱到男女君臣，在儒家的伦理政治化思维中是一个顺理成章的过程。在儒家学者看来，皇帝是天子，也就是神，用天子来取代人神恋爱中神的一方是没有问题的；而从纲常出发的君臣关系，也能等同于家庭中的夫妻、父子关系，因此，人神恋爱可以被解释为象征和隐喻。人对神的取媚、爱恋，可以看作是臣下对君王的忠心，人对神的哀怨虽然含有批判、讥刺的意味，但它的根本目的还是向神乞怜，请求得到神的接纳，所以对神的指责不可能是超越的，更不可能是敌意的，是发乎情止乎礼义的。这一点，是可以被专制的君王所接受的，也可以被在君权的挤压下委曲求全的儒家文化所认可，一如王逸所认为的那样。但是，这样一来，楚辞诚然满足了《诗大序》所提倡的目的、方法，儒家文士虽然可以顺利地从楚辞中获得一件批判的法宝，但屈原凭着神灵而进行的超越的批判，却在此失去了它的锋芒，变成了低眉顺眼的弃妇之怨，它的批判力受到了严重的削弱。但不管如何，儒家学者毕竟为文士保留了一件批判的武器，使得文士多少能够保证自己人格中的社会性一面得到一定的发展，这显然首先应该归功于屈原对仪式原型的继承和创造。

4

后世诗人利用男女君臣这一政治批判模式，构筑了中国政治抒情诗的优秀传统，这一传统悠久绵长、丰富多彩，由于它本身的象征和隐喻性质，因此具有很高的美学价值。下面我们略举几例以窥豹一斑。

唐诗人陈子昂才高志大，自称“少好三皇五帝霸王之经，历观邱坟，旁览代史，原其政理，察其兴亡”（《谏政理书》），但仅作了一度右拾遗后，就归隐林下，故对自己的不遇颇有怨言，他作《月夜有怀》诗道：

美人挟赵瑟，微月在西轩。

寂寞夜何久，殷勤玉指繁。
清光委衾枕，遥思属湘沅。
空帘隔星汉，犹梦感精魂。

在清冷的月光下，美人满怀深情，也满怀凄恻，苦苦地思念和等待，良夜寂寞而梦魂牵绕，那不绝的琴声该是心中无限的惆怅和幽怨。显然，这是一种被遗弃的悲哀，了解中国文学史的人一定能从中读出陈子昂的身世之感，能读出陈子昂对皇帝遗弃贤才的愤恨之情。但由于全诗采用了楚辞的“比兴”手法，诗的意境显得清丽典雅而深情哀婉，具有突出的感染力。很明显，该诗在很大程度上依托了男女君臣这一艺术传统，因此，它才能将批判之情如此委婉动人地表达出来。这一传统不但被诗人认可，读者认可，甚至皇帝也认可。如苏轼作《水调歌头》词云：“我欲乘风归去，又恐琼楼玉宇，高处不胜寒。起舞弄清影，何似在人间?”当时正有人对苏轼进行诋毁，而宋神宗读到此词感叹道：“苏轼终是爱君。”宋神宗为何会得出这个结论呢？在他看来，苏轼这几句是自拟嫦娥，而一个臣子自拟女子时，他一定就是要向君王表达什么，所以苏轼不愿远逝，就是表达了对皇帝的留恋。这显然是男女君臣的思维定势在起作用。不管苏轼主观上是要表明什么，这则事例表明，男女君臣作为一种思维方式已经深入人心，成为人们索解诗歌的一把钥匙。

赋予男女君臣的比兴手法以生命力，以保证文人政治抒情顺利进行并使它具有较高的鉴赏性，需要经过很多诗人辛勤的努力。那些同时有着痛苦的身世之感和卓越的表达能力的人，在楚辞“发愤抒情”精神的感召下，在男女君臣的创作原则指引下，创作出了无数动人的诗篇。这中间不能不提到辛弃疾，他志在抗金，却被用为转运副使之类的闲官，因此心中无限愤懑，作《摸鱼儿》词遣愤。其下阙云：

长门事，准拟佳期又误，蛾眉曾有人妒。千金纵买相如赋，脉脉此情谁诉？君莫舞，君不见，玉环飞燕皆尘土。闲愁最苦。休去倚危栏，斜阳正在，烟柳断肠处。

诗中自拟汉武帝时之陈皇后，因为不甘遗弃的苦楚，一方面怨责汉武帝“羌中道而改路”，一方面又痛斥那些妒妇。而最后一句又将绝望和希望糅在一起，惨痛地表达出来，在委婉的形式下，隐藏着激烈的情感，它的政治寓意是十分明显的。《鹤林玉露》说宋孝宗“见此词颇不悦”，可见它的批判力量已经是锋芒毕现。而在艺术上，此词可谓炉火纯青，表面上它将美人受妒失宠之怨悱、愤怒表达得淋漓尽致，浑然一体，不仅成功地借助了男女君臣这个文学传统表达了自己的政治意愿，而且在象征之中糅进历史典故，因此更有感召力，也更接近于屈原的《离骚》。就男女君臣这一手法的运用、发展而言，辛弃疾这首《摸鱼儿》可谓颇具代表性。

总之，楚辞倡导了“发愤抒情”的诗歌主张，并且通过“香草美人”这一原型意象，完美地实现了这一主张。楚辞以其无可比拟的艺术成就，确立了“发愤抒情”在诗歌中的地位，并且激发了中国文人关注现实的政治热情：从“香草美人”原型中发展出来的男女君臣的表现手法，又为处境艰难的中国文人开辟了另一批判的道路，这不仅有利于社会政治的正常发展，更有利于传统文人完善自己的社会角色和个体人格。所以，男女君臣的表现手法虽然有着这样或那样的缺陷，但其意义也是不可低估的。

第六章 楚辞的文化意义

关于文化的发展，德国哲学家雅斯贝尔斯提出了引人注目的所谓“轴心时代”的理论。雅斯贝尔斯所限定的“轴心时代”在公元前800年到公元前200年之间。这一时代所诞生的杰出的哲学家及其思想确立了此后人类的精神方向，并为人类历史的发展提供了精神动力。他在描述这一时期内的盛况时说：

> 在中国，孔子和老子非常活跃，中国所有的哲学流派，包括墨子、庄子、列子和诸子百家都出现了。像中国一样，印度出现了《奥义书》（*upanishads*）和佛陀，探究了从怀疑主义、唯物主义、诡辩派和虚无主义的全部范围的哲学可能性。伊朗的琐罗亚斯德传授一种挑战性的观点，认为人世生活就是一场善与恶的斗争。在巴勒斯坦，从以利亚经由以赛亚和耶利米到以赛亚第二，先知们纷纷涌现。希腊贤哲如云，其中有荷马、哲学家巴门尼德、赫拉克利特和柏拉图、许多悲剧作者，以及修昔底德和阿基米德。在这数世纪内，这些名字所包含的一切，几乎同时在中国、印度和西方这三个互不知晓的地区发展起来。①

也就是说，分散在世界各地的几个主要文明区域，普遍掀起了一场文化创建运动，这种文化创建运动的突出成就就是各种成熟哲学思想的涌现，它构成了人类文明史上的一个奇迹。各主要区域的文化传统由此开始形成，此后各文化区域内不断进行的各种规模、名义的文化复兴运动都一次次地把目光投向这个轴心时代，并且以此来校正历史的方向。

事实上，哲学思想是理性精神的集中体现，因此，这一次的哲

① ［德］雅斯贝尔斯：《历史的起源与目标》，8页，北京，华夏出版社，1989。

学突进可以在一定程度上理解为理性文明对原始文化的全面清算并从此独立。不是说前轴心时代缺乏理性文明，也许在这轴心时代之前就经历了由原始文化向理性文化的种种自然或艰难的过渡，但渐变积累到轴心时代，就出现了一个明显的质变的状态。它是一种挣脱和超越，是理性文明对原始文化全面的胜利。雅斯贝尔斯为我们揭示了这一具有普遍历史意义的现象是一种客观实在，但本书认为，对于文化史来说，不但轴心时代所建立的新文化典范有着重大的意义，它的变革过程也是十分重要的。因此，本书更加关注在这一变革过程中，文化的选择和重建的意义在哪里？楚辞作为一个个案，它所进行的选择和重建有何意义？作为一个文化因素，它对整个中国传统文化的意义是什么？

一、“祛魅”的文化与“附魅”的文化

中国的轴心时代应提早到周公时期。正如本书第一章所述，周公以前的夏商文化仍然是一种以原始宗教为主体的文化形态，直到周初，情况仍没有多少改变。现代出土的周初甲骨文证明了这一点。而周公以制礼作乐开始揭举了文化革新的大旗。商代人的神和天命是一种神秘的力量，但却可以通过祭祀、巫术手段对其加以控制或引导。而周公时代虽然也讲神和天命，但这时的神和天命已不再是神秘而随意的了，它们都遵循着“德”的铁律，神意、天命体现为德性铁律的执行者，也就是说，宇宙间的最高准则不是那不可知的神秘性，而是体现为个体克制和人际和谐关系的德性。天神和德性的结合，意味着德性被赋予了终极意义，德作为一种价值标准，是可理解的，可被反思的。理性由此确立。

周公的“制礼作乐”，其目的就是为了体现德性。《左传·文公十八年》云：“先君周公制《周礼》曰：‘则以观德，德以处事，事以度功，功以食民。’”因此礼乐既是德性的预演，又是德性的一种象征。礼乐的形式依然是商代的“神道”，即各种巫祭仪式。而周公正是通过适当的改造，利用这些礼乐来神化德性，保证德性的合理性和尊严。所谓“神道设教”就是这个意思。可以说周公取得了相当的成功，春秋时代的礼乐文化正是体现了德性理性的实质。

在孔子之前，中国传统文化的中心德性理性已经诞生，并且在

士大夫中渐占重要地位。从原始文化向理性文化发展的角度来看，孔子的意义就在于剥去披在德性身上的原始宗教的外衣，也就是排除神和天命的因素，使理性文化更加纯粹。孔子以“仁”取代了“德”，并且强调“仁”是社会个体的内在自觉，它不需要借助神和天命的力量，它是植根于个体内心的主观意愿的。因为“仁”的发源地是人的血缘基础和内在的感情。[①] “君子务本，本立而道生。孝弟也者，其为仁之本与!”“弟子，入则孝，出则悌，谨而信，泛爱众，而亲仁。”（《论语·学而》）正如李泽厚先生所说：“孔子把‘孝’、‘悌’作为‘仁’的基础，把‘亲亲尊尊’作为‘仁’的标准。”[②]

既然血缘关系、亲子感情是与生俱来的、先验的，那么“仁”也是先验的，是出自人的内心的自觉要求。由“亲亲尊尊”生发开去，可以建立一整套的以德性为中心的伦理体系。而这一整套德性理性，较周公所为更加完善，也更加可行。尤其重要的是，它完全抛弃了神的关怀，就这一点而言，它和原始文化彻底割断了联系。

孔子实在是中国儒家文化的集大成者，因此，将周公和孔子并列，看作是一个完整的文化阶段，是有充分的道理的。由周公到孔子，中国传统文化的基础牢固地奠定了，它的核心就是儒家思想。儒家文化由于主动抛弃了宗教神性的关怀，也就是经历了一个自觉而彻底的“祛除巫魅”（disenchartment，马克斯·韦伯语）的过程，儒家文化在本质上就成为一种实践性的、理性化的文化，也就是李泽厚先生所说的“实用理性”文化。

“祛除巫魅”是理性化的一个必然过程，但这一过程在世界各地文化的发展史上所表现的程度是不一样的。西方、印度在脱离了原始文化以后，它的宗教精神仍然在一个相当长的时间内被继承并得以发展，集中体现在基督教、印度教（此后是佛教）之中。相对而言，儒家文化对宗教精神的排除是相当彻底的，它虽然有利于理性文明的顺利建立和发展，但是儒家文化却为此付出了相当大的代价。神话、巫术对人类的作用是不可或缺的。马林诺夫斯基说：“一切的本能与情结，以及一切的实际活动，都会使人碰壁，以致他在知识上的缺憾以及粗始的观察力上的限制，都使知识在这一发千钧的时候叛变了他。……巫术就这样供给原始人一些现成的仪式行为与信

① 参见李泽厚：《中国古代思想史论》，16页，北京，人民出版社，1986。

② 同上书，18页。

仰，一件具体而实用的心理工具，使人渡过一切重要业务或迫急关头所有的危险缺口。”[①] 理性文明的发展，不能从根本上排除人们在现实生活中的挫折感、孤独感，如何消除这种种消极的感受呢？儒家文化只能要求人们接受“君子固穷”这一事实，但人们却得不到对这一事实的解释。它要人们相信“此岸即彼岸，内在即超越，中庸即高明”[②]，要乐天知命，依靠道德实践和涵养功夫来消除现世的焦虑。他们没有外在的依托，只能反身求诸己。这种内在超越的途径要求有超出常人的极坚韧的毅力，要求以高深的涵养功夫作为前提。因此，它不光是“对依从‘小传统’（宗教信仰）的人民大众来说，恐怕陈义过高，难以被接受”[③]，就是对一般的儒家知识分子，它的超越也是很困难的。换句话说，儒家文化由于彻底抛弃了原始宗教而失去了原始宗教中的超脱功能，对一般人而言，它只能是一种政治、伦理文化，使人们失去了神圣感和皈依感。正是我们对神圣、信仰的割断，使得宗教意识不能在中国文化中生根。

让我们回到楚辞中来。

如果把楚辞或以屈原为代表的楚文化看作是一个完整的文化形态，我们认为，它显然不同于中原的儒家文化形态。它有着自己独特的品质，它的根本特点就是没有割断和原始巫祭文化的联系，因而使得楚文化带有浓郁的巫魅色彩。这一点，无论是楚文化史料还是楚辞本身都能证明，本书前面的诸章节已经着力对此作了广泛的列举和论证。这里，我们将强调楚辞文化中有关德性理性的一面，为的是对楚辞文化有个总体的把握。

楚辞文化虽然和中原文化差别较大，但它毕竟不是原始文化。楚文化不能不受到中原理性文化的影响，对这种影响的任何程度上的低估显然是错误的。就政治理想而言，“屈原是主张以德治国的，他为之殉身的美政理想的核心即德政”[④]。比如在《离骚》中他就这样唱道：

皇天无私阿兮，览民德焉错辅。
夫维圣哲以茂行兮，苟得用此下土。

---

① ［英］马林诺夫斯基：《巫术科学宗教与神话》，77页。

②③ 傅伟勋：《从西方哲学到禅佛教》，468页，北京，三联书店，1989。

④ 聂石樵：《屈原论稿》，54页。

屈原所谓“德政”基本上具有中原儒家政治理想的内涵，它的榜样仍然是前代的圣王：

> 彼尧舜之耿介兮，既遵道而得路。
>
> …………
>
> 汤禹俨而祗敬兮，周论道而莫差。

此外，在《离骚》中所谈及的古代圣王还有儒家所推崇备至的周文王和周武王。刘安谓楚辞“上称帝喾，下道齐桓，中述汤武，以刺世事”（《离骚传》），并没有夸张。楚国所传的历史中当然也要提到这些中华民族共同的祖先，对此，我们在谈到《天问》时已经有所论述。但是，把这些先王连贯起来，并赋予他们“德治”政治榜样的地位，这又确实是儒家的思想，它在楚国祖传历史中不可能表现得如此细致而明晰。

据聂师石樵先生研究，屈原的政治思想中兼有中原儒家和法家的思想①，这种说法应该没有任何问题。屈原既然能“接遇宾客，应对诸侯”，他当然应该和中原的士大夫们具有同等的文化修养，所以熟悉儒家或法家文化是理所当然的。实际上，整个楚国上层贵族对中原文化都不陌生，《国语·楚语上》记载，楚庄王让士亹做太子的老师，申叔时在课程设置上建议士亹说：

> 教之春秋，而为之耸善而抑恶焉，以戒劝其心；教之世，而为之昭明德而废幽昏焉，以休惧其动；教之《诗》，而为之导广显德，以耀明其志；教之礼，使知上下之则；教之乐，以疏其秽而镇其浮气；教之令，使访物官；教之语，使明于上世，而知先王之务，用明德于民也；教之故志，使知废兴者而戒惧焉；教之训典，使知族类，行比义焉。

要求学习的内容十分庞杂，既有《训典》之类传统的东西，也有属于中原文化中的《诗》、《礼》、《乐》、《春秋》等儒家的经典；而且在学习的目的上非常强调“德治”，也就是要把太子按照中原的儒家理想进行培养。事实如何，且不去管，它至少说明楚国贵族阶层对

---

① 参见聂石樵：《屈原的哲学思想》，见《屈原论稿》。

中原文化中的核心部分有相当程度的了解，并有意接受之。据此，我认为屈原在《离骚》中所一再申述的“美政”，主要是来自中原的政治理想，或者说是以儒家德政思想为主，再加上与屈原一再体悟的“明君贤相”相契合的政治模式。显然，它与原始文化中的政治观相差甚远。

屈原身上所表现出来的文化特征，并不一定就和楚文化一模一样。我认为，楚辞文化较之楚文化，在政治等现实理性内容方面，要更接近于中原文化。这是由屈原的个人修养和政治实践所决定的。所以，即使是用原始文化来概括楚文化也是不确切的，更何况楚辞文化呢？总体说来，在政治理想、德性修养等方面，楚辞文化和中原文化并没有质的区别，具有彻底的理性文化的特点。所以，楚辞文化在发展程度上，并不一定就比中原文化更低级。问题在于，中原理性文化是经过了一个“祛除巫魅”的过程的，而楚辞文化，在它向理性文化发展的过程中，却保持着强烈的宗教巫术魅力。这是怎么成为可能的呢？

按照文化人类学家的理论，巫术宗教产生于人类精神拯救的需要，也就是说，原始宗教主要是作用于人的精神领域的，即使在原始社会，巫术宗教也不是社会文化的全部内容。马林诺夫斯基先生断言：

> 原始人虽然并不比现代人更理性，但也不比现代人更迷信。……有一些领域是巫术从不沾边的，比如取火、编织……原因就在于由正确知识所指导的日常技巧足以使人们没有失误，使其确有把握完全无偏差地控制这些活动。①

在某些活动中，一定的条件下会使用巫术，别的条件下，则没有巫术。对居住在沿海，以水产为生的人们，在捕捞虾蟹，以毒、以网捕鱼或以饵钓鱼时，只要条件完全可靠，人们就根本不用巫术。但是只要在捕鱼活动中有危险，有不可把握的因素，需要碰运气，就一定会有巫术仪式。在狩猎活动中亦是如此，只要那些简单的和可靠的捕猎方法属于知识的领域，那么人们就只用技巧，然而一旦在捕猎中有危险，或在猎物方面有不可把握的因素，巫术马上就会

---

① ［英］马林诺夫斯基：《巫术与宗教的作用》，见史宗主编：《20世纪西方宗教人类学文选》，88页，上海，上海三联书店，1995。

出现。只要完全安全方便，沿海航行无须以巫术来控制，但出海探险就必然伴随着巫术仪式。人们只有在知识不能完全控制机会与环境时，才求助于巫术。①

马林诺夫斯基这一段话试图说明，在原始社会中，巫术与科学并不是杂糅在一起的，相反，“巫术与实践活动是各自独立的，它们从来就没有融为一体”②。这个论断有过于乐观的嫌疑，但至少可以说明一点：知识理性可以和巫术宗教在某种程度上相互并存，尤其是在经过认真的抉择的情况下，更应如此。

那么，为了理性化而彻底地“祛除巫魅”是不是文化发展的必然要求，或者说是不是唯一的道路？当然文化发展在很大程度上是不可控制的，是自然选择的结果。但是今天谈这个问题，仍然是有价值的，因为我们已经在某种程度上感到了文化选择的艰难和可能性。

二、楚辞作为一种文化范型

1

相比较而言，楚辞文化的构成是较为复杂的，它包含了中原文化中儒家德性政治的内容，以满足时代发展的需要；也保留了古老的巫术宗教的内容，以满足个体情感的需要。也就是说，它的构架可能更有弹性，更具有包容性。尤其值得注意的是，这两者并不是完全独立的，它们的交融，使得屈原的某些德性理性包含了不同于儒家文化的巫魅色彩。

屈原思想中最受当代学者推重的不外乎如下两点：一是他的批判精神，一是他的“爱国”热情。而这两点都有不同于儒家文化的特点，下面逐一论之。

如聂石樵先生所言，屈原的批判精神主要“集中于他为了实现自己的理想而和楚国贵族集团展开的激烈的斗争中，揭露了楚国政

① 参见［英］马林诺夫斯基：《巫术与宗教的作用》，见史宗主编：《20世纪西方宗教人类学文选》，上海，上海三联书店，1995。

② 同上书，89页。

治的黑暗……特别是批判了楚王的昏庸、贪婪和残暴”①。

《离骚》中有关对前代昏庸君主的叙述，显然与此有关：

启《九辩》与《九歌》兮，夏康娱以自纵。
…………
羿淫游以佚畋兮，又好射夫封狐。
…………
浇身被服强圉兮，纵欲而不忍。
…………
夏桀之常违兮，乃遂焉而逢殃。
后辛之菹醢兮，殷宗用而不长。

类似这样的带有强烈情感的罗列，它里面含有的指斥、批判意味是明显的。如聂先生所说，这些诗句不仅是对楚王的谏戒，更是一种影射和揭露。对贵族集团的批判在《离骚》中更是处处可见。如：

惟此党人之不谅兮，恐嫉妒而折之。
时缤纷其变易兮，又何可以淹留？
兰芷变而不芳兮，荃蕙化而为茅。

这里涉及整个楚国统治集团的社会风尚的败坏和政治的腐败，并且对统治集团内部互相倾轧的事实表现了极端的厌恶，它体现了屈原毫无保留的批判精神。

当时正处在战国时期，正是“士”的顶峰阶段，以“士”的身份批评君王或大臣，在中原各国也是屡见不鲜的。无论是坚守德义的儒家士人，还是朝三暮四、毫无节操的策士，都可以对君王或大臣们肆意议论甚至指斥。孟子可以对君王说：“以德，则子事我者也，奚可以与我友？”（《孟子·万章下》）因此，他能居高临下地斥骂梁襄王曰：“望之不似人君，就之而不见所畏焉。卒然问曰：‘天下恶乎定？’”（《孟子·梁惠王上》）鄙薄、嫌恶之情溢于言表。策士们对君王、大臣的恐吓和威胁，更时时可见。不过，总体说来，士人对君王、大臣的贬抑之所以能成立并形成风气，显然与战国时期

① 聂石樵：《屈原论稿》，71页。

的特殊形势有关。君王、大臣们由于无力把握变幻莫测的政治、军事、外交形势，时刻感受到灭亡的威胁，要仰仗士人的才智，因此，才能容忍士人的批评或贬抑。孟子虽然标榜德义，但如果不是战国的特殊形势，他的批评是没有可能被君王容忍的。所以，一旦统治者摆脱了这种处境，如到了汉代，儒家士人就只能“具官待问”，完全失去了批判的权利。因此可以说，在中原文化体系中，知识分子的批判权利是不牢固的。

而屈原对楚王和楚贵族的批判则不同，他有一个更终极的依据和裁判者，那就是先帝或天神的威灵。这一超越的力量，使得他能够冲破君王的世俗权威，自信而充分地施展批判的权利。批判并不直接面对着楚王进行，而是要凭借某种神性，把一种世俗的批评变为一种神圣的审判。你只要相信神灵是圣明而公正的，你就能从中得到无比的勇气和力量。比如《离骚》在一开始就呼吁楚族祖先神祝融，请求他对自己所遇到的不公正的待遇给予裁决，并通过贞卜，得到了祝融肯定的答复。由于对来自神灵的“正则”、“灵均”的无比信任，屈原才能对世俗的楚王和楚贵族展开畅快淋漓的揭露和批判。兴犹未尽，屈原又面对着楚地方大神重华（舜）再一次“陈词”，尽情倾泻着自己的哀伤和不满，把批判的锋芒又一次指向楚王和楚贵族。屈原这一次次的“求正陈词”，它的前提是对宗教神灵的皈依，是要使自己从这现实世界中超脱出来。只有超脱了现实世界，然后才能对现实世界进行彻底而有效的批判。来自历史和地域的两个主神，从时间和空间两方面确立了批判的无比神圣性。这种批判有终极的根据，相对于楚王的权威，它有优越性，因此，它在理论上是不可侵犯的，屈原从这里所得到的合理性要比某种德义的合理性更有力量。当然，批判的效果，要看楚王对这种神圣意味的认可程度。就楚文化的特点而言，楚王至少可以默认屈原在神灵名义下进行批判的权利。但神圣批判对屈原而言，意义就重大了，它意味着某种永恒意义上的合理性和权利。这一点，具有明显的巫魅色彩，而它却保证了士人的批判权利，这正是中原文化所缺乏的。

屈原的“爱国”热情，在诗歌中表现得也很明显。比如学者们都认为“何所独无芳草兮，尔何怀乎故宇？”是暗示着要屈原离开楚国，往他国求用。而屈原在《离骚》末段所咏，则表现了对楚国的依恋：“陟升皇之赫戏兮，忽临睨夫旧乡。仆夫悲余马怀兮，蜷局顾而不行。”此处感情转悲是索祭仪式之固然，当然，说这里面隐含有屈原对楚国的忠诚，亦无不可。但在《九章·哀郢》中，这种怀恋故国之情就表现得更清楚了：

去故乡而就远兮，遵江夏以流亡。
出国门而轸怀兮，甲之鼂吾以行。
…………
羌灵魂之欲归兮，何须臾而忘反。
背夏浦而西思兮，哀故都之日远。

《九章·抽思》说：

惟郢路之辽远兮，魂一夕而九逝。
曾不知路之曲直兮，南指月与列星。
愿径逝而不得兮，魂识路之营营。

至于《橘颂》中的“受命不迁，生南国兮。深固难徙，更壹志兮”所表现的故国之情就更为明确感人。当然，屈原对楚王和楚贵族集团的批判，对自己理想的坚持，确实是出于对宗国的热爱之情。

实际上，屈原的所谓“爱国”之情应该定义为宗族感情。国家是政治意义上的地域概念，从这个角度而言，屈原所被放逐的“南楚之邑，沅湘之间”，仍然是楚国的领域，只不过这里是“荆蛮陋俗”之地，屈原有一种被抛弃的感觉。那么，屈原对郢都的魂系梦绕，一是出于重返政治舞台的愿望，一是出于对自己宗族的依恋。就后者而言，在战国时期也是很特别的。中国人的政治、伦理关系，在中原有一个明显的发展过程：原始部族阶段，人们依靠共同的信仰和血缘关系维系在一起，经过孔子对血缘亲疏的过分强调，再到孟子的性善论，经历了一个“祛魅”的过程。宗族观念在战国时期受到了严重的挑战，神圣感的消失，使士人轻去其族。孔子本是宋人，流寓至鲁，周游天下。孟子邹人，曾足履齐、魏、滕、宋等国。至于那些汲汲奔走的策士更是朝秦暮楚，不唯四处可家，且毫无正义感。这一情况甚至对楚国也有影响。《左传·襄公二十六年》载：“声子通使于晋，还如楚。令尹子木与之语，问晋故焉，且曰：‘晋大夫与楚孰贤？’对曰：‘晋卿不如楚，其大夫则贤，皆卿材也。如杞、梓、皮革，自楚往也。虽楚有材，晋实用之。’子木曰：‘夫独无族、姻乎？’对曰：‘虽有，而用楚材实多。’”可见，宗族观念在战国时期已经普遍被淡化了。但屈原似乎不同，他的宗族感情依然十分强烈。如果我们认可《橘颂》是他早年的作品的话，那么他的宗族感情似乎很早就深入心中，而且不可动摇。事实也如此。在他遭到人生重大挫折、遇到重大危机的关头，他首先想到的仍然是祖先的神灵：“帝高阳之苗裔兮，朕皇考曰伯庸。”他把全部的委屈都倾泻给部族的祖先，也把全部的希望都寄托于部族的祖先。也正是对祖先的无比信赖，使他能拒绝灵氛的暗示，固执地依恋着自己的宗族。显然，这不是战国时期通行的思考问题的方法，甚至也不是楚国士人通行的思考问题的方法。

对宗族的依恋，在屈原而言，意味着对祖灵的神圣性的虔信，相信它能把自己从困厄中解救过来。这不是一种比喻或形象的说法，它应该是屈原吁请祖神祝融的一个很实在的目的。公正的神灵不但有能力改变一切，而且一定会改变这颠倒的一切的。其次，楚贵族文化中的宗教信仰，是以祖先崇拜为中心的，对祖灵的虔信维系了部族中的个体，它是部族之所以存在的依据。换句话说，个体对部族的认同感是和对祖灵的虔信分不开的，两者互相支持，互为条件，因此，这种宗教意识必然导致对宗族的依恋之情。屈原的宗教意识为什么会比他的同胞更强烈呢？首先，他的楚贵族的身份容易使他对自己的血统产生感情；但更为重要的是，屈原曾主掌过有关巫事的职务，具有宗教神性的身份①，这一点使他和楚国的原始宗教文化有了不解之缘。因此，他对宗族的感情要比别的人深厚。

现在我们可以说，屈原所最被后人推崇的批判精神和“爱国”感情都是直接得到宗教意识支持的。正如杜尔克姆所说：“一个神不仅是一个我们所依赖的权威，而且也是一种我们的实力所依附的力量。一个服从神并据此相信神与他同在的人，就会信心满怀地面对世界，感到自己越来越有力量。”② 正是在这种神性的力量下，屈原才能勇敢地指斥强大的楚王和楚贵族阶层，才能直面这苦难的现实，坚持自己的宗族感情。屈原的道德本体是来自宗教的，所以它才能在道德全面沦丧的战国时代得到保存和发扬。如果我们认可屈原这

① 参见本书第二章所论。

② ［法］杜尔克姆：《宗教生活的基本形式》，见［美］罗伯特·鲍柯克、肯尼思·汤普森编：《宗教与意识形态》，51页，成都，四川人民出版社，1992。

两方面的品质，那么，我们就应该接受矗立在这两种品质背后的宗教意识。

2

对于整个现实世界而言，人生是脆弱的。无论这个社会是听命于一个或一些个体的主观意志，还是服从于一整套的规范制度，它对个体的压抑和挫伤是无处不在的，越是理想化的精神个体，就越容易受到伤害，越容易感受到挫折和焦虑。这种挫折感来源于多方面，克利夫德·格尔茨说：

> 那威胁着要使人崩溃的混乱至少有三点：他的分析能力的极限、忍耐能力的极限和道德见解的极限。混乱源于一大堆事件，既没有合适的解释也没有解释的可能性。挫折、痛苦和对难解的道德困惑的感受——如果它们足够强烈或持续时间够长的话——构成了强大的挑战，使人不禁怀疑这一命题：人生是可以理解的，通过思想，我们可以有效地指导自己的生活。[①]

这一现象越来越得到社会的认可。就人类社会而言，正如帕森斯先生说的："任何一种社会当中，有些人类的期待——为了实现它人类在情绪上已经深深地投入了的——注定要受挫的"[②]。科学理性不但不可能完全实现人类的理想，它还在某种程度上激发了人类的欲望，加深了人类的期待，从而也就在更大程度上和更广的范围内增加了人类情绪受挫的可能性。在科学、法律、道德理性之外，社会上还存在着大量的个体所不能把握的意外事件。帕森斯先生接着说："对于人类努力争取的成功，由于花费了精力与技巧，所以有某种强烈的情感投入，而往往这当中又有未知的或不能支配的因素会插进来，弄乱了行动与成功之间的'合理的'联系。全世界几乎没有例外，农业收成总是任凭那不可支配又不可预测的气候摆布，这是最明显的例子了。无论农夫如何勤劳如何能干，旱灾或水灾都可以使他颗粒无收。人类行动当中，从爱情到战争，在众多的领域，都有再鲜

---

① ［美］克利夫德·格尔茨：《作为文化系统的宗教》，见史宗主编：《20世纪西方宗教人类学文选》，上海，上海三联书店，1995。

② ［美］塔尔科特·帕森斯：《社会学和社会心理学中的宗教观点》，见史宗主编：《20世纪西方宗教人类学文选》。

明不过的不可预测因素。”人类的社会行为也是这样，对每个人而言，都存在着不同程度的不公正。除此之外，还有一些自然的局限，如死亡，就给每个人类个体带来了巨大的压抑，而这些，我们从现代理性中是无从得到解脱的。在人类历史上，内在的焦虑，从来没有像现代人一样成为一个如此严重的问题。

以上所列举的种种不成功的事例，构成了现实人生的苦难。科学理性无法解决，宗教也不能实际地消除这些苦难。比如死亡，科学只能在极有限的程度上延迟人的死亡，却无力解决死亡的威胁；宗教也是把死亡当作一个重要的问题来看待，但宗教无力消灭死亡。正如帕森斯所说的那样，任何大宗教都没有宣称它可以战胜死亡。宗教要拯救的是生者而不是死者，它要把生者从这种情绪挫折中解脱出来，面对逝去的亲友，生者必须要从悲哀和绝望中解脱出来，渡过难关，继续自己的生活。而这种“渡过”，是一种情绪的调节，是一种安慰。同样，面对着其他种种社会问题和自然问题也是一样。马克思说：“宗教里的苦难既是现实的苦难的表现，又是对这种现实的苦难的抗议。宗教是被压迫生灵的叹息，是无情世界的心境，正像它是无精神活力的制度的精神一样。”① 因此，一个完整的社会文化系统，不但要有效地支持这个社会的运转、发展，更要有效地安慰个体、宣泄个体的焦虑，使社会个体得到顺利的成长和发展。文明社会以科学、法律或道德为代表的理性文化系统，不但在一定程度上忽视了个体的精神需要，甚至它们就是个体精神压抑的根源。而这一点，显然应该归咎于对宗教的剥夺。因为关注个体的精神状况并为之提供庇护之所，正是宗教的出发点。格尔茨在论述了人类所感到的精神威胁之后接着说：“这种挑战正是所有宗教——无论其如何‘原始’，它都力图保存下来——必然打算要给予应付的。”②

宗教无助于实现人类的理想，不像科学那样可以帮助人们把某些理想变成现实，但它可以有效地把人类从现实的焦虑中解救出来。因为宗教就是产生于人类的精神危机，“原始宗教极为关注将人类生活中的危机神圣化。……人类生活的每一个重要危机都包含着强烈的感情波动，精神冲突和可能的崩溃。人们要想得到好的结果，就必须与忧虑和凶兆作斗争。宗教信仰能够将精神冲突中的积极方面

① 《马克思恩格斯选集》，2 版，第 1 卷，2 页，北京，人民出版社，1995。

② ［美］克利夫德·格尔茨：《作为文化系统的宗教》，见史宗主编：《20 世纪西方宗教人类学文选》，178 页。

加以传统的规范化，由此满足了产生于生物个体（他们生活于社会组织之中）的明确的个人需要。另一方面，通过采取关键性的行为，通过人类公众生活中的传统的规范化了的、服从于超自然的法则的社会契约，增强了人类社会的凝聚力。”① 具体而言，宗教的精神解脱作用，至少可以从如下两个方面进行理解：首先，宗教是把个人和集体联系在一起的纽带。这种联系不仅是形式上的，更是一种心理上的，“强烈的感情波动、精神冲突和可能的崩溃”②，不是一个脆弱的个体能够承担得了的，只有依靠全部落共有的节奏，才能取代个人的混乱节奏，依靠群体来防御作为异己力量的现实世界。其次，宗教行为由于伴随着强烈的情绪体验，它实际上形成了一种宣泄口，马林诺夫斯基举例说明道：“当一个人的情感达到失去自我控制的程度时，他所发出的呻吟，他表示的无可奈何的手势，以及相伴而来的生理状态，全都使被压抑的紧张释放出来。”③ 而那些或狂纵或肃穆的宗教气氛、礼仪，都能给信奉者的心灵带来巨大的震撼，引发积压已久的情绪的宣泄，并使人获得安宁和平静。

最原始的宗教，即使是巫术也有同样的功能。“无论如何区别，巫术总与宗教相伴随，它永远涉及与不确定性和无把握造成的压力的关系，涉及人类对这种情景所作的情结调整。从社会心理学的角度看，巫术观念与习俗便是对这种压力环境作调整调节的作用机制。它们提供了一个机会，以‘消除’这种压力造成的心理产品，从而为受挫折‘推卸责任’——这在巫术操作中是非常明显的。”④

理性文化“祛除巫魅”的结果，是宗教意识和功能的沦丧，它当然有利于科学和德性的发展，但是它同时也摒除了宗教的精神解脱功能。而科学或德性无视个体的精神压力，也无力于个体的精神解救，最终形成了理性文化的一重难以逾越的困境。当代杰出的后现代主义代言人大卫·格里芬认为，“祛魅”使得科学给我们带来的真理是“苍

---

① ［英］马林诺夫斯基：《巫术与宗教的作用》，见史宗主编：《20世纪西方宗教人类学文选》，98～99页。

②③ ［英］马林诺夫斯基：《巫术与宗教的作用》，见史宗主编：《20世纪西方宗教人类学文选》，89页。

④ ［美］塔尔科特·帕森斯：《社会学和社会心理学中的宗教观点》，见史宗主编：《20世纪西方宗教人类学文选》，139页。

白”的，甚至连“苍白的真理”也没有，“祛魅的观点到此走到了尽头”[①]。因此，他希望调和神秘世界和科学的关系，借此挽救科学和人类。他说：“鉴于现代科学导致了世界的祛魅和科学本身的祛魅，今天，一些因素正在聚集起来，形成一种后现代的有机论；在这种有机论中，科学和世界都开始返魅。”[②] 由此可见，在我们的文化中，不能没有来自精神上的关怀，它在今天显得如此的重要和迫切。而这种关怀，我们曾经在各种形式和各种程度的宗教中拥有过。

如果只有儒家文化，文人一旦失意就会生活在不能自拔的极度痛苦之中。

楚辞文化最大的魅力，就是在于它通过对宗教信仰的皈依，达成对现实苦难的超脱，把受挫个体从现实中拯救出来。

《九歌》自然是一种原始宗教的天籁。正是《九歌》启发了屈原对原始宗教的认同和投入，激发了屈原创作的热情。对于屈原本人而言，它的背后确实包含着一种坚定的信仰，它所努力营造的也是一种宗教的情境。《离骚》通过对仪式的模拟而使屈原顺利地进入原始宗教的圣地，并且通过它找到了自己的立足点，建立起面对着俗世的优越地位，保证了自己面对世俗的合理性存在；继而又通过宗教情绪的帮助，得以尽情地宣泄自己的抑郁和愤懑，从而将自己的精神从崩溃的边缘挽救过来。我们在前面的章节中对此作了着意的论述，甚至可以说，本书所用力最多之处也正在于此。这里就不再详说。毫无疑问，这一点可以看作是楚辞文化中最光彩夺目之处。

总之，如果把楚辞看作是一种完全的文化形态，它的特征是很明显的：它是一种“附魅”（enchantment）的文化。它相信，在现实世界之外，还存在着另外一片使人类精神可以感受到亲情、感受到温馨的世外桃源。它认可原始宗教对人的关怀。但楚辞文化并不是一种纯粹的宗教文化，有关政治、伦理等现实理性在楚辞文化中所受到的制约并不比中原理性文化更少，也就是说，它同样可以充分接受中原文化中的现实精神，以补充楚族固有文化的不足，适应时代的步伐。但是，它给原始宗教文化保留了一块地盘，它总是在现实精神的极限处出现，支持个体的人格，安慰个体的精神。这使

① ［美］大卫·格里芬：《引言：科学的返魅》，见大卫·格里芬编：《后现代科学——科学魅力的再现》4页，北京，中央编译出版社，1995。

② ［美］大卫·格里芬：《引言：科学的返魅》，见大卫·格里芬编：《后现代科学——科学魅力的再现》，38。

得楚辞文化能够为个体提供更广阔的活动空间，而且也使得它具有一种神奇的魅力。

3

轴心时期是一个文化选择、整合的阶段，在不同的文化区域内，人们正有意无意地对自己的文化作出各种可能的设计。本尼迪克特说：

> 任何文明的文化模式都利用了所有潜在的人类意图和动机所形成的大弧形上的某个片断。……任何文化都利用了某些经过选择的物化技术或文化特性。所有可能的人类行为都分布在其上的这个大弧形对于任何一个文化来说，都太大、太充满矛盾了。以至于其中相当大的一部分是不能利用的。首先需要的是选择。没有选择，就没有什么文化是可以理解的。而每一文化所选择并用以创造自身的意向比起它以同样的方式所选的技术或婚姻形式的特定细节要更重要得多。①

儒家文化为了要全面而尽快地实行“理性化”过程，无情而彻底地进行了“祛除巫魅”。它在选择时忘了给社会个体留下些什么。古老的宗教传统，它在形式上似乎仍被儒家文化保留着，但它却受到了根本的改造：从一种终极的归宿、关怀，变成一种既定社会秩序的维护者、监督者，人们从天神或祖神身上所感受到的只是责任和义务。正如马克斯·韦伯所说的：

> 中国的宗教，不管它是巫术性或祭典性的，就其意义而言是面向今世的。中国宗教的这一特点较诸其他宗教都要远为强烈和更具原则性。除了本来的崇拜伟神巨灵的国家祭典之外，各种的祭礼尤其受到推崇。……由于缺乏任何的来世论和任何的拯救学说，或者缺乏任何对超验的价值与命运的思索，国家的宗教政策依然保持着简单的形式。……在官方祭典里，几乎所有的迷狂、禁欲与冥思，都不存在，这些都被认为是无秩序与非理性的兴奋的成分，这是官吏们的理性主义所无法容忍的，就像罗马官僚贵

---

① ［美］本尼迪克特：《文化模式》，218～219页，北京，三联书店，1988。

> 族眼里的酒神祭典那样地具有危险性。当然，官方的儒教并没有西方意义的那种个人的祈祷，而只有礼仪规范。[①]

也就是说，所谓的“儒教”根本就不是一种宗教。因为儒家消除了宗教最为根本的东西——“彼岸”世界和个人的拯救，所以“儒教”只徒具宗教的形式，而不具备宗教的功能。这可以看作是“祛魅”的成功，但却显出了急功近利的弱点；它虽然有效地推动了文化的变革，但却不得不为此付出巨大的代价，那就是剥夺了人类应有的获得精神关怀的权利，越是一个有社会责任感的人就越容易变为一个恓恓惶惶、无家可归的“丧家之狗”（《史论·孔子世家》）。

楚辞文化是在楚文化基础上结晶而成的。楚国独特的地理历史条件，还有屈原特殊的境遇，促成了这一有特色的“文化整合”。首先，它对理性文化的接受同样是很成功的。屈原可以凭借着它对外“应对诸侯”，“接遇宾客”；对内改革政治，批判君王，修养自己。宗教意识不但没有阻挠理性文化在楚辞文化内的应用，还给予了它强有力的支持。宗教意识使屈原能够将自己归属于一个更高的存在，从而能从现实中超脱出来，提升自己的人格，增强自己的信念。由于这种信念附着于终极意义之上，它很少会因为挫折而气馁或随波逐流，因为宗教的献身精神能够激励屈原克服世俗的困境，为信念而奋斗。其次，宗教文化中某些因素在一定程度上和理性文化中的某些因素有着密切的关系，如何选择和发展这些关系，就成为文化整合的一个重要问题。儒家文化也讲“神道设教”，除了把祭典发展为“礼仪规范”外，他们也曾利用了某些宗教信仰。如韦伯所看到的那样，儒家认为“维护信仰在政治上甚至比对民生的关怀更重要”，所以利用神性来巩固皇权的地位，“皇权本身即是至高无上的、通过宗教仪式而神圣化的结构，从某种意义上说，它超出民间所崇奉的众神之上。皇帝个人的地位，正如我们所见的，完全是基于他作为上天（其祖先所居的上天）的全权代表（‘天子’）所具有的神性。”[②] 祖先崇拜被发展为“忠君”意识，虽然这种“忠君”意识并不牢固，因为“祛魅”倾向以及君王的个人品德，都很容易使人们看透这层意识的虚妄，但它毕竟给我们的文化带来了一些阴影。而

---

① ［德］马克斯·韦伯：《儒教与道教》，169～171页，南京，江苏人民出版社，1995。

② ［德］马克斯·韦伯：《儒教与道教》，168～169页。

楚辞文化中所显现的祖先崇拜意识，保留了它的部分原始功能，即凝聚全部族的功能。人们通过祖先崇拜而达到对整个宗族的忠诚，它对君王也有同样的要求，并不把君王看作是祖先的象征。所以，屈原在战国时期仍然能够保持对本族的依恋，并且凭着宗族的名义对楚王展开激烈的批判。这种文化素质显然有其可贵之处。再次，楚辞文化以其深沉的宗教关怀为个性精神营造了避难所，这一点应是楚辞文化最大的特色，也是儒家文化最大的缺憾。

总之，“楚辞文化”虽然在中原理性文化之外存在着，它也许只是个偶然的个案，并没有真正独立成型，并没有独立对历史产生过影响，但是，把楚辞文化看成是一个独立的文化形态，却有利于我们了解文化选择和整合的规律；它也可以给我们提供一面镜子，以检查我们的文化在发展过程中到底走了哪些弯路。因此我相信，研究楚辞的文化特点是有意义的。

三、楚辞作为一种文化因素

1

楚辞文化的意义，主要还是在于它作为一种文化因素，进入并充实、整合了中国传统文化。

楚辞文化并不是作为一种宗教进入中原文化的，事实上，它在本质上还不能说是宗教的，在汉人那里，它甚至也不是纯粹的抒情的文学作品。它是作为一种教化的范例，作为一种经典或是类同于儒家的经典被吸收进中原文化的。如韦伯所说的那样，“理性主义，无论是在中国还是在其他国家，从内心深处就蔑视宗教。在中国，这种理性主义不需要宗教作为驯服民众的工具……宗教的任何外在和内在的进一步发展，都被断然斩绝。”① 因此，它的宗教性特征被儒家的学者们抹杀殆尽。我们在前一章对此作了详尽的阐述。

儒家学者完成了对楚辞的接受，而一般的士大夫读者还是把楚辞视为抒情遣兴的文学作品。如王逸之前的司马迁就说：“屈原放逐，著《离骚》……此人皆意有所郁结，不得通其道也，故述往事，思来者。”（《史记·太史公自序》）王逸之后明代的朱应麒说：“楚辞

① ［德］马克斯·韦伯：《儒教与道教》，168页。

皆以写其愤懑无聊之情，幽愁不平之致。至今读者犹为感伤，如入虚墓而闻秋虫之吟，莫不咨嗟叹息，泣下沾襟”（引自蒋之翘《七十二家评楚辞》）。就是说，楚辞在很大程度上是被当作文学作品接受的。而在中国文学史上，虽然以“诗骚”并称，但儒家经典《诗经》对后世的作用，主要是提醒诗人们不要忘了作为士大夫的政治作用，提醒诗人们不要执著于个人的审美情趣。因此，从本质上是偏离于文学的。只有楚辞才被看成是放纵自己性情、宣泄内心情绪的文学之作。如《七十二家评楚辞》引明人何景明所述故事云：

> 逊国臣有雪庵和尚者，好观《楚辞》，时时买《楚辞》，袖之登小舟，急棹滩中流，朗诵一叶，辄投一叶于水。投已辄哭，未已又读，读终卷乃已，众莫测其云何。呜呼！若此人者，其心有与屈大夫同抱隐痛者矣！

古之以楚辞下酒者有之，以楚辞自悼者亦有之。可见，中国古代文人士大夫们正是在楚辞上面领会到文学的魅力，悟出文学的真谛。楚辞是真正可以寄托自己感情的作品，而《诗经》却从没有给后世文人带来如此的感受。所以，可以就此断言，楚辞之进入中国传统文化，首先给中国传统文化带来的是真正意义上的文学。

在此之前，中原并不是没有真正的文学、艺术，在孔子那里，就弦歌声不断。但过分的节制，刻意追求的质朴，都在排斥情感性的东西，而使之成为一种礼仪的符号，成为一种自我修养或训练举止、仪容的手段，文艺作品所要求的自由的创作和欣赏完全丧失了。所以说，真正的儒家文化并没有给文学留下位置。儒家文化在接受楚辞时，也同时接受了文学。

一个真正的文学作品，在它的最高陈义上，是和宗教相通的。雅斯贝尔斯就认为艺术可以代替宗教。他说：

> 因在艺术作品观赏之中，将艺术成为我自己的东西，而给人产生出感动、解放感、快乐感、安全感。在合理之中，难接近于绝对；但作为直观的语言，（艺术）在完全当下呈现的完结性之中，没有任何的不满足。一面打破日常性，又一面忘却现存在之实在性，人会经验到一个大解放。在此解放之前，一切的忧虑与打算、快乐与苦恼，却好像于一瞬之间消失了。然而，

在次一瞬间，人又一面仅仅想起抛弃了自己的美，而急转直下，返回到现存在之中。观赏艺术这种事，不是什么中间地存在，而是一种别样地存在。……艺术一面照出现存在的一切地深渊与恐惧；但在此处，是在较之最明晰地思维更为透彻的、确信存在的明朗意识之中，用光明充满了现存在。此时，人不仅离开了兴奋与热情，瞥见了一切东西在此所止扬的永远性，并且人自己也好像在永远之中一样。①

也就是说，文学艺术可以使人超越自己的有限性，达到一种永恒的境界。而这一点正同于宗教对人的终极关怀，所以徐复观先生说："人在美的观照中，是一种满足，一个完成，一种永恒的存在……人对宗教的最深刻的要求，在艺术中都得到解决了，这正是与宗教的最高境界的会归点，因而可以代替了宗教之所在。"② 宗教和艺术都是借助象征的方法，指出一个既是超凡脱俗的，又是更加真实的精神世界，一种永恒的存在。因此宗教和文学对于社会个体而言，都具有拯救的意义。

楚辞文化正处在宗教和文学的交汇之处，它显示了两者各自的特征，又显示了两者的联系。也可以说，浸润于中原文化中的士人们，正是通过对楚辞的文学性的把握，同时进入了它内含的诗性精神或说宗教精神。当然，这一过程可能是在无意识中完成的，这也就是我们在前一章中所强调的原型意义。虽然宗教精神对我们来说是必要的，但一个"祛魅"的文化在根本上是反宗教的，而楚辞在表达形式上的模糊性又为中原文化的接受提供了前提。但我们相信，儒家文化对它的接受，从本质上说并不是因为它具有"教化"的功效，那不过是一个接受的借口；缺乏就是一种期待，缺乏就是接受的原因。儒家文化之所以接受楚辞的根本原因，就是儒家文化缺少一个提供给社会个体的精神家园，缺少一个有效的精神解脱机制。正是楚辞间接地以其宗教精神补充了这一缺口，马林诺夫斯基说："文化之所以需要宗教(尽管这种需要是间接的和派生的)，乃是因为宗教在根本上发源于得以满足人类根本需要的文化形式。"③ 这是文化自然选择的必然结

① 转引自徐复观：《中国艺术精神》，97页，沈阳，春风文艺出版社，1987。

② 徐复观：《中国艺术精神》，97页。

③ ［英］马林诺夫斯基：《巫术与宗教的作用》，见史宗主编：《20世纪西方宗教人类学文选》，99页。

果，也是楚辞对中国传统文化最大的贡献。

李泽厚先生在评述儒家文化时说道：

> 由于（儒家）实践理性对情感展露经常采取克制、引导、自我调节的方针，所谓以理节情，“发乎情止乎礼义”，这也就使生活中和艺术中的情感经常处在自我压抑的状态中，不能充分地痛快地倾泄表达出来。……只是由于老庄道家和楚骚传统作为对立的补充，才使中国古代文艺保存了灿烂光辉。[①]

也就是说，儒家文化本身的缺点决定了它必须借助别的文化因素来完善自己。只有儒家文化、道家文化和楚辞文化三者结合起来，才是完整的中国传统文化。但仅就情感宣泄这一功能而言，楚辞文化的作用也不是道家文化所能代替的。道家的解脱之道是以泯灭主体性为前提的，它要求人们完全摆脱社会，回归到以虚无为标志的自然状态，它是以牺牲责任感和价值观以及对儒家文化的彻底颠覆为代价的。因此，它所谓的解脱是一种回避、否认，而不是一种宣泄，和楚辞文化的取向不同。楚辞文化的超越是一种批判的、面向现实的超越，能够较容易地为以儒家思想为主体文化的士人所接受。也正由于这个原因，楚辞文化才能被儒家文化所吸收。

2

楚辞对中国传统文化的具体贡献是多方面的。比如在美学品质上，它以丰富的想象和热烈的情思，突破了儒家理性主义美学的规范。如李泽厚先生所说：《离骚》“把最为生动鲜艳、只有在原始神话中才能出现的那种无羁而多义的浪漫想象，与最为炽热深沉、只有在理性觉醒时刻才能有个体人格和情操，最完美地溶化成了有机整体。”[②] 再比如，楚辞是一种个性精神的表现，而儒家文化是排斥个性精神的。遵守礼仪是社会秩序的要求，其终极根据在于天地之间的自然秩序，人只有将其心灵真正完全融入这自然秩序之中才能得到归宿。因此，一个人没有理由不接受礼仪规范的约束，而一切个性的东西都是要遭到排斥的。但屈原凭着神性支持，充分表达了自己的“狷狭之志”，顽强地展现自己的个性，它与庄子的“法天贵

① 李泽厚：《中国古代思想史论》，37～38页。

② 李泽厚：《美的历程》，68页，北京，文物出版社，1982。

真”、率性自为的个性美学相辅相成，从不同的方向上为中国文化增添了魅力。

在此，特别要提到楚辞文化中所蕴涵的悲剧意识。

悲剧性是人类所能达成的对现实存在的最本质的认识，是苦难意识的升华。对生存不朽的渴望，对理想的社会秩序的执著，对终极意义的追问，对情感的领悟等，都可以导致悲剧意识的产生。由于它的无处不在，以至于著名的悲剧哲学家叔本华把悲剧的产生归根于人的生命意志本身，他说：“欲求和挣扎是人的全部本质，完全可以和不能解除的口渴相比拟。但是一切欲求的基地却是需要，缺陷，也就是痛苦；所以，人从来就是痛苦的，由于他的本质就是落在痛苦的手心里的。”① 可以说，没有一种文化没有体会到苦难意识，甚至可以说，所有文化都是在不同程度和不同方向上对这种苦难意识的应战。“面对匮乏、死亡和毁灭，所有人类都有不安全感。在一定程度上，一切文化都是一种掩饰这一不安全感的巨大努力，它想通过重复性预期性的活动给未来提供安全的幻象——‘使未来在过去中取得安慰并使之可以预测’。”②

在儒家思想和道家思想的背后同样也有苦难意识。道之不行，德之不修，天下汹汹争于利，没世而名不称等，是儒家的悲哀；人性的严重异化，政治理性的荒谬，社会现实的残酷等，是道家的悲哀。苦难意识促生了儒家和道家思想，但这两种文化倾向于教导世人消解这种苦难意识，并通过消解它而超脱它。“中国文化的两大主要思想流派儒道都是讲和的，要讲和当然最困难处是人生的困境。因此儒道的智慧也表现在如何把不合理的现实合理化，使人处困境能够超然起来。道家以卓越的智慧冷静地、老练地（老子）而又思辨地、哲学地（庄子）把人的困境合理化了，消解了人的痛苦、焦虑、烦惧，消除了通向悲剧意识之路。道家合理化是以人的自我保存为主体原因，儒家的合理化则是以人的自我荣耀为主体原因。”③ 于是，在儒家那里，追求的人生最高境界是以自我满足为目的的“孔颜乐处”。而在道家那里，阻断一切价值关怀，全面麻痹自己的神经，从而达到一种完全自然状态的“德之和”，就成了人生的最高

① ［德］叔本华：《作为意志和表象的世界》，427页，北京，商务印书馆，1982。

② ［美］克莱德·克拉克洪：《神话和仪式：一般的理论》，见史宗主编：《20世纪西方宗教人类学文选》，157页。

③ 张法：《中国文化与悲剧意识》，94页，北京，中国人民大学出版社，1989。

理想。问题在于，儒道两家对人的生存困境的漠视、消解是否能成功地消除人心中的焦虑，使人能够接受这个生存状态，在这个社会现实中安宁下来呢？显然，儒家的“孔颜乐处”与人的现实处境无关，一个人的道德完满并不能改变现实的苦难和残酷，一个道德完满的人也不应该漠视现实的苦难和残酷。用价值判断来取代现实判断是一种冒险的思想游戏，因为一旦透过价值判断的屏障，人们对苦难的现实将不知所措。同样，庄子的消解也是不成功的，首先，庄子对社会和人生意义的全面否定，对于略有社会意识的人来说，实际上无时不在作着悲剧性的提醒，所以刘鹗说“《庄子》为蒙叟之哭泣”（《老残游记·自序》），清人胡文英则将其与屈原相比，《庄子独见·庄子总论》说：“盖三闾之哀怨在一国，而漆园之哀怨在天下；三闾之哀怨在一时，而漆园之哀怨在万世。”也就是说，庄子根本无力掩饰人生的悲剧意识；而庄子要求人们冷却自己的良心和感情，消除自己的意志，无知无欲地生活着，这又是对人性极限的挑战。它可能是一种审美态度，但却不可能成为一种现实态度，因此，它也不可能将人从现实的苦难中解脱出来。

悲剧意识是宗教产生的一个重要原因。一本在西方通行的宗教心理学教材认为，宗教意识的本质首先当归于“生存的焦虑”，也就是对现实生活苦难的感受，作者在列举了一些流行的观念后说，不论我们是否认真思索过这些观点，我们都体验到我们有时无法应付某些很重要的局面。有时候，一些令人不愉快的感觉——压抑、恐惧、紧张、嫉妒——常常困扰着我们。而像战争、死亡、失败、饥饿和疾病这类事情则提醒着我们，对于我们生命和满足的一些主要威胁，我们通常是无能为力的。……保罗·蒂里希总结了宗教描述过并为人们体验过的主要几种生存的焦虑：无法避免死亡的忧虑，对生命的无意义和无目的的恐惧，以及对于我们自身行为后果的关注。他在另一本书中说，“正是这种存在的有限性驱使我们提出了上帝这个问题”①。

显然，宗教的产生与人类的悲剧感受有关。从楚辞中我们也可能确证这一点。屈原由于感受到了“生存的焦虑”，才有意无意地投入了原始宗教，并且作为一个信仰者，接受神的安慰：

① ［美］玛丽·乔·梅多、理查德·德·卡霍：《宗教心理学》，4～5页，成都，四川人民出版社，1990。

> 在信仰者看来，人类的不幸境遇，乃是由于人们疏远了那个创造的和光明的宇宙力量，而这个宇宙力量则是至善、安宁、健康与真理的源泉。在世界陷于软弱、罪恶与不和谐的情形下，人类的努力总是单薄而脆弱的。……行善、寻求真理以及使这些最高尚的努力变得尽善尽美，总是被贪婪、错觉与软弱所弥盖或压抑。所以要解脱生活的苦难，只能来自个人与某种完全不同的实体（神圣或至善）牢固地结合在一起。①

当代新儒家的主要代表牟宗三先生认为，由于中国古代天灾人祸不过分深重，儒家没有恐惧意识，因此在中国没有产生上帝的观念。②这种观点的立足点显然是错误的，对苦难的意识在儒家和道家思想中都有一定的地位。但在儒家的思想中确实缺少宗教意识，那是因为他们希望泯灭悲剧意识，压抑悲剧意识，因此，才没有可能发展宗教观念。

但楚辞由于有宗教的支持，把苦难意识上升为一种悲剧体验，并突出地挥洒了这种悲剧意识，使得悲剧意识成为楚辞文化的一个最主要的特色。除了《九歌》着力渲染那种来自生命深处的悲剧感外，《离骚》中的三段式结构每一段中都将那种无可解脱的现实之悲推到极致："长太息以掩涕兮，哀民生之多艰。……忳郁邑余侘傺兮，吾独穷困乎此时也。宁溘死以流亡兮，余不忍为此态也。……屈心而抑志兮，忍尤而攘诟。伏清白以死直兮，固前圣之所厚。"这种文辞在全诗中到处都是，而这里所透露的巨大的悲愤，既是对现实的深刻认识，也是一股无法消解的激情。这种悲剧意识是无法摆脱的。三段式的结构使这种悲剧激情循环往复，像一个无法挣脱的漩涡，使得《离骚》充满了这种难以自拔的悲剧情绪。而如下的一些诗句则体现了屈原对悲剧感的自觉的执著："余固知謇謇之为患兮，忍而不能舍也。""苟余情其信姱以练要兮，长顑颔亦何伤。""怀朕情而不发兮，余焉能忍而与此终古。"对悲剧感的自觉执著，是悲剧意识的主要表现。这也是它不同于中原文化之处。

一个民族不能没有悲剧意识，因为悲剧意识体现了一个民族把

① ［美］斯特伦：《人与神——宗教生活的理解》，38页，上海，上海人民出版社，1991。

② 参见牟宗三：《中国哲学的特质》，台北，台湾学生书局，1982。

握现实的深刻程度；而且对悲剧性的执著与否，体现了一个民族是否具有坚韧的毅力。因此，悲剧精神是一种积极进取的精神，是一个民族生命力的象征。不仅因为“悲剧像宗教和哲学一样，深切地关注恶、神的正义与人的责任等等问题”，而且，“（悲剧）唤起不同寻常的生命力来应付不同寻常的情境。它使我们有力量去完成在现实生活中我们很难希望可以完成的艰巨任务。……我们在理想中或多或少不自觉地把自己与普罗米修斯、俄狄浦斯以及类似的巨人般的人物等同起来，用崇高的力量去斗争，哪怕面对彻底的毁灭或可怕的死，也不屈服”①。显然，悲剧意识在一个文化中有着特别重要的意义，它不但表现了民族文化的深度，也是一个民族能否应付自然、社会的挑战的一个标志。

中国文化中不能没有这种悲剧精神，而儒家文化和道家文化却没有给自觉的悲剧意识留下空间，因此，楚辞的悲剧精神恰好补充了中原文化的不足。后世可称得上是悲剧诗人的，几乎没有不受楚辞影响的，如曹植、李贺、李商隐、秦观、纳兰性德等等，尤其是那部标志着中国文学高峰的著名悲剧杰作——《红楼梦》，我们都可以从中看到楚辞的悲剧精神的影子，那种对悲剧的自觉体验，对悲剧体验的一往情深，使得中国文化在温柔敦厚和放任自然之外，具有了另一种沉重而冷峻的凄艳色彩。它使中国文化增加了分量，增加了魅力。正如朱光潜先生所说：“它始终渗透着深刻的命运感，然而从不畏缩和颓丧；它赞扬艰苦的努力和英勇的反抗。它恰恰在描绘人的渺小无力的同时，表现人的伟大和崇高。悲剧毫无疑问带有悲观和忧郁的色彩，然而它又以深刻的真理、壮丽的诗情和英雄的格调使我们深受鼓舞。它从刺丛之中为我们摘取美丽的玫瑰。”② 当然，诗人们都是主动选择楚辞文化中的悲剧性，反映了中原文化原本就具有苦难意识。但楚辞文化使这种意识具有了切实的内容和表现形式，并上升为悲剧意识。这是楚辞文化对中国传统文化的又一重要的贡献。

可以说，楚辞在中国传统文化中具有非常广泛而深刻的意义。

首先，楚辞作为一个独立的文化形态，显示了文化在过渡状态之中文化因素的互相渗透和选择的某些规律。楚辞对巫术宗教的自觉保存，在不同方面为社会个体保留了一间遮风挡雨的温馨小屋。换句话说，屈原自觉地强调和选择了原始文化中的审美功能，并将它和理性

① 朱光潜：《悲剧心理学》，91、259页，北京，人民文学出版社，1983。

② 朱光潜：《悲剧心理学》，261页，北京，人民文学出版社，1983。

精神完美地结合起来，这对人类的文化建设具有启示性；尤其是在“祛魅”文化已经愈益暴露出它的局限性的时候，研究楚辞文化对我们更具有重要的意义。其次，楚辞以其难以抵御的魅力和极大的感染力，在儒家文化中争得一席之地，从而使中国文化在它的深处保留了宗教原型，为社会个体保留了一个精神的家园，并且使得中国文化包容了个性精神和悲剧品质，成为一种意蕴丰富而深厚的文化。因此，楚辞文化在中国文化史上具有着无比重要的意义。

主要参考书目

阮元，校刻．十三经注疏．北京：中华书局，1980.

上海师范学院古籍整理组，校点．国语．上海：上海古籍出版社，1978.

高亨．老子正诂．北京：中国书店，1988.

庄子．上海：上海古籍出版社，1989.

孙诒让．墨子闲诂．北京：中华书局，1954.

韩非．韩非子．上海：上海古籍出版社，1989.

刘向．战国策．上海：上海古籍出版社，1985.

刘安．淮南子．上海：上海古籍出版社，1989.

吕不韦．吕氏春秋．上海：上海书店，1986.

董仲舒．春秋繁露．上海：上海古籍出版社，1989.

司马迁．史记．北京：中华书局，1982.

班固．汉书．北京：中华书局，1962.

范晔．后汉书．北京：中华书局，1965.

扬雄．方言．北京：北京古籍出版社，1957.

刘向．新序说苑．上海：上海古籍出版社，1990.

许慎．说文解字．北京：中华书局，1963.

刘勰．文心雕龙．上海：上海古籍出版社，1985.

洪兴祖．楚辞补注．北京：中华书局，1983.

朱熹．楚辞集注．上海：上海古籍出版社，1979.

汪瑗．楚辞集解．北京：北京古籍出版社，1994.

黄文焕．楚辞听直．崇祯一六年刊本．

王夫之．楚辞通释．上海：上海人民出版社，1975.

林云铭．楚辞灯．康熙三十六年刻本．

吴世尚．楚辞疏．雍正五年刊本．

蒋骥．山带阁注楚辞．民国二二年（1933）来薰阁影印本．

陈本礼．屈赋精义．民国十三年（1924）上海扫叶山房影印本．
胡文英．屈骚指掌．北京：北京古籍出版社，1979.
王闿运．楚辞释．民国十二年（1923）刊《湘绮全集》本．
王国维．观堂集林．北京：中华书局，1950.
闻一多．闻一多全集．北京：三联书店，1982.
郭沫若．中国古代社会研究．北京：人民出版社，1982.
郭沫若．青铜时代．北京：科学出版社，1956.
郭沫若．西周金文辞大系图录考辨．北京：科学出版社，1952.
郭沫若．屈原研究．重庆：群益出版社，1946.
胡适．胡适古典文学论文集．上海：上海古籍出版社，1988.
徐旭生．中国古史的传说时代．北京：文物出版社，1985.
陈梦家．殷墟卜辞综述．北京：中华书局，1988.
丁山．中国古代宗教与神话考．上海：上海文艺出版社，1988.
饶宗颐．楚辞地理考．上海：商务印书馆，1946.
饶宗颐．饶宗颐史学论著选．上海：上海古籍出版社，1993.
谭其骧．中国历史地图集．北京：地图出版社，1982.
徐中舒．甲骨文字典．成都：四川辞书出版社，1985.
袁珂．山海经校注．上海：上海古籍出版社，1980.
袁珂．中国神话史．上海：上海文艺出版社，1988.
袁珂．中国神话通论．成都：巴蜀书社，1991.
俞伟超．先秦两汉考古学论文集．北京：文物出版社，1985.
童恩正．中国西南民族考古论文集．北京：文物出版社，1990.
中国铜鼓研究会第二次学术讨论会论文集．北京：文物出版社，1986.
范文澜．中国通史简编．北京：人民出版社，1964.
田昌五．古代社会形态研究．天津：天津人民出版社，1980.
孙淼．夏商史稿．北京：文物出版社，1987.
张正明．楚文化史．上海：上海人民出版社，1987.
何光岳．楚灭国考．上海：上海人民出版社，1990.
何光岳．南蛮源流史．南昌：江西教育出版社，1988.
何光岳．东夷源流史．南昌：江西教育出版社，1990.
游国恩．楚辞论文集．上海：古典文学出版社，1957.
游国恩．离骚纂义．北京：中华书局，1980.

姜亮夫．屈原赋校注．北京：人民文学出版社，1957.

姜亮夫．楚辞学论文集．上海：上海古籍出版社，1984.

姜亮夫．楚辞通故．济南：齐鲁书社，1985.

马茂元．楚辞注释．武汉：湖北人民出版社，1985.

汤炳正．屈赋新探．济南：齐鲁书社，1984.

聂石樵．楚辞新注．上海：上海古籍出版社，1980.

聂石樵．屈原论稿．北京：人民文学出版社，1992.

聂石樵．先秦两汉文学史稿．北京：北京师范大学出版社，1994.

潘啸龙．屈原与楚文化．合肥：安徽文艺出版社，1991.

叶舒宪．探索非理性的世界．成都：四川人民出版社，1988.

北大中文系．先秦文学史参考资料．北京：高等教育出版社，1957.

詹鄞鑫．神灵与祭祀．南京：江苏古籍出版社，1992.

李泽厚．中国古代思想史论．北京：人民出版社，1986.

傅伟勋．从西方哲学到禅佛教．北京：三联书店，1989.

徐复观．中国艺术精神．沈阳：春风文艺出版社，1987.

朱光潜．悲剧心理学．北京：人民文学出版社，1983.

张法．中国文化与悲剧意识．北京：中国人民大学出版社，1989.

姜彬．吴越民间信仰民俗．上海：上海文艺出版社，1992.

[法] 列维-布留尔．原始思维．北京：商务印书馆，1987.

[德] 恩斯特·卡西尔．神话与语言．北京：三联书店，1988.

[德] 恩斯特·卡西尔．神话思维．北京：中国社会科学出版社，1992.

[英] 爱德华·泰勒．原始文化．上海：上海文艺出版社，1992.

[意] 维柯．新科学．北京：人民文学出版社，1987.

[英] 弗雷泽．金枝．北京：中国民间文艺出版社，1987.

[英] 马林诺夫斯基．巫术科学宗教与神话．北京：中国民间文艺出版社，1986.

[瑞士] 荣格．心理学与文学．北京：三联书店，1987.

[美] 约翰·维克雷，编．神话与文学．上海：上海文艺出版社，1995.

[美] 玛丽·乔·梅多等．宗教心理学．成都：四川人民出版社，1990.

［德］雅斯贝尔斯．历史的起源与目标．北京：华夏出版社，1989.

史宗，主编．20世纪西方宗教人类学文选．上海：上海三联书店，1995.

［美］罗伯特·鲍柯克，肯尼思·汤普森，编．宗教与意识形态．成都：四川人民出版社，1992.

［美］斯特伦．人与神——宗教生活的理解．上海：上海人民出版社，1991.

［德］马克斯·韦伯．儒教与道教．南京：江苏人民出版社，1995.

［美］露丝·本尼迪克特．文化模式．北京：三联书店，1988.

［美］大卫·格里芬，编．后现代科学．北京：中央编译出版社，1995.

后　记

这本书是我十九年前的博士学位论文，出版后受到了不少学者的关注，直到今天，依然有不少楚辞研究者征引或讨论它。这些关注证明并延长了本书的学术生命，我对此表示感激。

这本书的书名有着那个时代的烙印，强调某个宏大的文化背景，意在和传统的文献研究划清界限。但我在很长一段时间内后悔起了这个书名，因为这本书主要还是讨论楚辞文体的：它是如何生成的？它何以具有如此的形态？它的抒情功能是如何实现的？我认为，在一个还谈不上“文学影响”的年代，楚辞文本是从仪式这个大树上滋生出来的枝叶和花朵。因此，一切都要回到仪式，文本的形式、功能主要取决于仪式的形式、功能。当然，那时我对这一观点还缺少理论的自觉。

我自毕业以后，学术兴趣一直在先秦文献的整体研究上，尤其关注先秦散文文献的生成、文体形态和编纂，认为每一种文献都依赖某个特殊的职事，而这职事往往与仪式有关，文献的文体特征、文化功能也取决于职事的行为特征、文化功能，文献文体在一定程度上体现为独特的话语权力，它使得文体在脱离具体的职事和行为之后，仍然具有文化构建的作用。这就是我所谓的“职事—话语—文体”的研究模式，现在想来，它其实和我早年的楚辞研究有着很深的联系。

本次再版此书，我并没有做任何改动，一方面确实是没有时间，另一方面也是因为我对这本书保持着自信。也许是敝帚自珍吧，我认为它的学术价值并没有随着时间的流逝而减弱。当然，十九年前的观点、研究方法、材料，在新的学术环境中，一定有修改、补充、完善的空间，但就我自己而言，很难做出什么实质性的改变了，小修小补意义有限，就不如不改了。当然，编辑先生的宽容，也纵容了我的惰性。

我的研究生导师是聂石樵先生，不光是这本博士论文，我的所有学术成绩，都应该归功聂先生对我的精心培养。但我从未邀请过聂先生为我的书写过序，我自己也没有写后记的习惯，因此，也就一直没有机会在我的书中表达我对业师的感激之情。本书的再版，能使我有机会利用后记补上这个缺憾，这令人高兴。

2014 年 6 月 16 日

当代中国人文大系

文学

论二十世纪中国文学　谢　冕

新世纪的太阳
——二十世纪中国诗潮　谢　冕

中国反封建思想革命的一面镜子
——《呐喊》《彷徨》综论　王富仁

嬗变
——辛亥革命时期至五四时期的中国文学（修订版）　刘　纳

性格组合论　刘再复

中华古代文论的现代阐释　童庆炳

维纳斯的腰带
——创作美学　童庆炳

中西比较诗学（修订版）　曹顺庆

文学的维度　南　帆

修辞论美学
——文化语境中的20世纪中国文艺　王一川

众神狂欢
——世纪之交的中国文化现象（最新版）　孟繁华

历史学

古文献丛论　李学勤

楚史　张正明

夏商西周的社会变迁　晁福林

《周礼》主体思想与成书年代研究（增订版）　彭　林

简帛数术文献探论（修订版）　刘乐贤

秦史稿　林剑鸣

秦汉交通史稿（增订版）　王子今

汉代婚姻形态　彭　卫

察举制度变迁史稿　阎步克

唐、吐蕃、大食政治关系史　王小甫

唐代藩镇研究（增订版）　张国刚
唐五代敦煌寺户制度（增订版）　姜伯勤
宋朝阶级结构（增订版）　王曾瑜
宋代地方财政史研究　包伟民
宋夏关系史　李华瑞
元代大都上都研究　陈高华　史卫民
明清土地契约文书研究（修订版）　杨国桢
在国家与社会之间
——明清广东地区里甲赋役制度与乡村社会　刘志伟
市场机制与社会变迁
——18 世纪广东米价分析　陈春声
明清福建家族组织与社会变迁　郑振满
近五百年来福建的家族社会与文化　陈支平
清代社会的贱民等级　经君健
江南的早期工业化（1550—1850）（增订本）　李伯重
中国的社与会（增订本）　陈宝良
近代中国社会的新陈代谢　陈旭麓
十九世纪后半期的中国财政与经济　彭泽益
太平天国的历史和思想　王庆成
离异与回归
——传统文化与近代化关系试析（增订版）　章开沅
二十世纪初中国政治改革风潮
——清末立宪运动史　侯宜杰
中国近代会党史研究（增订版）　蔡少卿
章太炎思想研究　姜义华
寻求历史的谜底
——近代中国的政治与人物　杨天石
胡适新论　耿云志
国学与汉学
——近代中外学界交往录　桑　兵
西学东渐与晚清社会（修订版）　熊月之
晚清政治革命新论（增订版）　郭世佑
美国的奠基时代（1585—1775）（修订版）　李剑鸣

哲学

哲学与主体自我意识　高清海

走向历史的深处
——马克思历史观研究　陈先达

理论思维的前提批判
——论辩证法的批判本性　孙正聿

为马克思辩护
——对马克思哲学的一种新解读　杨　耕

论黑格尔的逻辑学（第3版）　张世英

海德格尔思想与中国天道　张祥龙

走进分析哲学　王　路

现象学的始基
——对胡塞尔《逻辑研究》的理解与思考　倪梁康

论可能生活（第2版）　赵汀阳

寻求普世伦理　万俊人

激动人心的年代　李醒民

现代科学与伦理世界
——道德哲学的探索与反思　张华夏

希腊空间概念的发展　吴国盛

中国佛教与传统文化　方立天

中国伊斯兰探秘
——刘智研究　金宜久

多元化的上帝观
——20世纪西方宗教哲学概览　何光沪

宗教哲学研究
——当代观念、关键环节及其方法论批判（增订本）　张志刚

心学之思
——王阳明哲学的阐释　杨国荣

孟子性善论研究（修订版）　杨泽波

情感与理性　蒙培元

从物质实体到关系实在　罗嘉昌

因果观念与休谟问题　张志林

图书在版编目（CIP）数据

楚辞与原始宗教/过常宝著．—北京：中国人民大学出版社，2014.3
（当代中国人文大系）
ISBN 978-7-300-19049-5

Ⅰ.①楚… Ⅱ.①过… Ⅲ.①楚辞研究②原始宗教-研究-中国 Ⅳ.①I207.22
②B933

中国版本图书馆 CIP 数据核字（2014）第 045187 号

当代中国人文大系
楚辞与原始宗教
过常宝　著
Chuci yu Yuanshi Zongjiao

出版发行	中国人民大学出版社		
社　　址	北京中关村大街 31 号	**邮政编码**	100080
电　　话	010－62511242（总编室）		010－62511770（质管部）
	010－82501766（邮购部）		010－62514148（门市部）
	010－62515195（发行公司）		010－62515275（盗版举报）
网　　址	http://www.crup.com.cn		
经　　销	新华书店		
印　　刷	运河（唐山）印务有限公司		
规　　格	155mm×235mm　16 开本	**版　　次**	2014 年 7 月第 1 版
印　　张	12.75 插页 2	**印　　次**	2023 年 4 月第 2 次印刷
字　　数	200 000	**定　　价**	58.00 元

版权所有　侵权必究　　印装差错　负责调换